마거리트 히긴스를 표지인물로 다룬 1951년 7월 11일자 독일 시사주간지 『Der Spiegel』의 표지 앞면과 뒷면

『War in Korea』 프랑스어판    『War in Korea』 독일어판

마거리트 히긴스 기자에게 수교훈장 흥인장 추서 (히긴스 딸과 손자)

『NEWS IS A SINGULAR THING』의 뒤표지

『NEWS IS A SINGULAR THING』의 앞표지

맥아더 장군 전기

맥아더 장군 회고록

『종이호랑이 꼬리』 표지

마크 클라크 장군 회고록

한국전쟁 휴전 · 한미동맹 70주년 기념

한국에 가혹했던
# 전쟁과 휴전

**추천사 · 강만수 전 기획재정부 장관**

### 결코 잊어서 안 되는 사람
역사에 보탬을 이룬 책
『한국에 가혹했던 전쟁과 휴전』을 추천하며

존경하는 시조 시인 이태극 선생이 한 이야기를 여러분께 먼저 전하고 싶습니다.

> 세상에는 네 종류의 인간이 있습니다.
> 은혜를 은혜로 갚으며 사는 '분',
> 은혜를 갚지 못해도 잊지 않고 사는 '사람',
> 은혜를 까마득히 잊고 사는 '놈',
> 그리고 은혜를 원수로 갚고 사는 '새끼'!
> 우리는 은혜를 갚지는 못해도 적어도
> 잊지는 않는 사람으로 살아야 합니다.

한국전쟁에 관한 종군여기자의 세계 최초의 단행본 『War in Korea』를 『자유를 위한 희생』이라는 제목으로 번역 출간한 이현표 작가는 우리 한국인이 '은혜를 까마득히 잊고 사는 놈'이 될 뻔한 것을 그렇게 되지 않도록 한 사람으로 기억되었으면 합니다.

그가 1999년 베를린 벼룩시장에서 미국 여기자 마거리트 히긴스(Marguerite Higgins)를 표지 인물로 하고 그녀의 저서 『War in Korea』를 커버스토리로 다룬 시사주간지 데어 슈피겔(Der Spigel, 1951.7.11)을 발견하지 못했다면, 히긴스의 『War in Korea』를 『자유를 위한 희생』이라는 제목으로 번역 출간하지 않았다면, 우리는 결코 잊어서 안 되는 히긴스 기자에게 사후에라도 훈장을 수여하지 못했을지도 모릅니다.

나는 2009년 6월 『자유를 위한 희생』을 읽고 자유민주주의 신봉자인 마거리트 히긴스 여사의 용기와 기자정신, 특히 한국과 한국인에 대한 연민과 사랑을 알게 되어 큰 감명을 받았습니다. 그때 문득 한국인이라면 이 책을 꼭 읽어봐야 한다는 생각이 들어, 가까운 기자, 친구, 군 관계자 등에게 널리 전하고, 그해 여름휴가를 떠나시는 이명박 대통령님께도 권해드렸습니다.

한국 정부가 히긴스 여사에게 수교훈장을 수여하게 된 것은 전적으로 대통령님께서 『자유를 위한 희생』을 읽고 감동하시게 된 결과입니다. 히긴스는 한국전쟁에 대한 미국의 반전 여론이 잘못되었음을 알렸으며, 미국이 국익을 위해서 참전해야 한다고 주장했는데, 그 통찰은 오늘의 대한민국이 증명하고 있습니다.

나는 『자유를 위한 희생』을 대통령님께 추천한 인연으로 2010년 9월 훈장을 받으러 한국에 온 히긴스 기자의 딸과 손자에게 강남의 전통 한식집에서 저녁 식사를 대접했습니다. 그리고 그 자리에서 대통령님을 대신하여 감사의 말씀과 함께 대통령님 함자가 새겨진 시계를 전달했습니다.

그때 이태극 시인의 네 종류 인간에 대한 말을 영어로 번역한 글을 주면서, 우리 한국 사람은 은혜를 갚지 못해도 잊지 않고 사는 '사람'은 되고 싶다고 말했습니다. 우리말의 어감을 제대로 전달하려고 영어를 잘하는 사람에게 문의했으나 뾰족한 답을 못 얻어 억지로 '분'은 'person', '사람'은 'man', '놈'은 'guy', '새끼'는 'bastard'로 말했던 것으로 기억합니다. 그 얘기를 듣더니 히긴스의 딸은 눈물을 흘리더군요.

한국전쟁은 3년 이상이나 지속되었으나, 『자유를 위한 희생』은 전쟁 초기 6개월 동안의 기록입니다. 혹시 마거리트 히긴스가 휴전에 관한 기록을 남긴 것은 없을까 하는 아쉬움이 있었는데, 뜻밖에도 그녀가 1955년에 출간한 『NEWS IS A SINGULAR THING』이라는 책에 매우 소중한 내용이 포함되어 있었습니다.

마거리트 히긴스의 그 글에는 어쩌면 한국전쟁의 전화(戰禍) 못지않게 우리 한국인에게 가혹했던 일들이 많이 실렸습니다. 영국과 프랑스의 반대로 압록강 너머의 중공군 기지를 폭격도 못하고, 퇴각하는 중공군을 추격하는 것도 금지한 워싱턴 당국의 결정은 많은 유엔군을 희생시켰으며, 우리에게는 지금까지도 분단의 고통을 안고 살아가도록 했습니다.

히긴스 기자가 존경했던 이승만 대통령의 명철(明哲)과 맥아더 장군의 혜안(慧眼)이 빛을 보지 못한 것이 너무 마음 아프고 분하기도 했습니다. 이제 우리는 그런 가혹한 결정을 비판하기에 앞서, 제2차 세계대전 후에 일본 대신에 우리를 분단시키고, 한국전쟁에서 중공군 보급기지 공습과 패주하는 중공군을 추격하지 못하게 막았던 국제질서의 배경을 깊이 성찰해 봐야 한다고 생각합니다.

올해 2023년은 한국전쟁 휴전 70주년이며, 특히 한미상호방위조약이 조인된 지 70주년이 되는 뜻깊은 해이기도 합니다. 이를 기념해서 발간되는 『한국에 가혹했던 전쟁과 휴전』에 마거리트 히긴스 기자가 휴전에 관하여 집필한 귀중한 글이 소개된다는 것은 그 의미가 남다르다고 할 수 있습니다.

덧붙여 말하고 싶은 것은 구한말에 우리의 독립, 한글의 발전, 기독교 선교에 한국인보다 더 큰 업적을 남긴 호머 헐버트(Homer Hulbert)라는 미국인 선교사가 있는데, 그분은 조선이 일제의 식민지가 되었을 때 그 억울함을 국제사회에 알렸을뿐만 아니라, 조국보다 한국을 더 사랑하여 양화진에 묻혔습니다.

헐버트는 아리랑을 최초로 채보(採譜)하여 한국 최초 영문 월간지 『The Korean Repository』(한국휘보) 1896년 2월호에 수록했습니다. 안중근 의사께서 이토 히로부미를 저격한 후 일제 경찰의 취조를 받을 때, "조선인이라면 헐버트라는 분을 하루도 잊어서는 아니 되오!"라고 말씀한 기록도 남아있습니다. 이현표 작가는 헐버트가 미국에서 출판했으나 그간 국내에 알려지지 않은 제주 설화가 담긴 소설 『안개 속의 얼굴』과 우리의 민담을 소개한 동화집 『마법사 엄지』를 번역 출간하기도 했습니다.

한국인이라면, 헐버트와 히긴스를 결코 잊어서는 안 되는 것이 사람의 도리라고 생각합니다. 특히, 여성의 몸으로 전쟁의 포화 속에서 여러 번 죽을 고비를 넘기며, 특종 보도는 물론 한국전쟁에 관한 세계 최초의 단행본을 출간하고, 미국을 순회하면서 한국전쟁 참전에 반대하는 여론에 맞서 싸웠으며, 약소국이었던 우리에게 가혹했던 휴전에 관련된 여러 가지 사실을 기록으로 남긴 히긴스의 헌신을 어찌 잊을 수 있겠습니까?

마거리트 히긴스 여사에게 사후에라도 대한민국 수교훈장 홍인장이 추서되도록 함으로써 '사람' 노릇을 하게 되었음을 뿌듯하게 생각하며, 부디 한국 사람이라면 『한국에 가혹했던 전쟁과 휴전』을 한번 읽어보실 것을 추천합니다.

2023년 초봄

전 기획재정부 장관 **강만수**

## 마거리트 히긴스의 자녀
## 래리와 린다의 한국어판 발간 축사

저희 어머니 마거리트 히긴스는 래리가 7살, 린다가 6살 때 세상을 떠났습니다. 베트남전쟁을 취재하다가 얻은 풍토병 때문이었습니다. 어머니는 한국전쟁 당시 전투 현장의 실상을 가능한 한 정확하게 독자들에게 전달하기 위해서 위험을 무릅쓰고 전선으로 달려갔으며, 기자로서의 탁월한 명성을 얻었습니다. 또한 어머니는 『우리의 베트남 악몽』이란 책을 1965년에 집필했는데, 책의 제목이 정확했음이 나중에 명백히 밝혀졌습니다.

어머니는 근엄하신 분이었으며, 자녀의 올바른 행실을 기대하셨습니다. 저희는 부모님께 재롱을 부릴 때면, 시를 암송하거나, 피아노를 연주했습니다. 어머니는 항상 저희에게 '최선을 다하라'는 가르침을 주셨습니다.

오늘 우리가 사는 세상은 저희 어머니가 이 책을 집필할 때와는 많이 달라졌습니다. 많은 나라의 여성들은 이제 더 이상 성적차별을 받지 않습니다. 그러나 어머니는 여자라는 이유로 취재국가에서 쫓겨났고, 남성 동료들과 같이 전선에 접근할 수도 없었습니다. 그 때문에 어머니는 남자 기자들과의 동등한 권리를 주장했고, 그분의 노력은 미국에서의 여권 신장에 기여했습니다.

어머니는 한반도에서 공산주의 침략을 막아내야만 전체주의 정권이 전 세계적으로 확산되는 것을 저지할 수 있다고 믿었으며, 한국 정부와 한국인들의 번영을 진심으로 바랐습니다. 따라서 한국이 오늘과 같이 발전한 모습을 보셨더라면 매우 기뻐하셨을 것입니다. 그리고 소련과 독일에서의 공산주의 붕괴를 목격하셨더라면 정말 반가워하셨을 것입니다.

한편, 오늘 우리가 사는 세계에는 북한 주민들을 포함해서 여전히 많은 사람이 정치적, 경제적, 그리고 개인적인 자유를 위해서 투쟁하고 있습니다. 저희는 어머니의 저서 『War in Korea』의 한국어판 발간이 독자분들에게 압제에 대한 저항의 가능성과 저항하는 사람들의 용기에 대해서 일깨워주기를 희망합니다.

몇 해 전에 래리는 아름다운 도시 서울을 방문할 기회를 가졌습니다. 그러나 이 책에서는 서울이 역사적으로 지금과는 매우 다르게 큰 시련을 겪고 있는 곳으로 묘사되어 있습니다. 또한 상륙작전의 현장인 인천도 방문했습니다. 그곳은 어머니께서 용감한 몇몇 미군 장병이 해안공격을 하다가 목숨을 잃는 것을 직접 목격하신 곳입니다.

모쪼록 독자 여러분께서 이번에 발간되는 한국어판을 통해서 저희가 예전에 이 책을 읽고 느꼈던 것과 같은 재미를 향유하시기 바랍니다.

아들, 래리 오'히긴스 홀
딸, 린다 마거리트 반더블릭

## A Foreword from Linda and Larry

Marguerite Higgins, our mother, died when Larry was seven and Linda six years old, from a tropical disease she picked up covering the Vietnam War. Her coverage of the Korean War gained her fame. She was willing to go to the front lines and accept danger in order to report back the important story of the fighting as accurately as she could. Her book, 「Our Vietnam Nightmare」, was written in 1965 before it became abundantly clear that the title was accurate.

She was a no-nonsense kind of mother who expected well behaved children who would be willing to memorize poems or perform a piano piece, when it was time to give a gift back to the parents. She instilled her sense of doing your best, all the time, in her children.

While many things have changed in our world since Marguerite Higgins wrote this accounting of her time as a war correspondent during the Korean War. Women in many countries no longer face the discrimination that forced Maggie out of the country due to her gender and prohibited her from the same access to the front lines as her male colleagues. Her advocacy to have the same rights as the other reporters helped to change the fate of women in America.

During the war, Maggie believed holding the communists in Korea would stem the spread of totalitarian regimes throughout the world. She would be pleased to see the thriving South Korean government and people and overjoyed to watch the toppling of communism in Russia and Germany.

Still there are people facing the fight for political, economic, and personal freedoms throughout the world, including North Koreans. Our hope is that this publication of 「War in Korea」 will remind readers of the possibilities of standing against oppression and the courage of those who do.

A few years ago Larry had the opportunity to visit the beautiful city of Seoul which this book describes at a very different, difficult time in history. He also made his way to Inchon where US forces, accompanied by our mother, came in behind enemy lines. It was clear that it took some brave soldiers to attempt to storm the beaches there.

We hope you find this book as interesting as we did.

Lawrence O'Higgins Hall<br>
Linda Marguerite Vanderbleek

# CONTENTS

추천사: 강만수 전 기획재정부 장관 ·················· 2
축사: 마거리트 히긴스 자녀 ························· 8

## 제1부 • 자유를 위한 희생 (한국전쟁 르포) ·············· 14

제1장  전쟁터로의 여행 ····························· 19
제2장  첫 후퇴 ································· 33
제3장  공황 ··································· 47
제4장  최초의 교전 ····························· 71
제5장  "어떻게 우리 군이 이렇게 빨리 후퇴할 수가 있어?" ··· 87
제6장  전쟁 초기의 나날들 ······················ 97
제7장  기자 히긴스 ····························· 121
제8장  "죽음을 각오하고 지켜라." ················ 143
제9장  인천에서의 대담한 도박 ·················· 171
제10장 우리의 동맹 한국인들 ···················· 197
제11장 중공군의 개입 ··························· 211
제12장 영웅적인 해병 이야기 "뒤로 전진하다" ······ 223
제13장 적 ····································· 249
제15장 한국전쟁의 교훈과 전망 ·················· 263

**제2부 · 한국에 가혹했던 휴전** ························· 276

　제1장　서울수복 기념식장에서 만난 맥아더 장군 ············ 283
　제2장　맥아더를 젠체한다고 해임한 트루먼 대통령 ········· 299
　제3장　중공군의 항복을 받아내려고 싸운 밴 플리트 대장 ··· 319
　제4장　휴전을 선택한 군 출신 대통령 아이젠하워 ············ 337
　제5장　침통한 심정으로 휴전에 서명한 클라크 대장 ·········· 355
　제6장　워싱턴의 정책에 불만을 토로한 유엔군 지휘관들 ···· 367
　제7장　미국을 '종이호랑이'라고 놀린 중공군 장교 ············ 375

**역자 후기: 마거리트 히긴스의 「한국에 가혹했던 전쟁과 휴전」** ······ 381

# 제1부

## 자유를 위한 희생
### (한국전쟁 르포)

## 헌 사

이 책을
먼 이국땅
한국에 있는
묘비명도 없는 무덤에서
마지막 전우애를 나누며
나란히 잠들어 있는
유엔군 장병들에게 바친다.

| 머리말 |

이 책은 내 눈으로 직접 목격한 한국전쟁의 주요 국면들을 보고하려는 것이다. 나는 한국전쟁 발발 직후인 1950년 6월부터 12월까지의 기간 중 11월의 4주간을 제외하고는 거의 계속 전선에 있었다. 이 경험을 토대로 한국전쟁을 가장 사실적으로 묘사했다고 생각되는 사건들과 일화들을 골라봤다. 이를 통해서 적의 공격과 우리 반격의 실상, 우리의 약점과 강점, 그리고 우리의 미래를 위하여 배운 것은 무엇인지를 생생하게 보여주려고 노력했다.

마거리트 히긴스
서울, 1951년 1월 1일

# 제1장
# 전쟁터로의 여행

**1950년** 6월 25일(일요일), 공산군의 대한민국 침략은 마치 시한폭탄이 터진 것처럼 일본 도쿄를 강타했다. 그러나 이날 새벽의 공격에 관한 첫 보고를 받은 연합군최고사령부(도쿄 다이이치 빌딩 소재) 당직 장교는 별로 놀라지 않았다. 심지어 그는 최고사령관 맥아더(Douglas MacArthur, 1880-1964) 장군을 굳이 깨워서 사태를 보고할 생각조차 없었다.

그러나 침략자들의 신속한 진격은 몇 시간도 안 되어 우리에게 그들의 힘에 대해 경각심을 갖게 했다. 동북아시아 최후의 비공산주의 전초기지인 한국이 무너지고 있었다. 미국은 피보호국인 한국에 대한 전투지원을 할 것이냐, 아니면 공산주의자들에게 완전히 한국을 양도할 것이냐를 즉시 결정해야만 했다.

이틀 후 나를 실은 비행기는 번쩍이는 제트전투기의 엄호를 받으며 전쟁 지역의 심장부로 굉음을 내며 날아가고 있었다. 이때까지만 해도 미국의 참전 결정은 내려지지 않았다. 비행기는 전쟁에 휘말린 미국 시민 중 마지막 남은 사람들을 구출하기 위해서 적의 포위공격을 받고 있는 한국의 수도 서울로 향하고 있었다.

탑승객이라고는 시카고 데일리 뉴스(Chicago Daily News)의 키이스 비치(Keyes Beech, 1913-1990), 타임(TIME)의 프랭크 기브니(Frank Gibney, 1924-2006), 뉴욕타임스(New York Times)의 버튼 크레인(Burton Crane, 1901-1963)과 나(Marguerite Higgins, 1920-1966) 등 4명의 특파원이 전부였다.

우리는 미국이 한국을 위한 전투에 개입하는 것을 목격한 유일한 증인이 되었다. 미국은 이 전투를 사전 준비 없이 시작했다. 그리고 오늘 허겁지겁 땅을 파서 만든 무덤들은 적을 과소평가한 대가가 얼마나 끔찍한 것인지를 증언해 주고 있다.

전쟁 중 한반도에서 많은 비극이 발생했지만, 그 시간 그 장소에서 공산주의자들의 침략을 격퇴했다는 것이 자유세계를 위해서 얼마나 다행스러운 일인지 우리는 지금 잘 알고 있다. 대한민국은 세계인들을 잠에서 깨우는 일종의 국제적인 자명종 시계의 역할을 한 것이다.

자유세계가 사용할 수 있는 병력과 공산세계의 그것 사이에는 위험하기 그지없는 차이가 있다. 공산세계는 1945년 이후, 말로는 평화를 떠들면서도, 실제로는 전쟁 준비에 박차를 가해 왔다. 우리는 현재보다 더 큰 파괴력을 지닌 핵무기 제조만으로 충분히 안보가 지켜진다는 자기만족과 독선적인 감정에 사로잡혀 왔다. 그렇지만 한반도 사태는 이런 감정을 일시에 불식시켜 버렸다.

한국전쟁은 미국이 얼마나 약체인지를 여실히 보여줬다. 또한 우리에게 철저한 무장의 필요성과 강하고 거칠게 싸우는 보병의 양성이 얼마나 절실한지를 깨닫게 해줬다. 이러한 약점을 뒤늦게 우리의 해변에서 알게 된 것이 아니라, 다행스럽게도 1950년 6월 한반도에서 발견한 것은 오히려 잘된 일이었다.

제3차 세계대전에 이르는 전주곡이 될지도 모를 한국전쟁에서 우리가 입은 타격은 그 무엇으로도 보상받을 수 없을 정도로 크다. 그러나 한반도의 얼음 무덤 속에 잠든 분들이 생명보다 더 소중한 것을 우리에게 줄 수도 있다. 만일 목숨과 바꾼 그분들의 경고가 적의 끊임없는 공격 때문에 결코 피할 수 없는 전쟁에서 가능한 최소 비용으로 승리하기 위해서는 더욱 강해져야만 한다는 사실을 우리에게 일깨워줄 수 있다면 말이다.

우리가 국제사회의 모든 중요한 시험대에서 월등한 병력을 보유하고 적과 대치한다면, 적은 전투를 치르지 않고 물러날 가능성이 있다고들 말한다. 그러나 나는 그런 견해에 대해서 회의적이다. 공산주의자들의 군비확장에는 전략적인 중단만이 있을 뿐이다. 그리고 중단이라야 고작 몇 년 동안 지속될 것이며, 이는 적군의 재편을 위한 기간일 뿐이다.

제3차 세계대전이 닥쳐오고 있다. 전쟁은 한반도에서 시작됐으며, 나는 샌프란시스코와 뉴욕에서 멀리 떨어진 그곳에서 벌어진 첫 번째 전투를 취재한 것을 기쁘게 생각한다.

우리 특파원 일행 4명이 서울을 향해 날아가고 있을 때는 단지 이야기의 시작이었다. 우리는 모두 드디어 일다운 일을 할 수 있게 됐다는 기대감에 차 있었다. 그 때문에 서울로 향하는 최초의 비행이 우리에게 안겨줄 위험 따위는 그다지 큰 문제가 되지 않았다.

오히려 한국전 발발 후 28시간 동안 운명, 홍보활동, 미군 장교들, 적의 전투기들이 모두 공모하여 우리가 지상 최대의 이야깃거리를 취재하기 위해 한반도로 날아가려는 것을 가로막는 듯했다.

한번은 이런 절박한 순간에 우리는 4기통 군용수송기(C-54)를 타고 서울 인근의 김포공항으로 비행하고 있었다. 그런데 적의 야크 전투기가 비행장에 기총사격을 퍼부었다는 뉴스를 듣고 회항해야만 했다. 절망에 빠진 우리는 일본 남쪽으로 되돌아오면서 어선을 이용해서라도 한국에 가기로 작정했으나, 다행히도 이런 극단적 방법에 호소할 필요가 없게 되었다. 미국 시민 철수 임무를 맡은 수송기에 탑승할 행운을 얻었기 때문이다.

비행기 탑승 바로 직전에 시사주간지 타임의 프랭크 기브니 기자는 나를 설득하려고 했다. 전쟁이 발발한 한반도가 여자에게는 적합한 곳이 아니므로 함께 가지 않는 게 좋겠다고 말이다. 그러나 내게 한국행은 단순한 취재가 아니라, 그 이상의 의미를 갖는 것이었다. 즉, 몸소 남녀평등을 위한 거룩한 전쟁에 참전하는 것이기도 했다.

당시 나는 그곳에서 세계 최고의 권위지 중 하나인 뉴욕 헤럴드 트리뷴의 동아시아지역 특파원으로서 신문사를 대표하고 있었으나, 여자이기 때문에 특파원의 지위가 위태롭다는 느낌을 받았다.

나는 여자도 업무에 있어서 남자와 똑같은 기회를 가질 자격이 있다고 줄곧 주장해왔다. 그러므로 전선 취재에서 내가 위협을 받는 것을 그냥 내버려 둘 수 없었다. 내가 전선 취재에 실패한다는 건 나의 주장을 훼손시키는 것일 뿐만 아니라, 뉴욕 헤럴드 트리뷴의 특파원으로서의 활동에 핸디캡이 된다는 것을 증명하는 셈이기 때문이었다.

우리가 탄 비행기 조종사는 제2차 세계대전에 참전한 경험이 있는 젊지만 숙달된 인물이었다. 그는 김포에 도착할 즈음 우리에게 일종의 지시를 내렸다. 비행기가 공항에 급강하할 때 미국인들을 찾아보라는 것이었다.

"아무도 보이지 않으면, 공항이 적의 수중에 있다는 것입니다. 이 경우 잽싸게 빠져나와야 합니다. 그러나 녹색 불길이 보이면 착륙합니다."

한 시간쯤 후 우리는 김포공항 상공을 배회하고 있었다. 공항에는 사방에 돌이 흩어져 있었고, 파편으로 구멍 뚫린 흰색 행정건물이 보였다. 활주로 끝에는 화염에 싸인 두 대의 비행기가 눈에 띄었다. 우리가 도착하기 몇 분 전에 적의 공습을 받은 게 분명했다.

그때 우리는 거의 동시에 30명 남짓한 미국인을 보았다. 그들은 우리를 향해 온 힘을 다해 신호를 보냈다. 그들의 행동은 마치 난파당한 사람들이 어렵사리 구조선을 발견했는데, 혹시나 배가 자신들을 보지 못하고 지나치지 않을까 두려워하는 것처럼 보였다.

착륙 후 우리는 건물 밖에서 황급히 서류를 태우고 있던 피터 스코트(Peter Scott) 중령으로부터 중대한 뉴스를 들었다. 서울이 아직 아측의 수중에 있으며, 각국 특파원은 당일 아침 서둘러 서울을 빠져나갔는데, 이는 너무 성급했었다는 소식이었다. 또한 맥아더 사령관의 직접 지시로 60명의 주한 미 군사고문단(KMAG) 장교도 당일 오후 서울로 되돌아갔다고 들었다. 맥아더 장군은 실질적인 적대행위가 시작된 날인 1950년 6월 25일 오전 11시, 한국에 거주하는 미국인들의 신변에 대한 책임을 맡게 되었다.

우리는 세계적인 특종을 낚았다. 우리를 대표해서 키이스 비치 특파원이 조종사에게 네 명 모두 이곳에 잔류할 것이며, 스코트 중령과 함께 서울로 들어가겠다고 말했다. 조종사는 우리가 미쳐도 단단히 미쳤다는 표정을 지으며 고개를 저었지만, 우리는 미국인 철수를 위해 특별히 마련된 비행기에는 더 이상 관심이 없었다.

비행장에는 많은 차량이 있었다. 당황한 미국인들이 수십 대의 신형 뷰익, 닷지, 지프 자동차를 두고 달아났다. 몇 명의 사려 깊은 차 주인은 습관적으로 자물쇠를 채워 놓았지만, 대부분의 차 주인은 자물쇠를 채운다는 게 무의미하다는 것을 알고 차에 열쇠를 두고 떠나버렸다.

해 질 무렵 우리는 호위를 받으며 출발했다. 줄곧 앞길을 가로막는 짓궂은 빗줄기를 뚫고 부지런히 달렸다. 멀리서 콩 볶는 듯한 기관총 소리가 들렸다. 스코트 중령이 말했다.

"그들은 여기서 적어도 7마일 이상 떨어져 있습니다. 그러나 우물

쭈물할 시간이 없습니다. 서울로 가는 길이 게릴라들에 의해 쉽게 차단될 수 있습니다."

서울에 이르는 길은 피란민들로 붐볐다. 수백 명의 한국 여인은 갓난아이를 등에 업고, 머리에는 커다란 짐보따리를 이고 있었다. 수십 대의 트럭은 나뭇가지로 교묘히 위장됐다. 한국군 장병들은 지프차와 말을 타고 양방향으로 줄지어 쉴새 없이 지나갔다.

비에 젖은 거리 위에서 피란민들이 우리 미국인의 작은 차량 행렬을 향해 환성을 지르며 손을 흔들었다. 그 모습은 가슴 뭉클하면서도 어딘지 겁나는 경험이었다. 그들은 미국이 무언가를 해줄 것이라는 애처로울 정도로 뚜렷한 확신을 가진 듯했다. 그때 문득 내 머릿속에는 하나의 간절한 소망이 자리 잡았으며, 이후에도 나는 종종 같은 생각을 했다.

"제발, 우리가 저 사람들을 낙담시키지 않으면 좋겠어!"

서울에서 우리가 차를 세운 곳은 주한 미 군사고문단 본부로 사용되던 썰렁하고 볼품없는 잿빛 건물 앞이었다. 이곳에서 우리는 고문단장 직무대리 스털링 라이트(Sterling Wright, 1907-2009) 대령을 만났다. 그는 우리에게 상황이 '유동적이긴 하지만 희망적'이라는 뉴스를 전해줬다. 심지어 그때 고문관들은 지도와 서류철들을 뒤쪽의 낡은 건물로 옮기고 있었는데도 말이다.

한국 측의 보고들이 혼선을 빚기 때문에 라이트 대령의 참모들은 이날 오후 서울을 벗어나기 시작했었다. 즉, 라이트 대령은 지원군이 어디에서 올지 전혀 알 길이 없었으므로 만사가 틀어졌으며, 마무리 작업 이외에는 한국을 위한 전투는 완전히 끝난 것으로 보고 철수를 결정했었다.

그러나 고문관들이 수원으로 향하던 도중에 한국인들이 묘사한 전황이 너무 비관적이라는 보고서들이 라이트 대령에게 전달됐다. 바로 이어서 맥아더 장군의 메시지가 도착하여 고문단은 다시 서울로 돌아오게 된 것이다.

나는 라이트 대령 책상 위 서류함에서 맥아더의 메시지를 볼 수 있었다. 거기에는 한국을 구하는 데 필요한 것이 무엇인지를 파악할 답사팀이 곧 도착할 것이라는 내용이 담겨 있었다. 이는 맥아더 장군의 스타일대로 고무적인 메시지였다.

"기운을 내라. 중요한 사건들이 임박했다."

이는 미군 병력이 한국전투에 투입될지도 모른다는 최초의 암시였다.

실제로 바로 그 순간, 트루먼 대통령은 한반도 전체가 공산주의자들의 손아귀에 놓이는 것을 방지하기 위해서 미 공군과 해군 병력지원을 약속한다는 중요한 결정을 발표하고 있었다.

나는 서울이 적의 수중에 넘어가던 날 밤에 있었던 심야 브리핑을 생생하게 기억하고 있다. 라이트 대령의 이날 발언은 적의 탱크에 관한 내용이었다.

"한국인들은 탱크에 대해 병적인 두려움을 갖고 있습니다. 그들이 이렇게 전면적인 후퇴를 하는 이유 중의 하나도 바로 그런 두려움 때문입니다. 그들이 우리가 제공한 무기들을 제대로 사용할 줄만 알았어도 적의 탱크들을 잘 처리할 수 있었을 겁니다."

이후 나는 미군의 전투를 목격하면서 종종 다음과 같은 생각을 했다.

"라이트 대령이 적의 탱크들이 미군 병사들에게 어떤 존재였는지를 목격했다면, 틀림없이 자신의 발언을 크게 후회했을 거야."

그러나 문제는 라이트 대령 혼자만 그러한 신념을 가졌던 것이 아니라는 사실이다. 이는 바로 우리가 적과 적의 장비에 대해서 얼마나 과소평가하고 있었는지를 보여주는 하나의 사례였다.

라이트 대령은 공산주의자들이 전면 기습의 이점을 최대한 활용한다고 평가했다. 한국전쟁 발발 당시 주한 미 군사고문단장 윌리엄 로버츠(William Roberts, 1890-1968) 준장은 새로운 보직을 위해 본국으로 여행 중이었다. 단장 직무대리 라이트 대령마저도 한국에 있지 않고 휴가차 일본에 체류 중이었으나, 전쟁 발발 즉시 한국으로 귀임했다.

물론 북한 공산주의자들이 38선을 가로지르는 폭이 2마일이 되는 지역에 거주하는 주민에게 철수하도록 명령한 것은 잘 알려진 사실이다. 또한 그들은 매일 침략을 위협하는 전단지를 살포하고, 심지어 국경도시 개성(당시는 한국 영토)에 간헐적으로 박격포를 발사하기도 했다. 그러나 누구도 이를 심각하게 여기지 않았다. 그 이유는 적이 벌써 6개월간이나 위협해 왔지만 아무 일도 일어나지 않았기 때문이다.

불행하게도 자유주의 국가들은 독재국가들의 위협을 무시하는 고질적인 경향이 있다. 히틀러는 우리에게 무슨 짓을 할지를 떠벌렸었다. 북한인도 무엇을 할지를 예고했고, 중국인들도 그러했다. 그러나 우리는 그들이 말한 사태의 발생을 바라지 않았기 때문에 그 말을 도무지 믿으려고 하지 않았다.

북한군의 공격 직후 최초의 몇 시간 동안, 한국군은 준비된 진지로 후퇴하면서 잘 싸웠다. 이윽고 북한군의 주요 공격목표가 서울 바로 북쪽의 의정부 회랑(回廊, 역주: 폭은 좁고 길이가 긴 통로)이라는 사실이 밝혀졌다. 선봉에서 맹공격을 이끈 것은 소련제 탱크들이었다.

처음에 한국군은 적의 탱크에 대항해서 도저히 적수가 안 되는 2.5인치(역주: 2.36인치 또는 3.5인치를 저자가 잘못 표기한 것으로 보임) 바주카포로 용감히 맞섰으나, 발사한 포탄들이 괴물을 맞고 튀어나오는 것을 목격했다. 그러자 수류탄과 화염병으로 무장한 많은 한국군 분대원은 필사적인 자살 공격으로 적의 진격을 저지했다. 전선이 결정적으로 붕괴된 것은 한국군 1개 사단이 서울 회랑에서 계획대로 적을 반격하는 데 실패했기 때문이다

그러나 이날 한국군의 후퇴는 서울 북쪽에서 일시적으로 멈췄고, 이곳에 한국군 부대들이 집결했다. 우리 네 명의 특파원은 고문단 본부 행정건물에서 나와 숙소로 향했다.

그때 한국군 채병덕(1914-1950) 참모총장을 만났다. 그는 빠르게 우리 앞을 지나 그의 집무실로 가고 있었다. 눈이 부실 정도로 번쩍거리

는 미군 철모를 쓰고, 미 군복을 말쑥하게 입은 그는 우리에게 말했다.

"지금 치열한 전투를 계속하고 있습니다. 상황이 나아질 것입니다."

나는 미 군사고문단 본부의 라이트 대령 막사에 숙소를 배정받았고, 나머지 3명의 특파원은 부단장 중 한 명과 숙박을 함께 하기로 했다. 그런데 채병덕 사령관의 장담에도 불구하고 나는 왠지 마음이 불안한 나머지 옷을 완전히 입고 자리에 누웠다. 아니나 다를까 거의 눈을 붙이지도 못했는데 라이트 대령의 전속부관이 막사로 뛰어 들어오며 외쳤다.

"일어나요! 적이 저지선을 뚫었어요. 빨리 피해야 합니다."

제1장_ 전쟁터로의 여행

제2장

# 첫 후퇴

**라이트** 대령의 전속부관(중위)으로부터 공산군의 돌파 소식을 듣자마자, 우리 막사 주변에 박격포가 터지기 시작했다. 우리는 2대의 지프차―한 대에는 대령과 그의 참모, 또 한 대에는 부관과 나―에 재빨리 올라타고 한강 인도교로 질주했다. 한강 인도교는 도피할 수 있는 유일한 통로였다. 어두운 빗길을 뚫고 차가 달리는 동안, 한 줄기의 오렌지색 불길이 하늘을 갈랐다. 그러자 중위가 외쳤다.

"어이구 큰일이야, 다리가 끊기네."

우리는 갇힌 신세가 됐다. 남쪽으로 안전하게 인도해줄 한강 인도교가 폭파된 것이다. 우리는 지프차의 방향을 바꿔 미 군사고문단 본부로 되돌아왔다. 그곳에는 밤의 적막 속에 여기저기 포탄이 터지는 가운데 라이트 대령 휘하의 부대원 59명이 하나둘씩 몰려들었다.

라이트 대령이 증오에 찬 음성으로 말문을 열었다.

"한국인들이 우리에게 한마디 경고도 없이 한강 인도교를 날려버렸다. 서울시의 대부분 지역이 아직 한국인의 수중에 있는데 너무도 빨리 교량을 폭파했다. 자국의 많은 군인을 실은 트럭들이 다리 한가운데를 지나고 있는 걸 뻔히 알면서도 어떻게 다리를 날려버릴 수 있단 말인가? 그들은 수백 명의 자국인을 살상했다."

상황은 분명 심각했고 매우 혼란스러웠다. 왜 한국군 지휘관들이 느닷없이 도망가 버렸는지 알 길이 없었다. 주변의 간헐적인 총성으로는 적이 현재 어디에 있고, 공격 규모가 어느 정도인지를 도저히 가늠할 수 없었다.

다수의 장교가 서둘러 빠져나가지 않으면 포로가 될 것이라는 생각을 퍼뜨리기 시작했다. 이러한 중얼거림은 심리적인 불안감을 극도로 고조시켰다. 잠시 나는 우리 미군들 사이에 바람직하지 않은 심리적 공황이 올지도 모른다고 우려했다. 그러나 라이트 대령은 위엄을 보이며 침착하게 사태를 진정시켰다.

"자, 제군들! 주목해 주기 바란다. 이 자리에 있는 그 누구도 혼자 도망칠 수 없다. 이제 우리는 공동운명체다. 모두 집합할 때까지 침착해야 한다. 그다음에 차들을 가지고 서울을 빠져나갈 대안—어쩌면 조립교(組立橋)—을 찾을 수도 있을 것이다."

우리는 최선을 다했다. 지프차, 트럭, 무기 수송차 등 60대의 차량 대열을 정비하고, 전조등을 밝힌 채 출발했다. 언제 적과 마주치게 될

지도 모르는 위험한 길이었지만, 차량을 도강시킬 수 있는 조립교를 찾아 몇 시간이나 헤맸다. 그러나 허사였다.

우리 일행이 서울 시내를 이리저리 헤맬 때, 나는 군사고문단 장교들에게 다른 세 명의 특파원을 보았는지 계속 물었다. 마침내 작전장교 세드베리 소령으로부터 답을 들을 수 있었다.

"아, 그 세 사람은 도망간 지 꽤 됐어요. 내 사무실 앞을 지나길래 빨리 한강 인도교를 건너 수원으로 향하라고 말해줬어요. 지금쯤 수원에서 당신보다 먼저 특종을 하고 있을 겁니다."

그의 말을 듣자마자, 나의 관심은 전혀 다른 쪽으로 바뀌었다. 사실 나는 마음속으로 어떻게든 우리가 한강을 건너게 될 것이라고 확신했다. 헤엄쳐서라도 말이다.

그런데 이제 자신이 없었다. 언제 강을 건너서 경쟁자들과 겨룬단 말인가? 그들이 수원에서 안전하게 거드름 피우고 있을 것이라는 상상을 하니 심술이 치밀었다.

정찰대가 나룻배로 강을 건널 장소를 물색하는 긴 시간 동안, 라이트 대령이 내 침울한 심정을 알아차리고는 말을 걸어왔다.

"젊은 여기자 양반, 무슨 일이에요? 기사 송고를 못 할까 봐 두려운 거요?"

잠시 후 그는 내게 제안했다.

"보세요! 여기 무선통신 트럭 곁에 있어요. 기사를 짧게 쓰면 우리가 그 메시지를 송출해보도록 할게요."

날이 밝아봤다. 나는 날아갈 것 같은 기분으로 타자기를 꺼내서 지프차 앞쪽 보닛에 올려놓고 미친 듯이 자판을 두드렸다.

정지해 있는 우리 차량 대열 옆으로는 한국 장병들의 긴 후퇴 행렬이 끝없이 이어졌다. 그들은 퇴각하는 중에 의아한 듯 고개를 돌려 미국 여성 하나를 멍하니 쳐다봤다. 새벽안개 속에서 짙은 남색 스커트, 꽃무늬 블라우스, 연한 청색 스웨터를 입고 부지런히 타이핑하고 있는 여자를 말이다. 나는 기사를 거의 완성했다.

그러나 알고 보니 무선통신 트럭은 기사를 멀리 송출할 수 있는 시설을 전혀 갖추고 있지 않았다.

한편, 내가 기사의 마지막 부분을 타이핑하고 있을 때, 적의 포는 벌써 우리를 겨냥하기 시작했다. 이제 적에게 생포되지 않으려면, 장비를 버리고 헤엄을 치든지, 아니면 나룻배로 강을 건너는 방법밖에 없었다. 강둑에 이르렀을 때, 우리는 수많은 피란민과 한국 장병이 겁에 질려 전전긍긍하는 모습을 목격했다.

한국군 장병 중 일부는 배가 우리 쪽 강변으로 오도록 종용하기 위해서 나룻배와 뗏목의 사공들을 향해 사격을 가했다. 또 다른 장병들은 탈것이라면 무엇에든 올라탔다. 그러나 조그만 보트들은 중량을 견디지 못해 침몰함으로써 그들의 도강목표는 좌절됐다. 우리 일행은 소총 공격을 피해 가까스로 도강에 성공할 수 있었다. 강을 건너는 동안 총성이 부정확하기는 했으나 끊임없이 울려서 우리는 간이 콩알만 했다.

일단 강을 건너자 그때부터는 산길을 따라 수원까지 걸어서 이동하는 방법밖에 없었다. 우리 미군은 일렬종대로 거대한 피란민 대열에 합류했다. 한때 승려였다는 한국의 내무부장관(역주: 백성욱, 1897-1981)도 등에 짐을 지고 터벅터벅 길을 걷고 있었다.

미 군복을 입은 한국군 장병들도 피란대열에 끼어있었다. 얼마 가지 않아 미군들이 선두에서 누더기를 입은 꾀죄죄한 장병들, 노인들, 외교관들, 어린이들, 그리고 한 명의 종군여기자를 인도하고 있었다.

나는 이 그룹의 유일한 여성이라는 사실을 아주 잘 알고 있었다. 그래서 몸이 흐트러지거나 원기를 잃는 등 그 어떤 일로도 일행에게 폐가 되어서는 안 된다고 다짐했다. 다행스럽게도 나는 잘 걷는 편이었다. 더구나 정말 운 좋게 굽이 낮은 구두를 신고 있었다. 그 때문에 이날 행진의 대부분을 대열의 선두와 가까운 거리에서 걸을 수 있었다.

남쪽으로 흙탕길을 한 시간쯤 걸었을 때, 하늘에서 윙윙 소리가 들렸다. 나는 고개를 들어 쳐다보고 깜짝 놀랐다. 은빛 전투기들이 다가와서 공중곡예를 시작하더니 서울 상공에서 급강하했다. 흥분되어 나의 심장이 고동쳤다.

이는 틀림없이 맥아더 장군의 메시지에 언급된 '중요한 사건들' 중 하나였다. 왜냐하면 우리가 본 것이 미군 비행기들이었기 때문이다. 그곳에 있던 사람은 모두 미 공군이 전쟁터에 있다는 사실을 동시에 깨달았다. 내 주위의 한국인들은 기쁜 나머지 탄성을 지르며 환호했다. 인근 마을의 아낙들은 밖으로 뛰어나와 내 손을 잡고 황홀한 듯 하늘을 가리켰다.

피란민 가정

정말 감미로운 순간이었다. 그러나 즐거움을 맛본 것은 잠시뿐이었다. 피란 행진은 길게 환호하기에는 너무도 냉혹했고 처절했다. 이 지역에서 한국군이 참패한 것이 분명했다. 많은 한국 장병이 남쪽으로 향하는 우리 미국인 일행을 보자마자 무기를 버리고 방향을 바꿔서 달아나는 것을 우리는 목격했다.

4시간쯤 걸었을까, 더러운 길 위에 지프차 한 대가 나타났다. 차에는 이미 5명의 한국군 장병이 타고 있었다. 그러나 미 군사고문단 대령, 한국군 이 대령과 장교 1명, 그리고 내가 쥐어짜듯 더 올라탔다. 우리의 임무는 수원으로 먼저 가서, 기진맥진하여 뒤따라오는 대원들을 위해 수송차량을 보내주는 것이었다.

미 군사고문단 대령과 한국군 이 대령은 주변의 후퇴 행렬이 무질서한 데 대해 점차 고민에 빠졌다. 차가 간선도로로 들어서자, 그들은 차에서 내려 낙오병들을 집합시키더니 다시 대오를 정비하도록 지휘했다. 그동안 나는 영어를 한마디도 못 하는 6명의 한국인과 지프차에 남아있어야 했다.

수원에 도착하자마자 나는 수송차량을 요청하는 일 이외에, 또 다른 두 개의 메시지를 전달하는 임무를 부여받았다. 하나는 서울이 함락되었다는 정보였다. 또 하나는 '한강 이북 지역에 전면 폭격'을 요청하는 미 군사고문단의 건의였다. 나는 존 무초(John Mucho, 1900-1991) 주한미국대사와 존 처치(John Church, 1892-1953) 소장에게 메시지를 각각 전달해야만 했다.

맥아더 사령관이 전황조사팀장으로 파견했던 처치 장군은 하룻밤 사이에 미 극동군전방사령부(ADCOM: American Advance Command)의 책임자가 되어 있었다.

새로운 임시 수도가 된 수원은 극도로 혼란한 상태에 있었다. 그래서 처치 장군과 무초 대사를 찾아내어 그들에게 메시지를 전달하는 데 몇 시간이나 걸렸다. 내가 맡은 임무를 끝낸 지 몇 분 후, 무초 대사는 소수의 종군기자(전부 5명)를 모아 놓고 떠나달라고 요청했다. 그는 우리를 귀찮은 존재로 단정했다.

이 자리에서 나는 함께 한국행 비행기를 탔던 3명의 신문사 동료가 한강 인도교를 건너지 못했었다는 사실을 알게 됐다. 그뿐만 아니라, 다리가 그들 바로 밑에서 폭파되는 바람에 버튼 크레인과 프랭크 기브니 특파원이 부상당했다는 것도 알았다. 그들은 피로 얼룩진 속옷으로 이마를 동여매고 수원의 서울농대 건물 주위를 배회하고 있었다.

서울이 최초로 함락된 지 12시간, 미 공군이 전쟁에 개입한 지 몇 시간이 지났지만, 현장 사정을 생생하게 목격한 4명의 특파원(역주: 키이스 비치, 프랭크 기브니, 버튼 크레인, 히긴스)은 아직 한국에 남아있었고, 기사는 아직 보도되지 않았다.

버튼 크레인과 키이스 비치, 그리고 나는 기사를 송고할 수 있는 일본 이타즈케 공군기지로 되돌아가기로 했다. 비행기로 그곳에 도착했을 때, 우리는 당시 한강을 건너 서울을 벗어난 것이 얼마나 다행스러운 일이었는지를 알게 됐다. 프랑스 통신사 특파원, 프랑스와 영국 대사관 직원의 대부분이 우리가 한강을 건너던 바로 그 시간쯤 적에게 체포되었다.

다음 날(1950.6.29) 우리가 한국으로 돌아왔을 때, 수원 비행장 활주로에 그 유명한 맥아더의 전용기 '바탄'(Bataan, 역주: 제2차 세계대전 중에 맥아더 장군이 일본군에게 승리한 필리핀 지명에서 유래)이 착륙해 있었다. 우리는 최고사령관 맥아더 장군이 전장에서 무엇이 필요한지를 몸소 알아보기 위해 지프차 편으로 한강을 시찰하러 갔다는 사실을 알게 됐다.

맥아더 장군이 비행장에 모습을 드러냈을 때, 나는 바람이 세차게 부는 활주로 옆에서 몸을 웅크리고 그의 방문에 관한 긴급 기사를 타이핑하고 있었다. 그는 금실로 바탄섬 모양을 수놓은 모자를 쓰고, 칼라 부분을 열어놓은 셔츠 위에 여름용 황갈색 군복을 입고 있었다. 옥수수 속대로 만든 파이프에서는 담배 연기가 뿜어져 나왔다. 각 군의 장성들로 구성된 수행원단이 그를 동행하고 있었는데, 대부분이 내가 전에 본 적이 없는 인물이었다.

맥아더 장군은 활주로에서 나를 보자, 다가와서 인사를 건네고는 도쿄로 돌아가는 비행기에 탑승하지 않겠냐고 물었다. 나는 흔쾌히 그의 제안을 받아들였다. 통신을 목적으로 일본에 되돌아가 기사를 송고하기 위해서는 '바탄' 비행기가 유일한 수단이었기 때문이다.

나중에 알게 된 일이지만, 나의 맥아더 전용기 탑승은 네 명의 미국 언론사 도쿄지국장을 상당히 화나게 만들었다. AP통신의 러스 브라인스(Russ Brines), UP통신의 어네스트 호버레히트(Earnest Hoberecht), INS 통신의 하워드 핸들먼(Howard Handleman), 로이터통신의 로이 매카트니(Roy McCartney)가 그들이었다.

그때까지 네 명의 지국장은 맥아더의 여행에 관한 기사를 완전하게 독점하고 있다고 생각했다. 우리는 그들에게 '궁정 호위대'라는 별명을 붙여줬다. 이유는 간단했다. 이들만이 맥아더의 전방 시찰을 수행할 특권을 가졌기 때문이었다.

맥아더 전용기를 타고 일본으로 가는 동안 코트니 위트니(Courtney Whitney, 1897-1969, 역주: 맥아더가 1951년 해임될 때 함께 사임한 핵심 참모이며, 1955년 『맥아더: 역사와의 그의 만남』이란 전기 발간) 소장이 궁정 호위대가 더욱 난처해질 만한 제안을 내게 했다. 그는 맥아더 장군이 내일 아침 4명의 지국장에게 브리핑할 것이라고 하면서 말했다.

"내 생각인데, 맥아더 장군이 틀림없이 지금 당신과 얘기를 나누고 싶어 할 것입니다. 그의 객실로 가서 만나보지 않겠어요?"

물론 나는 그의 제안에 따랐다.

직접 만나보면, 맥아더 장군은 인자하고 대단히 명석한 인물이다. 맥아더를 비난하는 사람들은 그가 폼 잡기 좋아하는 인물이라고 하지만, 내가 아는 한 그는 그러한 성품의 소유자가 아니다. 맥아더는 도쿄에서 대부분의 언론인과 거리를 두고 생활했는데, 내가 보기에 이는 그에게 매우 불행한 일이었다.

처치 장군, 이승만 대통령, 무초 주한미국대사(1950.6.29, 수원 비행장)

맥아더 장군 한국 전선 시찰(1950.6.29)

그러나 만약 그가 한 달에 한 번이라도 특파원들을 만나기 위해 시간을 할애했다면, 그의 지휘방식이나 인간됨에 대한 주변의 적대적인 감정을 대부분 해소시킬 수 있었다고 확신한다. 맥아더는 극동에서 벌어지는 많은 사건을 만들어내는 인물이고, 특파원들은 이러한 사건들을 기사화해야만 하는 사람들이다. 그런데 서로 접촉이 없으니, 맥아더가 아무리 재주가 있고 선량한 인간이라고 하더라도, 특파원들은 그를 이해하기 힘들었다. 특파원들은 추측에 의존할 수밖에 없기에 악의적인 보도를 했고, 이러한 보도는 맥아더와 그의 지휘부가 특파원들과 더욱 서먹서먹한 관계를 갖도록 만들었다.

맥아더 장군은 극히 일부의 충성스러운 측근들을 제외하고는 모든 사람과 거리를 두고 고답적인 태도를 견지했다. 그렇게 함으로써 그는 일본인들로부터 존경을 얻어내는 데 성공했고, 점령 목표를 성취하는 데에도 크게 도움이 되었다. 확실히 맥아더 측근들의 절대적이고, 거의 신비스러울 정도의 헌신이 맥아더 신화를 만들어냈다. 그러나 나는 맥아더 장군이 기자들의 접근을 쉽게 만들어 그의 풍부한 지혜를 함께 나누는 게 미국 국민에게 이로울 것으로 생각한다.

미국 정부가 맥아더를 한국에 파견한 것은 미국이 공군과 해군 지원만으로 한국을 구원할 수 있는지를 파악하기 위해서였다. 트루먼 대통령은 한반도를 포기한다는 기존의 결정을 번복하여, 이제는 이 반공의 보루를 가능하다면 구원하겠다고 결정한 것이 분명했다.

맥아더가 한국군이 후퇴하는 전선을 시찰하고 받은 인상은 한국을 구하려면 지상군의 파병이 필요하다는 것이었다. 그는 내게 말했다.

"한국인들은 미군 정예부대의 투입을 간절히 필요로 합니다. 한국군 장병들은 신체조건이 좋습니다. 솔선수범하는 지휘관이 있으면 전의가 살아날 수 있습니다. 내게 2개 사단만 주어지면, 한국을 지켜낼 수 있습니다."

2개 사단이면 '한국을 지킬 수 있다'는 맥아더 장군의 신념은 미 군사고문단과 주제넘은 그의 측근 지휘관들의 건의에 근거한 것이었다. 이는 그들이 아직도 적을 얼마나 끔찍이도 과소평가하고 있는지를 잘 보여줬다. 돌이켜보면 내 생각으로는 우리가 북한군 자체를 얕잡아봤다기보다는 북한군이 소련의 지원으로 군비를 증강했으면 얼마나 했겠냐고 과소평가하고 있었다.

예전의 미군 합동참모본부 행태에 비추어볼 때, 맥아더는 트루먼 대통령의 한국지원 결정에 상당히 놀랐지만, 정책의 변화에는 공감했다. 대한민국 정부는 비록 유엔의 후원으로 수립되었으나, 실제적으로는 미국의 보호 아래 있었다. 우리는 한국이 소비에트 공산주의에 대항하도록 강력히 권장했었다. 미 하원은 심지어 한국 국회의원 중 단 한 명이라도 공산주의자가 발견되면, 한국에 대한 원조를 중단한다는 내용을 법제화하기도 했다.

이제 우리는 해야 할 일이 생겼다. 그날 밤 비행기에서 맥아더 장군은 다음과 같이 말했다.

"도쿄에 도착하는 순간, 트루먼 대통령에게 한국에 2개 사단을 파병해주도록 건의할 것입니다. 그러나 대통령이 나의 건의를 수용할지는 알 수 없군요."

## 제3장
# 공항

6월 30일, 나는 도쿄에서 수원으로 향하는 비행기에 몸을 실었다. 그것이 나의 마지막 수원 방문길이었다. 물론 그때는 마지막이 될 줄 몰랐다. 우리 일행이 서울에 도착한 게 겨우 3일 전인데, 또다시 후퇴라니 정말 믿기지 않았다.

긴급한 사건들이 겹겹이 이어져 도무지 무슨 일이 일어나고 있는지 종잡을 수가 없었다. 내가 목격하지 못하는 사건이 너무 많이 벌어지기 전에 되도록 빨리 전투 현장으로 돌아가야 한다는 긴박한 충동이 나를 재촉하고 있었다.

우리를 실은 육중한 탄약 수송기는 비무장이었다. 비행기가 활주로를 덜거덕거리며 이륙할 때, 승무원들은 극도로 긴장했다. 6월 29일과 30일 양일간 적의 야크 전투기들이 수원 비행장에 탄환 세례를 퍼부었고, 6월 28일에는 수송기 한 대가 격추되어 같은 비행장에 떨어졌다는 소식을 들었기 때문이다.

기내에서 작전 브리핑 장교가 우리에게 설명했다.

"적의 야크기가 달려들 때는 '폭죽'(爆竹)이란 암호를 외쳐 도움을 청하세요. 우리가 산악지대를 통과할 때, 아군 제트전투기와 무스탕 전투기들이 엄호할 것입니다."

조종사는 도널드 마쉬(Doanld Marsh) 중위였다. 괌 전투 참전용사인 그는 우리가 처하게 될 상황을 잘 알고 있었다. 비행기가 밝고 푸른 바다—부산만—위에 아득히 보이는 바위섬들에 가까워지자, 그는 경고조로 말했다.

"몇 분 내에 위험한 전쟁터에 도달하게 됩니다. 낙하산과 헬멧을 착용하세요."

그는 어깨 너머로 고개를 돌려 우리가 싣고 가는 155밀리미터(mm, 역주: 이하 '밀리'로 표기 통일) 포탄들을 힐끗 쳐다보고는 담담한 어조로 말을 보탰다.

"폭탄을 싣고 가는 우리가 피격당해도, 하늘이 도와서 낙하산이 제대로 작동할지 모르겠네요."

이때 내게 무서움이 밀려왔으며, 이후 몇 주 동안이나 지속되었다. 나중에는 두려움이 딱딱한 공처럼 변하여 숨을 쉴 때마다 내 심장을 짓누르는 것만 같았다. 얼핏 승무원들의 얼굴을 훑어볼 수 있었는데, 결코 나 혼자만 두려움에 떠는 것은 아니었다. 무선 기사는 아예 C-54 수송기의 방탄유리로 된 반구형 구조물인 돌출총좌 아래에 자리를 차지하고 있었다. 몇 분 후 누군가 정체불명의 비행기 한 대를 목격했지만, 상대는 우리를 보지 못했다. 그것이 전부였다.

수송기가 수원 비행장 활주로에 쿵 하고 부딪히며 가까스로 착륙한 후에도 불길한 조짐은 계속됐다. 활주로 끝부분에 총탄을 맞아 벌집이 된 비행기들을 비켜 가기 위해서 조종사는 급브레이크를 밟아야만 했다.

이제부터는 그 무슨 일이 있어도 탄약 수송기는 타지 않겠다고 다짐하면서 막 비행기에서 막 내렸는데, 심술궂게 생긴 육군 대령이 나를 맞았다. 그는 신경질적이고 쓸데없이 참견하는 타입이었다. 미 육군은 이런 타입의 인간들을 만들어내는 별난 재주가 있는 것처럼 보인다.

대령은 다짜고짜 말을 걸었다.

"젊은 아가씨, 되돌아가셔야만 합니다. 여기는 당신 같은 여자가 머물 수 있는 곳이 아닙니다. 언제 어디서 위험한 일이 벌어질지 모릅니다."

나는 조금 짜증스런 표정으로 그의 걱정에 대해 마음속에 담아뒀던 답을 쏟아냈다.

"위험하지 않다면, 이곳에 오지도 않았을 것입니다. 위험한 사태가 뉴스이며, 뉴스를 수집하는 것이 내 직업입니다."

대령의 지나치게 친절한 태도는 나를 낙담시키기에 충분했다. 서울에서 후퇴할 때 포화 속에서 내가 보여줬던 행동으로 '전선이 여성에게 걸맞지 않은 곳'이라는 더 이상의 논쟁들은 종식되었으면 하고 바랐다. 그런데도 내가 남성들과 동등한 기준으로 받아들여지는 데에는 더 많은 시간이 필요했다. 흥미롭게도 내가 처한 대부분의 어려움은 본부 장교들, 특히 최전방에는 직접 근무해본 적이 없는 장교들에게서 비롯됐다. 오히려 전선에서는 결코 그 어떤 고생도 하지 않았다.

대령에게 답변하고 있을 때 지프차 한 대가 다가오는 것이 보였다. 놀랍게도 운전사가 메이 중위였다. 그는 스털링 라이트 대령의 전속 부관이자, 서울을 벗어나 산길을 따라 기나긴 피란길을 동행한 동료였다. 나는 그가 내 편이라는 것을 알고는 크게 소리쳤다.
"헤이, 중위님, 사령부까지 태워다 주시겠어요?"
메이 중위가 고개를 끄덕이는 것을 보고는 지프차가 내 앞을 휙 스쳐 지나가는 사이에 날쌔게 뛰어 올라탔다. 우리는 흥분해서 뭐라고 지껄여대는 대령을 뒤로하고 그 자리를 빠져나왔다.

24시간밖에 안 됐는데 수원에 있던 임시 미군사령부 위치가 바뀌어 있었다. 이는 기자의 시각에서 볼 때 사태가 심각해졌음을 보여주는 것이었다. 도쿄에서 파견된 영관급 장교들은 비밀정보를 꼭 틀어쥐고는 부산을 떨고 있었다. 나와 함께 서울을 빠져나온 미 군사고문단 동료들은 이들에게 업무를 인수인계하고 있었다. 우리를 친구로 대우했던 라이트 대령이 이끄는 군사고문단은 우리와 똑같이 어려운 상황에 놓였다. 이제 미국 기자들은 미국 시민이라기보다는 공산 간첩과 같은 대우를 받는 처지가 되었다.
소나무가 드문드문 서 있는 수원 미군 임시사령부 영내로 지프차가 덜컹거리며 들어서는 순간, 나는 또 다른 위기를 직감했다. 때는 저녁 6시였다. 본부인 목조건물 내에서 여러 장교가 나지막한 소리로 환담하고 있었다. 군사고문단의 월트 그린우드(Walt Greenwood) 소령은 내가 지프차에서 내리는 것을 보고는 일부러 다가와 조언했다.

"사령부에서 멀리 벗어나지 마세요. 사태가 또다시 악화되는 것 같아요."

나중에 돌이켜보니, 그때 그곳에서 종군기자와 사병들에게 위험에 처할 수 있다고 경고해주는 수고를 아끼지 않은 유일한 장교는 그린우드 소령뿐이었다. 이날 저녁 벌어진 사건은 내가 그때까지 경험한 가장 끔찍한 공황 상태였다.

내가 사령부에 도착하던 시간에 AP통신의 톰 램버트(Tom Lambert) 기자와 시카고 데일리 뉴스의 키이스 비치 기자는 벌써 새로운 사령부에서 지낼 준비를 마쳤다. 특히 키이스 비치는 그사이 후퇴에는 이골이 났다. 나머지 종군기자들은 살림을 정리하느라 바빴다. 단 하나 남은 낡은 판잣집을 차지한 기자들과 사진사들은 실내의 오물을 치우고, 담요 밑에 깔기 위한 지푸라기를 모으고 있었다.

그러나 키이스, 톰, 그리고 나는 그들처럼 잡일을 하기에는 걱정이 앞섰다. 우리는 장교들이 그때까지도 낮은 음성으로 회의하는 본관 건물 주위를 배회했다.

"만일의 위급한 사태에 대비해서 지프차에 모든 준비를 해놓았어.

미군병사

당신 자리도 마련해뒀지."

키이스의 배려에 대해 나는 진심으로 감사했다.

"정말 고마워요, 키이스 선배님."

나는 이런 초대가 남성 종군기자들 캠프에서 내가 우군을 얻어가고 있다는 의미이기를 희망했다.

우리는 전략적으로 회의실 가까이에서 서성거렸다. 줄을 이어 방에 드나드는 한국과 미국군 장교들로부터 정보를 캐내기 위해서였다. 적 탱크와 트럭 50여 대가 한강을 건너서 우리 인근에 있다는 얘기를 어렴풋이 들었다. 그러나 누구도 명확하게 얘기해주지 않았다.

도쿄에서 파견된 미군 한국조사단(Korea Survey Group)—나중에 전방사령부(ADCOM)로 이름이 바뀜—책임자인 처치 장군은 다른 곳에 있었다. 그는 본부건물에서 남쪽으로 7마일 거리의 자동중계장치 기지에 있었는데, 도쿄와의 직접 전화 통화는 그곳에서만 가능했다. 이러한 중요한 회의가 진행되는 동안 한국조사단은 모든 정보 보고를 한국 정보기관에 의존했다. 그런데 이 보고들은 당시 상황에서 한국군 자체만큼이나 믿을 수 없었다.

그때 갑자기 회의실 문이 열리고, 쿵쿵 달리는 소리가 나더니, 방안의 장교들을 독려하는 귀를 째는듯한 날카로운 소리가 들렸다.

"비행장으로 가세요!"

우리 3명의 기자는 서로 쳐다봤다. 누가, 왜 공항으로 가는 것일까? 불확실성이 우리를 겁이 나서 미치도록 만들었다. 우리는 거의 동시에 펄쩍 뛰어 건물 안으로 달려들어 갔다. 질문들을 건넸지만, 퇴짜를 맞았다.

"당신들은 건물 내부로 들어오면 안 됩니다."

우리는 회의실 안쪽에서 문을 향해 전력을 다해 달려오는 나이 지긋한 대령을 만났다.

내가 그의 길을 막고 있었기 때문에 그는 속도를 줄여야만 했다.

"왜 그래요?"

나는 재빨리 물었다.

"뭔가 잘못됐다면, 우리 모두 남쪽의 대전으로 가야 하는 것 아닙니까?"

대전은 수원에서 남쪽으로 약 80마일 거리에 있는 도시다.

"우리가 포위됐어요, 포위돼!"

대령은 오페라 가수처럼 팔을 공중으로 높이 내뻗으면서, 대답하고는 나를 밀치고 휙 지나가 버렸다.

키이스와 나는 재빨리 서로를 바라보았다. 대령의 말이 사실이라면, 미리 준비해둔 우리만의 지프차를 갖는다는 멋진 독립의 꿈은 의미가 없었다. 우리가 생존할 수 있는 유일한 길은 총기를 가지고 도쿄와 미 공군과 교신할 수 있는 사람들의 옆에 붙어있는 것이었다.

이후 수 분 동안 공황 상태에서 사건과 감정의 변화들이 뒤죽박죽

되어 버렸다. 정신없던 상황에서 내가 기억할 수 있는 것은 번개처럼 스치고 지나간 삽화와 같은 장면들뿐이다. 통신실에서 병장 한 명이 분노에 찬 모습으로 성큼성큼 나오더니 키이스에게 장교들에 대한 불만을 토로했다.

"저 개새끼들은 제 놈들 살 궁리만 해요. 비행기 몇 대가 올 겁니다. 그런데 장교 놈들은 비행기 온다는 얘기를 안 해요. 우리가 모두 탈 만한 자리가 없는 것을 우려하는 거지요."

장교들이 다른 사람들을 내버려 두고 자기들만 도망치려 한다는 소문이 모래 강풍처럼 캠프 내에 소용돌이쳤다. 그때부터 취사반장, 지프차 운전병, 암호병, 종군기자 모두의 뇌리에는 차량이라는 차량은 전부 확보해야 한다는 단 한 가지 생각뿐이었다.

그날 밤 우연히 4륜 차량을 가지고 사령부 근처에 있던 한국인들은 불행하게도 그 순간부터 모두 걸어가야만 했다. 어쨌든 이날 우리는 그 어느 때보다도 신속했지만, 가장 무질서한 차량 대열을 꾸렸.

어떤 사람은 "적군이 길 아래에 있다"고 외쳤다. 또 다른 사람은 "아냐, 그들은 비행장에 있다"고 고함쳤다. 이때 그린우드 소령이 뉴스를 가져왔다.

"우리는 비행장을 방어할 것입니다. 준비하는 게 좋을 겁니다."

나는 톰과 키이스가 비장한 표정으로 카빈총으로 무장하고, 탄창을 검사하는 것을 보았다. 키이스는 거의 혼잣말처럼 중얼거렸다.

"맙소사! 저들은 정말 한 줌밖에 안 되는 사람들로 공항을 지킬 수 있다고 생각하는 걸까? 정신 나간 사람들 아냐?"

그곳에는 60명의 남성과 내가 있었다. 그때 나는 사격장에서 한나절 이상 소총 사격 경험이라도 해둘 걸 하는 때늦은 후회를 했다.

회의가 갑자기 중단된 이후 5~6분밖에 안 됐다고는 믿기지 않을 정도로 많은 일이 벌어졌다. 키이스, 톰, 그리고 크리스쳔 사이언스 모니터의 고든 워커(Gordon Walker)는 카빈총을 손에 들고, 나와 함께 지프차에 꽉 끼어 앉았다. 젊은 병장 한 명도 호위병으로 동승했다.

내가 가진 것이라고는 타자기와 칫솔뿐이었다. 나는 서울에서 처음으로 후퇴할 때 모든 사물을 포기해야 하고, 꼭 필요한 타자기와 칫솔만은 챙겨야 한다는 사실을 배웠다.

몇 대의 지프차가 지시나 지휘도 없이 튀어 나가듯 공항으로 먼저 출발했다. 그 차량에는 분노한 병사들이 빽빽이 타고 있었는데, 이들은 장교들만 도망가도록 내버려 둘 수 없다고 작심한 것 같았다. 종군기자와 사진사들도 필사적으로 차량에 편승하여 질주에 가담했다.

공항에서 그린우드 소령은 폭격으로 곰보가 된 활주로의 주변 방어를 위한 작업에 최선을 다했다. 지뢰들이 매설되고, 기관총들이 참호에 숨겨졌으며, 소형화기 실탄들이 배급되었다. 나는 마치 한국판 코레히도르 전투(Corregidor, 1942년 제2차 세계대전 중 필리핀의 코레히도르섬에서 미군이 일본군에게 항복했던 전투)가 시작된 게 아닌가 하는 생각이 들었다.

훨씬 후에 나는 공항에서 최후까지 버티려던 이 작전계획에 대해서 조금 더 알게 됐다. 이에 따르면, 몇 대의 비행기가 그날 저녁 도쿄에서 날아오기로 예정되어 있었다. 비행기 숫자는 모든 사람을 실어 나르기 위해 충분히 준비된 것이 아니었고, 철수 작업을 시작하기 위해 최소한으로 제한되었다. 그리고 비행기들이 도착할 때까지 소규모 병력이 공항을 지키기로 되어 있었다. 그러나 실제로는 한 대도 도착하지 않았다.

갑자기 계획이 변경됐다. 장교들이 남쪽의 대전으로 도피하기로 했다는 소문이 돌았다. 나는 키이스에게 말했다.

"그렇다면 우리는 전혀 포위된 게 아니네요. 길을 찾기는 좋겠군요."

소문들이 서로 달라 그 어떤 것도 도저히 믿기지 않았다. 지프차에 타고 있던 종군기자들은 직접 상황을 판단하기 위해 마지막 순간까지 공항에 남아있기로 했다. 우리는 라이트 대령이 공항에 왔다가 수원의 임시사령부로 되돌아갔다고 들었다. 그곳에 한국군 부대와 함께 남아있는 고문관들에게 짐들을 놓아두고 서둘러 대전으로 후퇴하라고 지시하러 간 것이었다.

이로써 미군 장교들은 일주일에 두 번씩이나 전선을 떠나라는 명령을 받았다. 그렇지 않아도 불안해하던 한국군의 사기에 미군의 후퇴가 도움을 주지 못한 것은 물론이었다.

밤 11시경 우리는 남쪽으로 향하는 미군 행렬을 따르기로 했으며, 바퀴 자국이 난 비포장도로를 따라 덜커덩거리며 달렸다. 마침 장맛비가 퍼붓기 시작했다. 한국의 밤은 여름이어도 싸늘한데, 비까지 매정하게 쏟아지니 기온이 뚝 떨어져서 마치 샌프란시스코의 안개 낀 겨울 새벽과 같았다. 남자들은 모두 셔츠와 헐거운 바지 차림이었다. 나도 블라우스와 스커트 차림이었다. 카키색 셔츠와 바지를 사거나 얻을 시간이 없었다.

덮개가 없이 노출된 지프차 안에서 꼬박 7시간이나 달렸다. 이런 비참한 여행을 하는 동안 장대비는 포탄 퍼붓듯 끊임없이 쏟아졌다. 머리 위에 담요를 얹어봤지만 소용없었다. 금세 물이 새어 어쩔 수 없이 그냥 앉아있어야 했다. 우리는 영락없이 옷 입고 수영한 사람 꼴이었다.

도로는 미끄러운 흙탕길로 변했고, 강물은 엄청나게 불어났다. 어느 지점에 이르러 우리를 위해 애써 운전해준 키이스가 길을 잃은 것이 틀림없다면서, 우리가 건너는 다리가 바다에 이르는 긴 부두와 같다고 말했다. 우리는 모두 지프차에서 내려, 차 앞의 주변을 손으로 더듬어 본 다음에 그곳이 끔찍이도 넓은 강이라는 사실을 그에게 확인시켜줬다.

나는 운전자인 키이스와 워커 사이에 앉아 길잡이 역할을 하기 위해서 혼신의 노력을 하고 있었다. 그런데 심술궂게도 차가 갑자기 진 흙탕 속으로 비스듬하게 미끄러져 들어갔다. 키이스가 외쳤다.

"꼭 잡아요, 마침내 올 것이 왔군!"

그는 차가 우리 오른쪽의 가파른 비탈 가장자리에서 비틀거리자 필사적으로 핸들을 돌렸다. 마침내 차는 방향을 잃고 빗나가 앞쪽 바퀴

들이 왼쪽 도랑에 쿵 하고 부딪히며 빠졌다. 우리가 길을 잃었던 것과 같은 강은 아니었지만, 개천은 꽤 깊었다. 우리 5명 모두는 진흙탕 속에서 억수같이 쏟아지는 비를 맞으며, 지프차를 길 위로 끌어 올리려고 사투를 벌였으나 소용없었다.

힘이 부족하다는 죄책감을 느낀 나는 혹시 우리에게 도움을 줄 수 있는 한국인 가정이 있는지 찾아 나섰다. 마침 새벽 5시경이 되어 희미하게 잿빛의 동이 틀 무렵이었다. 세차게 퍼붓는 빗줄기 사이로 초가집이 어렴풋이 보였다. 초가는 논 건너편에 있었고, 논에는 비 맞은 벼가 밝은 녹색을 발하고 있었다. 다가가 보니 당시 한국에서는 유복한 농가였다. 초가집 마루 위에는 여러 사람이 큰 대자로 누워있었다.

내가 그들을 깨우자, 일가족으로 보이는 성인 남자 4~5명, 여자 한 명, 어린이 2명은 동양인 특유의 조용한 태도로 상황을 받아들였다. 그들은 비에 흠뻑 젖은 서양 여자가 새벽에 자신들 앞에 서 있는 것을 보고도 전혀 놀라는 기색이 없었다. 그들 중 성인 남자 2명이 지프차가 있는 곳으로 신속히 나를 따라왔다. 그들의 늠름한 근육은 차를 도로 위로 다시 들어 올리는 데 훌륭하게 기여했다.

이렇게 수고를 해준 한국인들에게 보답할 선물이 없어서 애가 탔지만, 그들은 그 어떤 기대도 하지 않는 것처럼 보였다. 심지어 그들은 우리 일행이 그들을 위해서 무엇을 해야 할지 협의하기 시작했을 때, 벌써 발길을 돌려 초가집으로 걸어가고 있었다.

처절한 차량 운행은 개천에서 벗어난 지 한 시간쯤 후에 종료됐다. 우리는 새벽 6시경 대전에 도착하여 정부 건물로 사용되는 곳으로 바로 향했다. 본관은 튼튼해 보였지만 볼품은 없는 2층 건물이었고, 내부는 썰렁했다. 계단을 올라가서 대형회의실로 갔을 때, 우리는 처치 장군이 융단 덮인 긴 회의용 테이블 앞에 혼자 앉아있는 것을 보고 깜짝 놀랐다. 뼈대가 가는 데다가 깡마른 체구의 장군은 몹시 처량해 보였다.

이미 드러났듯이 서두를 이유가 전혀 없었다. 패닉 상태에 빠질 필요가 없었다. 수원 근처의 몇 마일 내에 공산군은 없었다. 사실 수원이 마지막으로 함락되기 전에 3일 이상의 시간이 있었다. 그동안 미국 종군기자와 장교들은 수차례나 수원에 드나들었다.

처치 장군은 우리보다도 단 몇 시간 전에 온 것으로 보였다. 그러나 그는 도쿄와 소통할 시간이 있었다. 비에 흠뻑 젖어 가련한 우리 네 명의 종군기자를 그는 다소 야릇한 표정으로 쳐다봤다. 나는 물에 젖은 강아지처럼 그와 악수를 나눴다. 추워서 이빨이 딱딱 부딪히는 것을 제어할 수 없었고, 나의 개버딘 스커트는 양탄자 바닥 위에 빗물을 떨어뜨려 이곳저곳에 작은 웅덩이를 만들었다.

처치 장군이 조용히 말을 건넸다.
"여러분은 오늘 아침 미군 2개 중대가 한국으로 공수되어 온다는 소식에 관심이 있을 것입니다."

나는 '아, 이제 시작이구나, 미국이 전쟁 중이야'라고 생각하고는, 내가 짐작하는 더 이상의 사실관계에 대해서는 거의 궁금증을 갖지 않았다. 우리는 외부 세계와 철저히 절연되어 있었다. 그 때문에 그때, 아니 며칠 동안, 이것이 유엔의 조치라는 사실을 알 수 없었다. 더구나 당시 나는 감기에다가 육체적으로 말할 수 없는 고통을 겪고 있었고, 지독한 취침 욕구로 달리 생각할 마음의 여유도 없었다.

우리의 후퇴와 전방에서의 새로운 참패에 관한 보고를 떠올리며 나는 장군에게 물었다.

"전쟁 개입이 너무 늦은 것 아닙니까?"

"분명히, 그렇지 않습니다."

그의 대답은 확신에 차 있었다.

"미국인들이 이곳에 도착하면 사태가 달라질 것입니다. 우리는 믿을 만한 사람들을 갖게 될 것입니다. 사실대로 말하자면, 한국인들과 일하면서 정말 혼났습니다. 우리는 그들을 신뢰할 수 없습니다. 배치받은 곳에 머물지 않는 군대와 무슨 일을 하겠습니까? 한국인들의 보고가 정확한 것인지, 아니면 단지 터무니없는 소문인지 알 길이 없습니다. 우리의 조직을 가지게 되면 나아질 것입니다. 1개 또는 2개 사단이 필요합니다."

처치 장군은 나중에 한국 군인들의 품격에 대한 그의 견해를 바꿨으며, 많은 한국군 장병을 자신의 부대인 미 육군 제24 보병사단에 편입시킨 최초의 인물이다. 그는 처음 투입되는 미군이 대전과 수원 사이의 교량들의 안전을 확보하기 위해 대전 바로 북쪽에 배치될 것

존 처치 (John Church) 소장

이라고 덧붙였다. 미군 부대는 몇 시간 내에 대전에 도착할 것이라고도 했다.

미국인들은 군인이건 민간인이건 간에 대항해야 할 적의 규모에 대한 정보를 전혀 갖고 있지 않았다. 적의 병력은 적게는 13개 사단, 많게는 15개 사단이나 됐다. 이는 잘 무장되고 끈질기게 싸우는 15만 명의 병력과 한반도에서 유일하게 중전차(탱크)를 가진 공산군이었다.

도쿄의 맥아더 사령부 정보단장 찰스 윌로비(Charles W. Willoughby) 소장은 실제로 적이 이만큼의 전쟁잠재력을 확보하고 있다고 워싱턴에 보고한 바 있다. 그러나 미국 야전군 장병들은 그의 보고가 적의 군사력을 제대로 평가하고 있다는 사실을 전혀 알지 못하는 것처럼 보였다.

나는 처치 장군에게 물었다.

"우리가 공세로 전환하게 되는 시점이 언제쯤 될까요?"

"아 네, 2주 정도, 아니면 아마 한 달이면 될 겁니다."

그러자 키이스 특파원이 물었다.

"그러나 소련인들이 개입하면요?"

"그들이 개입하면, 우리는 그들도 역시 격퇴할 것입니다."

나와 키이스는 이것으로 인터뷰를 끝냈다. 우리는 두 가지 기삿거리를 가지고 다시 빗속을 걸었다. 첫 번째 뉴스는 수원으로부터 후퇴한다는 것이고, 두 번째는 미군이 한국에 도착한다는 것이었다. 여기서 우리는 또다시 과거와 똑같은 통신 문제에 직면했다. 어떻게 기사를 송고할까?

AP통신의 톰 램버트 특파원은 기사 마감 시간이 하루 24시간이라고 할 정도로 초를 다투며 일해야 했다. 갑자기 그는 무초 주한미국대사의 대전 집무실에 도쿄와 연락할 수 있는 라인이 있다는 소문을 들었다면서 그곳으로 가보자고 재촉했다. 며칠 전 무초 대사가 언론에 대해 적대적이었던 것을 회상하면, 그에게 무언가를 부탁하는 것조차 짜증나는 일이었다. 그렇지만 우리는 형편이 몹시도 절박했다.

무초 대사는 대전 교외의 미국인이 지은 임시 대사관 구내에서 체류하고 있었다. 그는 조그만 회색 주택의 문을 열고 우리를 보자, 얼굴이 어두워졌다. 그의 뒤편으로 불꽃이 이글이글 타오르는 벽난로를 볼 수 있었고—내가 살아오면서 본 가장 아름다운 광경이었음—그 위에는 뚜껑이 열린 위스키병이 보금자리를 틀고 있었다. 벽난로 주변에는 지쳐 보이고 주의가 산만한 미국인들이 몸을 녹이느라 혼잡을 이루고 있었다.

우리는 대사에게 초청받고 싶다는 의사를 애틋한 표정으로 솔직하게 전했다. 그가 우리를 방 안으로 들어오라고 한 것을 보면, 틀림없이 우리 꼬락서니를 보고 자비를 베풀어야겠다는 생각을 가졌을 것이다. 나는 불길의 따사함 또는 한 잔의 위스키가 주는 이글거리는 행복감을 그날 그 순간처럼 멋지고 화려하게 느껴본 적이 결코 없다.

그러나 그곳에는 전화가 없었다. 대사는 미 공보원(USIS)에서 몇몇 종군기자가 전화를 사용해 왔다고 알려줬다. 기사 마감 시간이 긴박한 톰과 나는 재빨리 문을 밀고 나와서 대기 중이던 차에 편승했다. 우리가 타던 지프차는 사령부에 두고 왔기 때문이다.

우리가 도착한 곳은 대전역 바로 건너편의 허름한 단층 건물이었다. 바로 거기에 전화가 있었다. 톰은 20분 동안 시도한 끝에 다행히 도쿄의 사무실과 연락을 할 수 있었다. 통화하려면 종종 2시간 또는 3시간 기다려야만 했는데 이날은 의외로 빨랐다.

드디어 통신이 가능하다는 사실에 마음이 놓였으나, 우리 둘은 기사를 쓸 시간이 없어서 실망이 이만저만이 아니었다. 그렇지만 모처럼 잡은 기회를 놓치는 우를 범할 수는 없었다. 다만, 나는 통신이 아니라 일간지의 기사 송고 기술에 익숙했다. 그래서 머릿속에 기사를 정리한 다음에 상대방에게 구두로 받아쓰게 한 경우는 전혀 없었다.

그러나 그런 경험의 여부는 그때 내게 별로 걱정거리가 아니었다. 진짜 문제는 내가 1인 특파원이기 때문에 도쿄 사무실에 기사를 받아적어 줄 사람이 없다는 것이었다. 톰은 AP통신사에 나를 도와줄 수 있는지 문의했다. AP통신은 미국 신문사와 방송국의 협동조합이고, 뉴욕 헤럴드 트리뷴은 그 회원사 중의 하나였다. 따라서 AP통신은 회원사의 특파원을 도와주는 것이 보통이다.

그러나 톰의 부탁으로 나를 돕던 AP통신 도쿄지사 매니저의 부인 바바라 브라인스는 내가 고작 세 문단 정도 읽었는데, 흥분한 어조로 내 말을 가로막았다.

"이제, 그만 해요, 마거리트. 이것이 우리가 받아줄 수 있는 전부입니다. 더 이상은 안 됩니다."

그리고 전화를 끊어버렸다.

내가 격앙되었음은 물론이다. 길고 끔찍했던 지프차 여행, 여름 추위, 두려움, 이 모든 것이 아무짝에도 쓸모없는 일이라고? 내가 할 수 있는 일은 단 하나밖에 없었다. 도쿄 프레스클럽에 다시 전화 연락을 시도해서, 나를 도와줄 동료 한 명을 찾는 것이었다. 문득 주간지 유에스 뉴스 앤드 월드 리포트의 조 프롬(Joe Fromm) 특파원이 생각났다. 그는 도쿄 프레스클럽에서 가장 유능하고, 열심히 일하는 회원 중 하나였다.

그러나 그때 미 공보원은 전화를 쓰려는 종군기자들로 크게 붐볐다. 이런 심리적인 압박 속에 나는 수원에서의 에피소드를 약 두 문단으로 혹평하고, 진짜 중요한 나머지 사건들을 다섯에서 여섯 문단으로 압축했다. 이렇게 줄여서 쓰다 보니 비참하기도 하고 좌절감도 들었다.

대전에서 시작된 통신 전쟁은 전쟁 내내 계속됐다. 미군은 시종일관 그렇지 않아도 어려운 상황을 소름이 끼칠 정도로 더욱 어렵게 만들려고 수작을 부리는 것 같았다. 예를 들어 다음 날 늦게 대전의 미 공보원 전화가 철거됐다. 극도로 기진맥진한 상태에서 일하는 종군기자들은 자포자기했다. 시간이 갈수록 그들은 될 대로 되라는 식으로 변해가는 자기 모습을 발견해야만 했다. 기사를 송출할 수 있다는 것 자체가 그들에게는 바로 기적이었다.

나는 한국전쟁 기간 내내 기사를 구성하고 쓰는 데 있어서 단 한 번도 만족해본 적이 없다. 처음에 우리 특파원들은 "그래, 다음번에는 충분히 생각할 기회가 있을 거야." 또는 "다음번에는 그렇게 피곤하지 않을 거야."라고 생각했다. 그러나 벌써 초기부터 키이스, 톰, 나는 기사를 쓰다가 타자기 앞에 푹 쓰러져 잠에 빠져버리곤 했다.

한국전쟁 취재는 주로 이런 상황에서 이뤄졌다. 기삿거리를 찾는 것은 전체 어려움의 5분의 1밖에 되지 않았다. 기자들의 기본 에너지는 전송하는 수단을 찾아내는 데 투입되어야만 했다.

그날 아침, 기사를 불러주고 난 후 톰과 나는 보슬비가 내리는 밖으로 나와 차를 얻어 타려고 시도했다. 대사 집무실에서 우리를 기다리고 있는 키이스와 고든에게 가기 위해서였다.

나는 마침 우리 앞을 지나가는 지프차를 세워 편승을 부탁했다. 차에는 유별나게 말쑥이 잘 차려입고, 영어를 꽤 잘하는 젊은 한국군 장교가 타고 있었다. 톰은 장교와 뒷좌석에 탔고, 나는 앞 좌석 운전사 옆에 앉았다.

기사를 무사히 송고했다는 안도감에서 비교적 기운이 난 톰은 한국군 장교의 어깨를 손바닥으로 다정스럽게 치며 말했다.

"이봐요, 친구. 아군에서 싸우는 겁니까?"

장교의 답은 공손했다.

"글쎄요, 싸울 계획입니다. 지금 막 포트 베닝(역주: 미국 조지아주 포트 베닝에 있는 미국 최대의 육군 군사훈련소)에서 오는 길입니다."

톰은 그의 어깨를 다시 한번 치며, 유쾌하게 말했다.

"좋아요, 친구! 근데 뭘 하는 분이신지?"

장교가 대꾸했다.

"한국군의 방어를 재편하는 일을 할 겁니다. 실은 방금 한국군 육군참모총장으로 임명되었소. 한국군 소장이며, 이름은 정일권(1917-1994)입니다.

화장품 대신 진흙을 바른 마거리트 히긴스 기자

# 제4장
# 최초의 교전

**이틀 후** 종군기자들은 지프차로 전선 시찰을 위해 출발했다. 최초의 전투에서 미군이 어떻게 방어하고, 죽어가는지를 목격하기 위해서였다. 그때까지도 장마는 계속되어 억수 같은 비가 쏟아졌다.

새벽 3시, 대전 교외의 작은 회색 가옥을 출발했으며, 우리의 대화는 날씨만큼이나 침울했다. 차는 바로 하루 전에 아군 전투기가 아군을 맹폭격했던 평택으로 향하고 있었다. 평택에서의 사건은 우리 공군과 육군 간에 작전 협력의 개선이 얼마나 절실한지를 보여주는 많은 사건 가운데 최초의 사례였다. 이날 나는 창공을 감시하면서, 비행기를 발견하면 경고하는 역할을 했다.

평택 인근에 다다랐을 때 우리는 검게 타버리거나 아직도 불타고 있는 탄약 수송 트럭들을 우회해서 달려야 했다. 도로 옆에는 폭격당해 수족이 절단된 수십 명의 불운한 피란민 시체가 널려있었다. 도로 한쪽의 개천, 그리고 또 다른 쪽의 물에 잠긴 논에서는 시체 썩는 냄새가 진동했다.

음울한 시간에 걸맞게 우리의 대화는 자연히 묘비명으로 옮겨졌다. 호주 출신의 로이 매카트니(Roy McCartney) 로이터통신 도쿄지국장은 버마에 있는 영국군 무명용사 묘비명을 보았던 일을 생생히 기억하고 있었다. 뚱뚱한 체격의 그는 머리에 든 게 많고 부지런하며 젊은 기자였다. 비에 젖은 새벽, 소시지와 콩으로 만든 통조림으로 아침 식사를 위해 차가 멈췄을 때, 그는 우리에게 무명용사의 묘비명을 통째로 암송해줬다.

*여기, 우리가 죽어서 누워 있다오.*
*우리를 낳아준 조국을 위해 부끄럽게 살지 않기를 원했기 때문이라오.*
*확실히, 생명을 잃을 만큼 가치 있는 것은 많지 않다고들 하지요;*
*그러나 젊은이들은 생명을 걸만한 것이 있다고 생각한다오,*
*그리고 우리는 젊었다오.*

나는 나중에 그 묘비명이 영국 시인 하우스먼(Alfred Edward Housman, 1859-1936, 역주: 『슈롭셔의 젊은이』, 『마지막 시집』 등 생전에 두 편의 시집을 남겼음. 런던대학과 케임브리지대학교에서 라틴어 교수를 역임한 그는 고전문학 학자와 시인으로 칭송이 자자했음. 그러나 상훈을 일절 거부하고 여론의 눈을 피해 은둔해서 살았음)의 시를 인용한 것임을 알아냈다.

이날 아침은 우리 모두 대체로 우울했다. 설상가상으로 나는 순전히 개인적인 일 때문에도 침울했다. 나의 소속사인 뉴욕 헤럴드 트리분의 동료 한 명과 나와의 불화에 관한 모종의 소문 때문이었다. 어려움이 있었다는 것은 분명히 사실이며, 나는 여기에서까지 그 일에 대해 감출 필요는 없다고 생각한다.

문제는 내 동료가 나의 한국 체류를 바라지 않는다는 사실이었다. 나는 뉴욕 본사로 전문을 보냈었다. 분담해서 취재할 충분한 뉴스가 있으며, 둘이 협력해서 취재해야 할 중요한 전쟁 기사가 있다는 내용이었다.

그런데 그는 내 견해에 동의하지 않았다. 그러면서 내가 도쿄로 돌아가 그곳에 머물지 않으면, 해고될 것이라고까지 엄포를 놓았다. 심지어 그는 도쿄에 나의 독신자 친구 한 명(역주: 맥아더 장군을 의미한 것으로 추정됨)이 있다는 소문이 있지만, 자기는 그런 소문을 믿지 않는다는 식으로 나를 회유하기까지 했다.

당시 이러한 소문은 나를 괴롭히는 골칫거리였다. 그러나 나중에 그가 오해할 만도 했다는 것을 알게 됐다. 사정을 설명하자면 다음과 같다.

도쿄의 미국 통신사 지국장들은 미국이 한반도 38선 이북에 대해 폭격할지도 모른다는 나의 기사에 대해 분노했었다. 4명의 지국장은 맥아더의 한국전선 시찰 전에 이미 폭격계획에 대해서 알고 있었지만, 날짜가 확정되기까지 비밀로 하기로 합의했었다.

그런데 나의 특종 기사가 보도된 후, 그들은 본사로부터 기사에 대해 확인해서 보고하라는 지시를 받았다. 확인 보고란 특종을 놓쳤음을 추궁하는 것이 명백했다. 그러자 그들은 내가 그 정보를 맥아더 장군으로부터 얻어서 그들의 스케줄에 앞서 보도했다고 오해한 것이었다. 나는 그들의 스케줄에 대해 전혀 아는 바가 없었다. 그 때문에 그들은 합의 당사자가 아닌 내가 어떻게 기사를 쓸 수 있었는지를 추론하여 나를 비난했었다.

내가 폭격계획에 대해서 알고 있었던 것은 사실이다. 그러나 맥아더가 아니라 전혀 다른 정보원을 통해서였다. 하지만 정직하게 말하자면, 나는 폭격에 관한 기사를 송고했는지조차 기억할 수 없었다. 더구나 귀국해서 뉴욕 헤럴드 트리뷴의 기사철을 조사해 봤는데 그런 기록을 찾을 수 없었다. 어쨌든 이런 사실은 훨씬 후에 알려진 일이고, 당시에는 불유쾌한 소란의 한가운데 꼼짝없이 사로잡혀 있었다.

나는 육체적으로 기진맥진한 상태였기 때문에 감정적으로 몹시 상처받기 쉬웠으며, 실제로 좌절감을 느끼기도 하고, 화가 치밀기도 했다. 그러나 도쿄에서 나에 대한 태도가 어떠하든, 한국에서는 상당히 든든한 정신적 지지를 얻었다. 특히 타임(TIME)과 라이프(LIFE) 소속 사진 기자 카알 마이던스(Carl Mydans, 1907-2004)의 도움을 받았다.

'땅딸막한' 체구의 그는 놀라울 정도로 인정 많은 사람이었다. 그는 부지불식간에 내 문제에 끼어들게 되었다. 이유인즉 내 동료가 그에게 나를 전선으로 데리고 가지 말라는 경고성 발언을 했기 때문이다. 동료는 마이던스에게 전선에 나와 동행하면, 내가 해고당할 것이라며 엄포를 놓았다고 한다.

히긴스와 종군기자들(카알 마이던스 : 오른쪽에서 두 번째)

항공시찰 중인 맥아더 장군과 핵심참모 위트니 장군

제4장_ 최초의 교전

카알 마이던스는 나에게 전후 사정을 들은 다음, 내가 마음의 결정을 하는 데 결정적으로 도움이 되는 질문을 했다.

"매기, 당신에게 무엇이 더 중요합니까? 한국전쟁 취재 경험입니까, 아니면 직업을 잃는다는 두려움입니까?"

그때 나는 무슨 일이 있어도 전선으로 돌아가기로 결심했다. 그러나 마음이 무거웠다는 사실을 부정할 수는 없다. 동료의 나에 대한 적개심의 이유가 무엇이든, 여자인 내게는 더욱 심각하게 느껴졌다. 사실 나는 한국전쟁을 취재하는 유일한 여기자이므로 많은 화제의 대상이 될 수밖에 없었다. 그리고 여자가 한 사람이 끼어있다는 것은 신선한 소재를 제공해주었고, 동료와 나 둘 중에서 누가 옳았든 간에 여자라는 이유로 내가 틀림없이 비난받게 될 것이라고 믿었다.

그러나 내가 옳지 않다고 하더라도 나는 행복했다. 한국전쟁의 현장에 있던 남자 종군기자들은 더할 나위 없이 공정했다. 그들은 누구의 편을 들지 않고 매우 분별 있게 행동했다. 다행스럽게도 여름이 다 지날 즈음, 모든 상황은 농담에서나 다루어지는 하찮은 일로 종료되었다.

아무튼 이날 아침, 평택에서 주변 분위기도 내 마음속도 암울하기만 했다. 대대 전투지휘소에 도착했을 때 우리는 모두 추위에 떨었고, 피로했다. 지휘소는 흙더미로 둘러싸인 작은 초가집에 숨겨져 있었다. 미 육군 제34연대 제1대대장 해롤드 아이레스(Harold Ayres) 중령은 부대원들에게 닭, 돼지, 오리 등 각양각색의 식용동물을 나눠줬다.

겨우 커피 한 잔을 즐기려 했을 때, 조지 바쓰(George Barth, 1897-1969, 역주: 당시 미 제24사단 포병사령관) 준장이 오두막 안으로 성큼성큼 걸어 들어와 말했다.

"적의 탱크가 남쪽을 향하고 있소. 바주카포 팀을 긴급 지원하시오!"

우리가 깜짝 놀라는 반응을 보이자, 그는 몇 마디를 덧붙였다.

"공산군의 탱크가 미국인들과 처음으로 조우하게 될 것입니다. 스미스(Charles B. Smith, 1916-2004) 중령이 이끄는 특수임무부대가 진격해 있습니다. 우리는 스미스 부대가 방어하리라고 믿고 있습니다. 그러나 만일 우리 포병중대의 공격을 용케 피해 나오는 적의 탱크들이 있다면, 그들은 곧장 이곳으로 진격해 올 것입니다."

바로 몇 시간 전에 전선에 도착한 미국의 젊고 미숙한 병사와 부대들은 이렇게 전투에 돌입하게 됐다. 이는 매우 중요한 순간이었다. 우리 네 사람의 종군기자는 역사적으로 결정적인 사건에 끼어들게 됐다. 우리는 나중에 기나긴 후퇴라는 말로 명명된 사건의 시작을 목격할 찰나에 있었다.

바주카포 팀을 따라 미지의 전선으로 향하는 동안, 나는 불안감과 흥분이 교차하는 매우 불유쾌한 감정을 경험했다. 비에 흠뻑 젖은 담요로 몸을 감싼 채, 우리는 바주카포와 소총 팀을 수송하는 트럭 및 지휘 차량의 소규모 차량 행렬을 따라 신속히 이동했다. 행렬이 어느 언덕마루에서 갑자기 정지했다. 병사들이 트럭에서 뛰어내려 도로를 따라 나란히 뻗쳐있는 능선 위로 흩어졌다.

도로는 한국 군인들로 꽉 막혀 있었다. 이들은 남쪽으로 끝없이 행진하는 것 같았다. 전쟁 초기에 한국군은 할당된 지프차 또는 지휘차량을 간단히 사물화하여, 개인적으로 사용했다. 헬멧을 나뭇가지로 빗각으로 튀어나오게 위장한 한국군 병사 한 명이 말을 타고 우리에게 다가오며 외쳤다.

"탱크! 탱크! 탱크들이 몰려와요! 돌아가시오!"

로이터통신의 매카트니 특파원이 영국식 영어로 조용히 말했다.

"잠깐만요. 탱크들이 정말 나타난다 해도, 적의 보병이 보이지 않았어요. 탱크는 길을 벗어날 수 없으나, 우리는 도로가 아니라도 갈 수 있습니다. 계속 걸어가 봅시다."

조금 길을 걸어가다 우리는 찰스 페인(Charles Payne) 중위를 만났다. 날씬하고 말을 빨리하는 제2차 세계대전 참전용사였다. 그는 길 위에 새겨진 탱크 자국을 조사했다면서 탱크가 우리를 발견하고 방향을 바꿔 근처 마을로 돌아갔다고 설명했다. 이어 그는 "우리는 이곳에 참호를 파고, 탱크를 추적하기 위해 척후병들을 보낼 것입니다."라고 덧붙였다.

그러나 적의 탱크를 추적할 필요가 없었다. 우리가 간선도로 옆의 묘지에 참호를 파는 동안, 거대한 괴물(탱크)이 우리 오른쪽의 1,500야드 거리에서 굉음을 내면서 모습을 드러냈다. 탱크는 철로에 걸터앉아 있었다. 그 뒤로 또 한 대의 탱크가 보였다.

얼마나 많은 탱크가 우리와 스미스 중령이 지휘하는 부대 사이의 이 조그만 마을에 있는지 도무지 알 길이 없었다. 더구나 스미스 부대가 탄환 지원을 긴급 요청하는 메시지를 우리에게 보내고 있어서 사태가 훨씬 더 긴장을 자아냈다. 적의 탱크들을 궤멸시키지 않으면, 스미스 전진 대대는 고립될 위기에 놓여 있었다.

이때 탄약을 실은 소형수송차가 요란한 소리를 내며 길 위에 나타났다. 두 명의 소위가 차에서 뛰어내리더니, 급하게 언덕으로 올라와 페인 중위에게 다가갔다. 키가 크고 멋지게 생긴 두 명의 소위는 패기도 있고 열심이었지만, 너무 젊고 너무 미숙해 보였다. 그중 한 명이 극적인 표정을 지으며 페인에게 건의했다.

"찰리 중위님, 우리는 이 탄약을 가지고 돌진하여, 적(敵) 저격병의 사격을 무력화시키라는 명령을 받았습니다. 우리는 훌륭히 해 낼 것입니다. 다만, 부대원 몇 명만 지원해주셨으면 합니다."

페인 중위는 다소 올빼미같이 건방져 보이지만 위엄이 있는 어조로 답했다.

"상황이 조금 변하고 있다. 우리는 잠시 대기하다가 본부와 다시 상황을 점검할 것이다. 본부에서 결정을 내리면, 커스터 장군(George Armstrong Custer, 1839-1876, 역주: 남북전쟁의 영웅이었지만, 인디언과의 '리틀 빅혼' 전투에서 전 부대원과 함께 전멸당함. 그의 장렬하고 영웅적인 죽음은 미국인들의 전설과 신화가 되어 오늘까지도 활발한 논쟁의 중심이 되고 있음)처럼 할 것이다."

로이 맥카트니와 나는 이 광경을 보고 빙그레 웃었다. 우리는 페인 중위의 확신에 차고, 프로답게 상황을 처리해 나가는 태도를 보고 감동했다. 그날 일찍 나는 페인 중위에게 다시 전쟁터에 복귀하게 된 소감을 물었다. 그의 대답은 인상적이었다.

"글쎄요, 일본에서 이곳으로 오게 된다는 것을 알았을 때, 솔직히 죽을까 봐 겁이 났습니다. 내가 누릴 좋은 운을 이탈리아에서 다 써 버렸다고 생각했거든요. 인간은 구사일생으로 살아나는 단지 몇 번의 기회가 있는 겁니다. 그러나 총소리를 듣자마자 이런 감정을 극복했습니다."

그렇지만 페인 중위가 그에게 주어진 행운의 몫이 앞으로 얼마나 위태롭게 될지를 미리 알았다면 크게 겁을 먹었을 것이다. 내가 8월에 다시 그를 보았을 때, 대대본부의 11명 간부 중에서 아이레스 중령과 페인 중위만 생존해있었다. 대대 전체로 보자면, 900명의 병력 중에서 263명만이 전선에 남아있었다. 나머지는 사망했거나 부상당했다.

우리가 이러한 죽음들의 첫 사례—한국전쟁에서 최초의 미국인 죽음—를 목격한 것은 바로 이 묘지 참호에서였다.

아군 박격포 팀 소속 50여 명의 젊은 병사에게 최초의 공격 명령이 하달되었을 때, 그들은 마치 단편 뉴스영화를 관람하듯 적의 탱크들을 응시했다. 장교들이 그들에게 이것은 실제상황이며, 적을 공격하는 것이 그들의 할 일이라는 사실을 인식시켜주기 위해서는 자극이 필요했다. 천천히 박격포 부대의 소규모 부대원이 참호를 떠났다. 그들은 낮게 포복하여 밀밭을 지나 탱크를 향했다. 적의 탱크들로부터 거의 500야드 거리에서 첫 번째 바주카포가 휙 하는 소리와 함께 발사됐다. 목표는 정확했고, 제대로 맞은 것처럼 보였다.

그러나 페인 중위는 심히 못마땅한 듯이 말했다.

"제기랄, 저기 우리 애들이 겁먹고 있네요—조금이라도 피해를 주기 위해서는 적의 탱크에 더 가까이 접근했어야 해요."

우리는 공산군 탱크들이 전투에 임하는 것을 처음으로 목격했다. 그들은 기찻길을 따라 보호목으로 서 있는 초목 위로 포탑을 들어 화염을 뿜는 것으로 바주카포에 답례했다. 우리는 적군 병사들이 탱크에서 뛰어내려 기관총으로 미군 바주카포 팀을 향해서 콩 볶는 소리를 내며 공격하기 시작하는 것을 볼 수 있었다.

나는 쌍안경을 통해 금발의 미군 한 명이 풀밭에서 머리를 드는 것을 볼 수 있었다—젊은 병사는 목표를 조준하는 중이었다. 그때 적의 탱크에서 섬광들이 지표에 거의 닿듯이 튀어나오면서, 그가 쓰러지는 것 같았다. 그러나 너무 어두워서 확인할 수는 없었다.

몇 분 후 어느 병사가 외치는 소리가 들렸다. "섀드릭(Kenneth Shadrick, 1931–1950)이 가슴에 총을 맞았어요. 사망한 것 같습니다." 병사의 말투는 극히 사무적이었다. 나는 그때 전쟁의 실상은 문학작품에서의 그 어떤 묘사보다도 훨씬 더 사무적이라는 느낌을 받았다. 부상자들도 거의 우는 법이 없었다—그 누구도 그들의 울음을 들어줄 시간도, 마음의 여유도 없으니 말이다.

바주카포 소리는 계속 울리고 있었다. 우리는 아군의 포가 마치 오리처럼 철로에 올라앉은 적의 탱크들을 몇 분 내에 파괴할 것으로 확신했다. 그러나 시간이 흘러 한 시간쯤 후, 갑자기 바주카포 병사들이 들을 건너 우리에게로 되돌아오는 것을 보았다.

케네스 섀드릭(오른쪽)

마이던스가 말했다.

"아이구, 큰일이네! 저 친구들, 상황이 끝나서 집에 갈 시간이 된 것처럼 보이네."

나는 어느 병장에게 물었다.

"무슨 일이에요?"

그는 비통하게 답했다.

"탄약이 부족합니다. 적군 보병이 길을 올라오는데 수적으로 우리보다 우세합니다. 더구나 우리 바주카포가 적의 탱크를 막는 데 효과가 없어요. 포탄을 맞아도 즉시 튕겨버립니다."

교전 첫날 우리는 바주카포가 요행히 가까운 거리에서 적중하지 않으면, 소련제 탱크의 적수가 되지 못한다는 사실을 배웠다. 그런데도 방어선 내의 적 탱크들을 퇴각시키려고 하다니 참으로 믿을 수 없었다. 나는 비현실적인 감정에 사로잡혔으며, 그런 느낌은 거의 전쟁 기간 내내 나를 따라다녔다. 내 생각에 현실이란 바로 우리가 무엇에 익숙해지는 것이다. 그런데 한국에서는 무엇에 익숙해질 시간이 결코 없었다.

믿을 수 있건 없건 간에, 전투지휘소로 돌아왔을 때 우리 미국인들은 첫 번째 교전에서 완전히 패했을 뿐 아니라, 대대의 전면 후퇴가 불가피하다는 사실을 확실히 알게 됐다. 적의 탱크들을 저지할 수단을 전혀 갖지 못했다. 그리고 측면으로 공격해오는 적의 보병을 막기에 우리 병력이 너무도 적었다. 우리는 스미스 전진 부대에 무슨 일이 일어났는지 생각하기조차 싫었다.

그러나 이는 이상한 일이 아니다. 사람들은 전투에 임하게 되면 사건들을 평소와는 전혀 다른 감정으로 대하는 법을 금세 배우게 된다. 스미스 중령이 어떤 상황에 있느냐를 생각함으로써 얻어지는 것은 전혀 없었다. 대대본부로 돌아왔을 때, 나는 우리 대부분이 불안한 막사의 문을 잠그고 당면한 물질적 문제에 몰두하려고 노력했던 것으로 기억한다.

나는 이 같은 현상을 꽤 쉽게 경험했다. 이유는 매우 단순했다. 본부에 도착해 지프차에서 내리면서 내가 한 첫 행동은 논으로 미끄러져 배를 바닥에 깔고 납작 엎어진 것이다. 물에 흠뻑 젖고, 진흙 범벅이 된 나에게 절실하고 긴박한 관심사는 건조시키는 일이었다. 그때 나를 구조해준 사람은 페인 중위였다. 그는 몇 벌의 마른 녹색 작업복을 주고, 옷을 갈아입을 수 있도록 빈 초가집으로 나를 친절하게 안내했다.

다음으로 당면한 관심사는 가루로 된 벼룩약이었다. 나는 하루종일 벼룩 때문에 고통을 받았다. 완전히 무방비 상태로 벼룩왕국이 만들어진 이래 가장 잔인한 공격을 받았다. 나의 허리, 허벅지, 발목 등 몸 전체에 온통 벼룩에 물린 상처로 두터운 네트워크가 형성됐다. 서둘러 의무부대로 가서 한국전쟁 중 내게 가장 귀중한 개인 소지품이 될 회색 박스에 담긴 살충제를 구해달라고 간청했다.

내가 의무부대 병장과 담소를 나누고 있을 때, 섀드릭 이등병의 시신이 운반돼 왔다. 섀드릭의 얼굴은 덮여 있지 않았다. 시신이 낡은 판자 위에 눕혀질 때, 나는 그의 얼굴에서 약간 놀란 표정을 읽을 수 있었다. 그 이후 나는 죽은 병사에게서 그런 표정을 자주 보았다.

아마도 섀드릭 이등병은 자기에게 죽음이 찾아올 가능성은 없다고 생각했던 것처럼 보였다. 마치 그때까지도 내게는 한국전쟁이 전면전으로 비화할 가능성이 없어 보였던 것처럼. 그는 참으로 어렸다. 19살이라지만, 금발머리와 연약한 체격을 가졌기에 훨씬 더 어려 보였다.

누군가 그에게 덮어줄 마른 담요를 찾으러 나가자마자, 의무부대 병장이 분말 벼룩약을 가지고 돌아왔다. 그는 내게 회색 박스를 주면서 시신을 힐끗 쳐다보고는 말했다.

"안타깝게도 이곳에서 죽다니."

# 제5장
## "어떻게 우리 군이 이렇게 빨리 후퇴할 수가 있어?"

**한국전쟁**에서 미군과 적군 간의 첫 교전이 시작된 지 18시간 만에 최초의 재앙에 대한 강한 충격이 바쓰 장군의 전투지휘소를 강타했다. 소문은 자정이 바로 지나서 퍼졌다.

나는 바닥 위에 보잘것없는 담요 한 장을 깔고 잠을 청했다. 다른 특파원들과 대부분의 대대 장교들도 잠을 자려고 누웠다. 뼈가 쑤실 정도의 피곤함, 바주카포 교전의 기억, 아군 전선 내로 진입한 적 탱크에 관한 생각에도 불구하고, 잠시 눈을 붙였다.

그러나 자면서도 불안감은 떨칠 수 없었다. 또한 방 안에는 말로 형용할 수 없는 은밀한 동요가 나의 가슴을 쿵쿵 때렸다.

갑자기 어둠을 뚫고 내게 속삭이는 소리가 들렸다.

"빨리 작전상황실로 갑시다. 급히 후퇴해야 할 모양입니다."

시계에 플래시를 비춰보았다. 새벽 1시였다. 나는 어둠 속에서 나타난 마이던스에게 응답했다.

"또다시 후퇴할 시간이군요."

나를 의아하게 쳐다보는 그에게 설명을 덧붙였다.

"공교롭게도 우리가 수원과 대전을 떠났던 시간과 똑같네요."

우리는 긴장 속에 침묵이 흐르는 상황실로 조용히 들어갔다. 상황실 중앙에는 바쓰 장군과 아이레스 중령이 앉아있었다. 바로 12시간 전까지도 두 사람에게서 볼 수 있었던 확신감이 이제는 깊은 근심으로 바뀌어 있었다.

그들 앞에 놓인 책상 위에서 타고 있는 등유 램프가 두 사람의 심각한 얼굴을 두드러지게 비추었다. 테이블은 지도로 덮였고, 야전용 휴대전화로 둘러싸여 있었다. 무정하게 퍼붓는 소나기와 두 명의 고급 장교를 분리해 주는 것은 비에 흠뻑 젖어 기괴한 모습으로 창문에서 펄럭이는 담요들이었다. 상황실의 반대편 끝에는 어둠 속에 소수의 종군기자가 서 있었다.

우리 옆에서는 다수의 장교가 미친 듯이 야전용 전화기를 돌려댔고, 이 광경이 애처로운 불빛 속에 낯선 그림자를 던지고 있었다.

"여기는 위험한 전방. (아군 사령부의 암호) 위험한 후방 나와라."

장교 한 명이 다급하게 전화에 대고 재촉하고 있었다. 우리가 방 안으로 들어서자, 세 명의 병사가 문을 향해 나오고 있었다. 이들은 옷이 해지고 풀이 죽은 모습이었다. 마치 2차 대전 당시 됭케르크 (Dunquerque, 역주: 도버해협 연안의 프랑스 도시로 1940년 영국군이 독일군에게 포위되어 필사의 노력으로 철수함) 전투에서처럼 장시간 포위되었다가 빠져나온 것 같았다.

나는 바쓰 장군이 세 명의 병사와 얘기할 때 메모했던 카알에게 물었다.

"무슨 일이에요?"

카알이 대답했다.

"전방대대 소속 병사들입니다. 방금 탈출해 온 그들 얘기로는 부대원의 대부분을 잃었답니다."

"잠깐만요."

카알의 답이 채 끝나기도 전에 바쓰 장군이 끼어들었다.

"저 병사들은 미숙하고, 흥분한 상태입니다. 방금 장교와 연락이 됐습니다. 바로 페리 중령입니다. 그가 이곳으로 와서 무슨 얘기를 하는지 들어보기로 합시다."

몇 분이 지나자 밀러 페리(Miller O. Perry, 1907-2010) 중령이 나타났다. 그는 다리에 파편을 맞아서 걷는 데 어려움이 있는 듯했다. 그의 음성에서 극도의 피로와 처절한 불행이 혼재된 모습을 느낄 수 있었다.

페리 중령의 보고는 간단했다.

"죄송합니다, 장군님. 우리는 적들을 막지 못했습니다. 그들은 사방에서 진격해 왔습니다. 우리는 탄약이 다 떨어질 때까지 사격했습니다."

나는 바쓰 장군의 눈빛을 통해서 그가 잠시 한숨을 돌리려 한다는 것을 알 수 있었다. 잠시 후 그는 감정을 자제하려고 애써 노력하고는 목소리를 가다듬어 말을 이어갔다.

"귀관과 스미스 중령이 할 수 있는 모든 일을 했다는 사실을 잘 알고 있다. 상황은 얼마나 나쁜가?"

"심각합니다, 장군님. 많은 병사를 잃었습니다."

"부상자들은?"

"들것에 실린 부상자들은 포기했습니다, 장군님."

바쓰 장군은 움찔하면서, 매우 낮은 목소리로 물었다.

"상황을 처음부터 간략히 들어보도록 하자."

페리 중령은 상황을 다음과 같이 보고했다.

"알겠습니다, 장군님. 잘 아시겠지만, 저희는 오산 북쪽의 간선도로 양편 산등성이에 참호를 팠고, 75밀리 무반동총 몇 정, 약간의 박격포, 그리고 또 다른 화기로 무장했습니다. 아침 8시 반경 적의 탱크들이 우리에게 굴러오기 시작했습니다. 약 1,500야드 거리에서 우리는 사격을 개시했고, 4대 아니면 5대를 명중시켰습니다. 그러나 그들을 막지 못했습니다. 적의 탱크들은 아측 진지 바로 옆까지 굴러왔습니다.

바주카 포병들은 도로로 내려가서 사격했으나, 적의 탱크 부대에 타격을 주지 못했습니다. 얼마 안 있어 탱크들은 우리 후미로 돌아와 뒤쪽에서 우리 진지를 향해 사격을 가해 왔습니다. 동시에 기관총과 소총으로 무장한 적의 보병부대가 몰려왔습니다. 적의 일부는 농부처럼 흰색 옷을 입었고, 나머지는 겨자색 군복을 입고 있었습니다. 적은 파리떼처럼 사방에서 몰려들었습니다.

포위된 상황에서 우리는 방어할 방법이 없었습니다. 투입할 병력도 충분치 못한 채 적의 탱크와 보병의 십자포화에 걸려들었습니다. 오후 3시경에는 식량과 탄약이 모두 고갈됐습니다. 우리는 포미(무기의 꼬리 부분)들을 떼어내서 못쓰게 만들기는 했지만, 모든 중화기를 버려두고 철수해야만 했습니다. 스미스 중령을 마지막으로 본 것은 그가 한 무리의 장병들을 지휘하여 언덕을 넘어갈 때였습니다."

페리 중령의 경험담과 남쪽으로 후퇴하면서 우리가 벌인 일련의 지연작전 수행과정을 종합해보면, 전쟁의 중요한 국면에서 공산주의자들이 시행한 전술의 단면을 알 수 있다. 중공군도 진격해 올 때 똑같은 전투 절차를 따랐다.

탱크가 성공적으로 선두에 나서지 않을 때, 적의 보병은 아군의 수적인 열세를 이용하여 침투나 포위 작전을 폈다. 이를 어느 기사에서 '포위 전술'이라고 묘사한 것으로 기억한다.

특히 전쟁 초기에 우리는 정면에서만큼 후면에서도 공격을 자주 받았다. 우리는 고작 3개 대대 병력으로 전쟁을 시작했으며, 심지어 각 대대 병력의 정원이 채워지지도 않았다. 그 때문에 미군은 적군 전투계획의 더없이 좋은 목표물이 되었다.

부상병 응급조치

물론 전쟁이 전개되면서 공산주의자들은 몇 가지 새로운 전술들을 개발했다. 그들은 우리 장비들을 약탈하고, 미 군복으로 위장했다. 또한 영어를 사용하여 아군을 교란시켰고, 우리 동맹인 한국군 행세도 했다.

그러나 그들의 기본 패턴은 전혀 변하지 않았다. 적은 전면 공격을 피하고, 침투와 일련의 포위 작전에 의존했다. 북한군이나 중공군은 전술의 중점을 그들의 큰 장점인 엄청 많은 병력을 활용하는 데 두었다. 이날 밤 페리 중령으로부터 배운 것처럼, 그들은 병력 우위의 이점을 지나칠 정도로 잘 써먹었다. "적이 파리 떼처럼 사방에서 몰려들었다"는 페리의 말은 이후 몇 개월 동안 우리의 상투어가 되었다.

페리 중령이 불행했던 사건에 대한 설명을 마치자, 바쓰 장군의 첫 마디는 의외였다.

"맙소사! 내가 교량들에 설치돼 있던 다이너마이트를 해체하다니."

바쓰 장군은 스미스 중령이 전선을 지킬 능력이 있다고 확신했었기 때문에 한국군이 적의 탱크 공격에 대비해 다리를 폭파하려고 설치해 둔 폭발물들을 제거해버린 것 같았다. 이제 적의 탱크를 멈추게 할 수 있는 방법이 전혀 없었다.

정원의 반밖에 채워지지 않은 취약한 우리 대대 병력이 불가피하게 다음으로 타격을 받을 예정이었다. 그런데 적은 우리를 공격하지 않았다. 왜 그들이 우리를 공격하지 않았을까 의아했다.

나중에 안 일이지만, 당시 북한군은 잘 무장된 6개 사단 병력으로 우리의 기세를 꺾고 있었다. 왜 그들은 그때 부산까지 계속 밀어붙이지 않았을까? 이는 한국전쟁의 미스터리 중 하나다. 만약 그들이 강하게 밀어붙였다면, 우리의 방어벽은 무너졌을 것이다. 이는 지금 맥아더와 그의 참모들 모두가 인정하는 사실이다. 당시 적군을 맞아 싸운 것은 기껏해야 1,000명의 미군과 지리멸렬한 한국군 잔여 병력뿐이었다.

맥아더 장군은 공산주의자들이 개전 초기 몇 주 동안 머뭇거린 것이 그들의 가장 큰 실수라고 믿고 있다. 우리가 그들을 과소평가한 것만큼, 그들은 우리를 너무 과대평가하고 있었다.

우리 대대의 최후 결전이 임박했다는 사실을 알고, 나는 남아서 전투를 지켜보기로 마음을 먹었다. 그러나 바쓰 준장은 나와 카알에게 차를 타고 연대로 돌아갈 것을 권유했다.

"내가 아침 일찍 당신들을 여기에 다시 모셔다 드리겠습니다."

제안을 받아들인 우리는 그의 지휘 차량에 타고 평택에서 남쪽으로 약 20마일 거리의 성환으로 갔다.

언제나 그렇듯 전투지휘소는 학교 건물에 있었다. 연대 장교들은 몸을 굽혀 지도를 보고, 전화를 돌리면서 극도로 흥분하여 전선에서 어떤 일이 벌어지는지 정보를 수집하고 있었다. 이렇게 번개같이 빠르게 진행되는 전쟁에서 흔히 볼 수 있듯이 종군기자들은 연락장교의 역할도 해야만 한다. 카알과 나는 오랫동안 바주카포 전투에 대해서 반대 질문을 받았으며, 우리가 기억할 수 있는 한 당시 상황을 상세히 보고했다.

새벽 3시가 됐다. 흥분이 가라앉고, 피곤이 다시 엄습해왔다. 한국전쟁을 취재하며 알게 된 인체구조에 대한 지식이 있다. 나는 사람이 잠을 자지 않고 그렇게까지 강인하고 오래 견딜 수 있는지 예전엔 정말 몰랐다. 나중에 병사들과 해병대원들이 잠을 자지 않고 밤낮으로 행군하고 전투하는 것을 보고는, 종군기자들이 참아내야 하는 피곤의 정량(定量: 일정한 분량)이 그들에 비하면 얼마나 미미한 것인지를 새삼 깨닫게 되었다.

그러나 고작 한두 시간만 잠을 자고 추위를 견디면서, 지프차를 타고 수많은 언덕을 오르내렸던 이 특별한 밤은 카알과 나를 인사불성의 상태로 만들었다. 등유 램프 불빛이 비치는 방은 왁자지껄하는 소리로 어수선했다. 그러나 우리 둘은 방구석에 놓인 흔들거리는 테이블을 하나씩 골라 그 위에 몸을 쭉 뻗고 잠에 빠져들었다.

새벽 5시 반쯤 깨어나 보니—너무 조용하고 벼룩 떼들의 공격이 심해서 잠이 깬 것으로 생각됨—방에는 단 한 명의 미군도 보이지 않았다. 지도들, 총기들, 마루 여기저기에 흩어져있던 통조림 식량을 담은 사각형의 대형 박스들도 사라져버렸다.

카알은 팔꿈치에 머리를 괴고, 아직 잠이 덜 깬 흐릿한 눈으로 믿기지 않는다는 듯 방의 이곳저곳을 훑어보면서 말했다.

"아니, 이런 빌어먹을 일이 있어! 우리를 놓아두고 연대병력 모두가 달아나 버렸잖아. 어떻게 우리 군이 이렇게 빨리 후퇴할 수가 있어?"

우리는 어떤 새로운 재앙이 우리 군을 갑작스럽게 이동하게 했는지 궁금해하면서, 차를 얻어 타기 위해 방에서 나올 수밖에 없었다.

미 제24사단 사령관 윌리엄 딘 소장

# 제6장
# 전쟁 초기의 나날들

**우리가** 대전의 미 제24사단 사령부에 도착했을 때, 사단은 신속하게 진용을 갖추고 있었다. 이곳에서 우리는 미군이 평택 남쪽으로 갑작스럽게 후퇴한 것이 '실수'였다는 말을 들었다. 바쓰 장군은 우리가 적을 훨씬 압도했는데, 쓸데없이 그곳을 포기했다고 주장했다.

1950년 7월 5일, 이날 사단 사령부의 확신에 찬 분위기를 돌이켜 보면, 그저 놀랍기만 하다. 전쟁이 불과 10일밖에 진행되지 않았는데, 벌써 4번씩이나 후퇴하고도 우리 군은 제정신이 아니었다.

윌리엄 딘(William Dean, 1899-1981, 역주: 미군 최고의 '명예훈장' 수상, 1950.8.25-1953.9.4 기간 북한에서 포로생활) 소장은 바로 이날 사령관직을 인수했다. 내가 아는 한, 그는 가장 친절하고 훌륭한 군인 중 한 사람이다. 인수인계 과정에서 병력과 무기만 조금 더 많으면 전세를 바꿀 수 있다는 그릇된 통념이 아직도 남아있었다. 이는 그간 어떤 일이 벌어졌었는지

상황 파악을 제대로 하지 못한 판단이었다.

아무튼 내 기록에 의하면, 이날 새로 임명된 작전상황 브리핑 장교는 열흘만 더 있으면, 우리가 반격할 수 있을 것으로 예측했다. 나는 본사로 전문을 띄웠다.

"최상의 사령부는 전쟁을 6주에서 8주면 끝낼 것으로 예측함."

그러나 이후 며칠간 악몽 같은 경험이 사령부를 제정신으로 만들었다. 그제야 우리는 절망 상태라는 사실을 깨닫게 되었고, 부랴부랴 증원부대를 긁어모아 한국에 급히 파병했다. 당면한 위험에 대처하기 위해서 일본 주둔 미군 병력을 한반도로 이동시킴으로써, 일본은 미군의 점령상태에서 벗어나게 되었다.

하지만 그 정도로는 충분치 않았다. 왜냐하면 우리는 극동지역에 대한 준비를 전혀 하지 않았기 때문이다. 맥아더 장군은 비상사태에 대비할 병력이 부족하다는 경고메시지를 반복해서—긴급하게—워싱턴으로 보냈다. 그런데 이는 안타깝게도 그의 지혜도 한계가 있음을 보여주는 것이었다. 당시 미국 본토에도 잘 훈련된 장병들이 거의 없었다. 우리 병력이 부족한 것을 아는 한국 내 미 정규군 장교들은 충분한 병사들이 소집될 수 있을지 의아해했다.

사정이 이러한데 유엔의 깃발 아래 싸우는 미국은 동원한 모든 미군 병력을 실제로 한국에 파병하는 숙명적인 결정을 내렸다. 이는 미국 본토 방어를 위한 최소한의 병력을 제외하고, 모든 병력을 빼내는 것이었다.

미 합참의장 오마 브래들리(Omar Bradley, 1893-1981, 역주: 미 육군 역사상 5명의 5성 장군의 하나. 미국 최초의 합참의장 역임) 장군은 미국이 한국전쟁에 깊이 휘말려 잘 훈련된 미군 장병들을 얼마나 많이 파병했었는지에 관한 '위험한 진실'을 나중에 고백했다.

미국은 준비하지 않은 대가를 톡톡히 치렀다. 증원 병력이 도착할 때까지 적을 저지해야 하는 가망 없는 싸움에서 희생된 소수의 생명을 대가로 시간을 벌었다. 일단 위기라고 인식되었을 때 증원부대를 현장에 신속하게 투입함으로써, 미국은 육해공군 병력자원이 충분하다는 것을 보여주었다. 그러나 그것이 이미 사망한 사람들, 그리고 우리가 사전에 준비했더라면 최소한 생존을 위한 전투의 기회를 잡았을지도 모를 장병들의 애통함을 보상해 줄 수는 없다.

'지연작전'이란 낯설고, 먼 이국땅—천안, 전의, 조치원, 금강, 대전, 영등포(역주: 저자가 '영동'을 잘못 표기한 것으로 보임)—에서 우리가 당한 패배를 지칭하는 군사용어이자, 한국에서 그 끔찍한 날들을 실제 목격한 사람들 모두의 탄원 기도이기도 하다.

첫 번째 지연작전이 시행된 천안에서 적은 우리를 죽음의 함정에 빠뜨렸다. 우리 사단 사령부는 너무 빨리 후퇴했다고 판단하고 적에게 불필요하게 넘겨준 지역을 되찾기 위해 천안으로 들어갔다.

종군기자들도 지프차를 타고 증강된 미군정찰대와 함께 완충지대인 천안으로 향했다. 도쿄에서 돌아온 키이스가 운전대를 잡고, 종군기자단의 고참팀—톰 램버트, 로이 매카트니, 카알 마이던스, 그리고 나—이 다시 모였다.

정찰대는 분 시거스(Boone Seegars) 소령이 이끌었다. 키가 크고 미끈한 외모를 가진 그는 영국의 화살표 와이셔츠 광고에 나오는 수준의 미남 장교였다. 독일에서 근무할 때 나는 그를 잠시 만난 적이 있었다. 제2차 세계대전 당시 조종사였던 시거스 소령은 미군이 독일을 점령한 후에는 주독 미군사령관 조셉 맥나르니(Joseph T. McNarney, 1893-1972) 장군의 부관으로 일하고 있었다.

"어머니의 간청으로 공군에서 육군으로 전직했습니다."

시거스 소령은 우리가 출발할 때 자신의 이력에 대해서 간략하게 설명했다.

"아시다시피, 나는 아이에 불과해요. 어머니께서는 제2차 세계대전 때 나를 끔찍이도 걱정하셨나 봐요."

소령은 잠시 말을 끊었다가 얼굴을 찡그리며, 한 마디 더했다.

"그래서 이제 정찰대를 지휘하고 있지요."

우리 차는 통신용 지프차의 뒤를 따라갔다. 두 개의 보병소대는 길 양쪽 개울을 따라 행군했고, 우리가 필요로 하면 중포들이 언제든 발사될 준비가 돼 있었다.

몇 마일을 진군했을 때 적을 발견했다. 그들은 우리 앞에서 참호를 파고 있었다. 놀랍게도 적군 병사들은 우리가 접근하는 것을 보자 황급히 언덕 위로 도망갔다. 전투욕에 불탄 아군 소위가 말했다.

"사격을 가해 적들이 더 똥줄 빠지게 내빼도록 합시다."

그러나 시거스 소령의 생각은 달랐다.

"충분한 시간이 있다. 한 발도 발사하지 않고, 적들을 얼마나 멀리 달아나도록 할 수 있는지 한번 보자."

북한군은 우리가 조심스레 주변을 살피며 전진하는 6시간 동안 언덕마루를 넘어 허겁지겁 달아났다. 우리는 천안을 관통하는 동안 단 한 발도 사격하지 않았다. 거리에는 허물어져 가는 판잣집들이 버려져 있었고, 사방은 고요했다.

갑자기 우리 행렬이 멈췄다. 앞쪽 언덕에서 우리를 향해 소총사격이 가해졌고, 몇 발의 박격포탄도 날아왔다. 그러나 적의 공격은 미미했고 곧 사라졌다. 시거스 소령은 일단 멈추고 포병들을 소집했다.

이때—오후 4시—키이스가 기사를 송고할 시간이라며 되돌아가자고 재촉했다. 대전에서 기사가 밀려 송출되지 못하고, 20시간이나 정체되어 있었다. 나는 난처했다. 이러한 중대한 순간에 현장을 떠나기 싫었다. 그러나 시간에 너무 쪼들리면, 송고 시간을 모두 놓칠지도 모른다는 생각이 들었다. 게다가 차량편도 문제였다. 우리가 타는 지프차의 우두머리는 키이스였다. 나는 결국 대전으로 돌아가기로 했다. 2시간 반을 달려 우리는 대전의 사령부로 되돌아왔다.

미 육군 제34 보병연대에서 잠시 쉬는 동안, 나는 새로운 걱정거리가 생겼다. 우리가 선발 정찰대를 떠나 대전으로 향하는 도중 천안에서 교전이 벌어졌다는 보고가 들어왔고, 바로 통신이 두절됐다는 소식을 들었다.

이 소식을 듣고 키이스와 나는 이날 밤 사령부에서 잠을 잘 겨를이 없었다. 기사를 전화로 불러주고 즉시 전선으로 향하기로 결심했다.

대전으로 떠난 지 12시간 만에 우리는 다시 천안 전선으로 갔다. 마침 동이 트고 있었다. 이때 시거스 소령은 벌써 이 세상 사람이 아니었다. 그가 지휘하던 정찰대와 구조에 나섰던 대대가 적의 복병을 만나 천안 시내와 주변에서 밤새도록 피비린내 나는 전투를 벌였고, 시거스 소령은 여기서 전사했다.

천안전투에서 제34 보병연대장이 2번 바뀌었다. 첫 번째 연대장 러브리스(Loveless)는 명령 없이 후퇴하여 해임됐고, 두 번째 연대장 마틴(Robert R. Martin, 1902-1950, 역주: 한국전쟁 중 최초로 미국 무공훈장 중 2번째로 권위 있는 '십자훈장' 수상) 대령은 15야드 거리에서 바주카포로 적의 탱크를 공격하다가 전사했다.

우리는 길에서 유진 힐리(Eugene Healey) 대위를 만났다. 그는 마틴 대령의 죽음에 대해서 얘기해줬다.

"포탄이 그의 몸을 정확히 반으로 갈라놨습니다. 정말 강인한 분이었는데, 겨우 몇 시간밖에 버티지 못했습니다."

미군 포들이 발사되자, 천안의 하늘 위로 연기와 채색된 불꽃들이 나선형을 그리며 하늘로 솟았다. 미군 포병은 진격해 오는 적 탱크들을 함으로써 후퇴하는 미군 병사들을 엄호하기 위해 애쓰고 있었다. 기진맥진한 미군 병사들이 굽은 길을 따라오고 있었다. 모두 허기진

모습이었고, 옷은 진흙투성이였으며, 전투에 넌더리가 난 표정이었다.

우리가 잠시 그곳에 서 있을 때, 적의 포탄이 우리를 공격하기 시작했다. 키이스가 지프차의 가속기를 밟아 길 아래로 질주하자, 약 10명의 미군 보병이 지프차 위로 올라탔다. 키이스는 라디에이터 위에 탄 병사들에게 소리쳤다.

"제발, 내려! 앞을 볼 수가 없어."

포탄이 가까이에서 터졌고, 보닛 위에 올라탄 병사 한 명이 얼굴에 파편을 맞고 미친 듯이 소리쳤다.

"빨리 가요, 제발!"

포탄으로부터 안전한 거리에 이르렀을 때, 키이스와 나는 상황을 점검해 봤다. 정찰대에 관해 쓴 기사들을 도쿄에 전화로 불러줘서, 도쿄에서 미국으로 전송해야 시간이 임박해 보였다. 보통 상황 같았으면 기사 마감까지 시간이 충분하여 통신실로 바삐 돌아가서 이미 써 놓은 기사를 보류시킬 수도 있었다. 그러나 지금은 시스템이 완전히 달라졌다.

키이스는 내 의중을 알아채고는 고개를 저으며 말했다.

"다 틀렸소. 전송시스템 때문에 당신 뜻대로 안 돼요."

나는 그가 옳다는 것을 알았다. 왜냐하면 대전에서는 하나하나의 기사가 순서대로 위치가 정해져서 도쿄에 전화로 전달되므로 기사를 대체할 수 없었다.

이 시스템에 따르면, 나는 정찰대의 성공적인 업무수행에 관한 기사를 없애버리고, 그 대신 천안에서의 패배에 관한 기사를 보낼 수가 없었다. 새로운 사태의 전개에 관한 기사는 차례로 순번을 받게 되고, 기사가 쌓여서 송출될 때까지 또 24시간을 기다려야 했다.

통신사들도 사정은 나와 마찬가지였다. 그 때문에 한국전쟁에서 처음으로 성공적인 정찰대를 이끌던 열정적인 지휘관 분 시거스 소령이 영웅적인 삶을 마감했다는 긴급 기사는 우리가 사실을 안 시점부터 상당한 시간이 흘러서야 미국 전역에 알려졌다.

힐리 대위는 천안전투에 관한 우리의 질문에 대해 다음과 같이 설명했다.

"적들은 우리를 함정에 빠뜨렸습니다. 우리를 천안 시내로 들어오도록 유인해 놓고는 언덕에서, 뒤에서 일제히 공격해왔습니다. 적의 탱크들은 버려진 것처럼 보였던 가옥들 뒤에 줄곧 숨어있었습니다. 우리도 적들을 많이 적중시켰지만, 탱크를 카빈총으로 해치울 수는 없습니다."

당시 미국 탱크도 막 한국에 도착했지만, 천안전투에 참전하기에는 너무 늦었다.

천안전투는 끝없이 이어진 일련의 후퇴를 예고하는 전주곡과 같았다. 이후 나는 전쟁이 많은 미국 젊은이를 미쳐 날뛰는 비참한 인간으로 변모시켜 놓는 것을 보았다. 또한 미군 병사들이 전투 중에 마음을 돌려 도망치고, 희망이 없는 싸움에 빠져들었다고 정부를 저주하며 무기를 버리는 것도 보았다.

반면에 나는 그들과는 다른 젊은이들도 보았다. 이들은 진지(陣地)를 구하기 위해서, 동료를 돕기 위해서, 또는 보다 단순히 말해서 위대한 국가의 시민으로서 잘 싸워야 한다는 신념에 따라서 믿을 수 없을 만큼 용감한 행위를 몸으로 실천했다.

한국전쟁을 취재하는 대부분의 종군기자는, 나의 좁은 식견인지는 몰라도, 미군이 기대 이상으로 잘 싸운다는 기사를 쓰도록 유혹을 받는다. 미 해병대와 '늑대사냥개'라는 별명을 가진 미 육군 제27 보병연대는 부대의 명성이 정당하다는 보도가 나가기를 원했으며, 부대원들은 그들이 훌륭한 병사이어야 한다는 사실을 알고 있었다. 그래서 이런 이론에 반하는 행위를 하는 병사는 매도당했다. 그들은 자신들이 훌륭하다는 집단적인 의견에 따라 행동했다. 이는 종종 집단정신이라고 일컬어진다.

그러나 해병 제5연대장 레이먼드 머레이(Raymond Murray, 1913-2004, 역주: 용감성, 치밀한 계획, 지휘 능력으로 미 해병대에서 유명, 1968년 소장으로 예편) 중령 같은 사람들은 솔직히 말한다.

"용감하다고? 천만에. 해병대원들은 자기들로 인해 다른 동료들의 사기가 떨어지는 것을 바라지 않기 때문에 열심히 싸우는 겁니다. 그러니 다른 동료들도 상당히 높은 수준의 사기를 갖게 되는 것이지요."

패배를 계속하던 몇 주 동안 미군의 사기는 꽤 낮았으며, 그럴만한 이유가 있었다. 사람이면 누구든 제대로 싸울 기회가 필요하다. 그러나 50대 1이라는 병력 상의 차이로는 싸울 의욕을 갖지 못한다. 한국에서의 초기 교전에서 우리는 숙달된 장교들이 생명을 잃는 큰 희생을 치렀다. 이는 사수 명령을 충실히 따르기를 거부하는 상당히 많은 병사가 우리 군에 있었기 때문이다.

당시 병사들로부터 다음과 같을 말을 듣는 건 다반사였다.

"내게 지프차만 있다면, 내가 가고픈 대로 갈 거야. 나는 마마보이지 영웅이 될 만한 그릇은 아니라고."

"누군가 늙은 해리(역주: 트루먼 대통령)에게 전쟁에 관한 엉터리 환상을 불어넣어 준 게 확실해. 난 그가 주는 훈장 따위는 필요 없으니, 다른 사람에게나 달아주라고 해."

한국에서 이런 지속적인 지연작전이 당시 상황에서는 미국이 할 수 있는 최선의 방안이며, 그 과정에서 수반되는 희생들이 우리에게 절실히 필요한 시간을 벌어주고 있다는 사실을 일반 병사들에게 각인시키기 힘들었다.

희망이 없어 보이는 싸움에서 동료들이 무참히 살해되는 것을 직접 목격했다면, 이러한 주장은 한낱 웃음거리에 불과하다.

25세의 에드워드 제임스(Edward James) 중위는 명령에 따라 '기필코' 지연작전을 완수하고, 강바닥을 기어서 간신히 목숨을 건졌다. 그는 격한 분노를 참지 못하며 내게 다가와, 극심한 피로와 노여움으로 입술을 떨며 말했다.

중기관총들

제6장_ 전쟁 초기의 나날들

"당신네가 미국 국민에게 진실을 전해주는 종군기자들입니까? 당신은 20명의 소대원 중에서 고작 3명만 살아남았다는 사실을 제대로 전달하고 있습니까? 당신은 우리가 병력과 무기도 없이 싸우고 있으며, 이것이 전혀 쓸모 없는 전쟁이란 사실을 알려주고 있는 겁니까?"

한편, 전선에 근무해본 기회가 없었던 많은 미군 고위 장교는 솔선수범하여 병사들이 흐트러지는 것을 막으면서 지연작전을 수행해야만 했다. 그 하나의 사례가 미 육군 제21 보병연대 리처드 스티븐스(Richard Stephens) 대령의 활약이다. 그는 전초부대를 지휘하여 초기의 전투 하나를 성공적으로 수행함으로써 은성무공훈장을 받았다. 연대장으로서 그는 진지를 최후까지 지켰던 인물이다.

그는 당시 상황을 이렇게 설명했다.

"병사들은 그때 꼼짝없이 버텨야만 했습니다. 곁에서 고귀한 도움을 받으면서 말입니다."

"곁에서"라는 말은 바로 스티븐스 대령 옆에 붙어있어야 했다는 것을 의미한다.

나아가 스티븐스 대령은 그가 중대 규모의 병력에 잔류할 필요가 있었던 이유를 다음과 같이 소개했다.

"제가 '후퇴' 명령을 시달하기도 전에 병사들은 커다란 새처럼 도망치려고 했습니다. 무기들을 다 버리고, 사방으로 내빼는 공황 상태는 너무도 많은 사람을 죽음으로 몰아넣게 됩니다."

전쟁 시작 후 3주 동안 일본에서 점령군으로서의 안이한 생활을 하다가, 갑자기 차출되어 전선으로 뛰어들게 된 젊은 병사들이 보여준 배신행위와 놀라서 허겁지겁하는 행위를 경험하고 나는 측은한 마음이 들었다. 이들 대부분은 단지 일상적인 기본 훈련만 받았고, 전투준비와는 거리가 멀었다. 고작 몇 퍼센트의 병사들만 포성을 들어본 정도였다.

우리 미국인은 전쟁과 전쟁 사이의 기간에 안락한 생활을 추구하고 있으며, 지금까지 줄곧 호화로운 생활을 누려올 수 있었다. 그런데 한국전쟁과 같이 소련의 지시를 받는 세계와의 대결에서 미국은 국제적으로 신뢰할 만한 휴전에 이르기까지는 결코 긴장을 풀 수 없다는 사실을 깨닫게 되었다.

미국은 어떻게든 지도력을 발휘해서 모든 잠재적인 미군 병사들에게 바닐라 아이스크림처럼 달콤한 세상을 지키기 위해서는 더러운 전쟁터에서 대의를 위한 전투를 해야 할 가능성이 매우 크다는 점을 각인시켜줘야만 한다. 한국전쟁은 우리가 미군 병사들에게 이런 주입식 교육을 끔찍할 정도로 하지 못했다는 사실을 여실히 보여줬다.

앞으로 한국전쟁보다 훨씬 더 중요한 전쟁을 수행하게 될지도 모를 미국은 이러한 사실에 철저히 대비해야 한다. 그렇지 않으면 전투를 싫어하는 병사들이 줄지어 나오게 될 것이다. 그리고 사전에 병사들을 심리적으로 육체적으로 철저히 훈련시켜야만, 그들이 공산국가와 그 위성국들의 도발로 시작된 전투에 투입되었을 때 인명 손실을 줄일 수 있다.

한국에서 전방에 배치된 미군 병사들의 태도 변화를 보는 것은 매혹적이었다. 8월 말까지는 전방의 어느 미군 병사에게 무엇을 위해서 싸우냐고 물어보면,—미국 병사들이 대부분 자기 생각을 딱 부러지게 얘기하지 않기 때문에—그는 3개월 전과 마찬가지로 그저 황당해할 뿐이었다.

그러나 이후 전선 주변에서 그가 동료들에게 말하는 것과 전투에서 보여준 강인한 태도는 그가 점차 시스템을 이해하고 있다는 것을 보여줬다. 즉, 그는 자신이 우리를 위협하는 흉측한 적들과 싸우고 있으며, 가능한 한 조국과 멀리 떨어진 곳에서 그들과 싸워 이기는 것이 최선이라고 이해했다.

이러한 변화가 초래된 이유는 많을 것이다. 흰색 공업용 테이프로 양손이 뒤로 묶인 채 잔혹하게 살해된 미군 포로들의 시체 목격, 북한 공산치하에서의 생활을 생생히 설명해줄 수 있었던 영어 구사가 가능한 한국 피란민들과의 대화, 서울 시티 수(Seoul City Sue, 역주: 한국인 서씨와 결혼한 미국 여자 선교사로 본명은 'Anna Wallace Suhr')라는 미국 여성이 진행하는 북한 선전방송의 어리석은 비방 선동 활동 등 이유가 무엇이었든 간에 미군 병사의 태도 변화를 보는 것은 고무적인 일이었다.

고통보다 더 심각했던 것은 아이레스 중령과 같은 일부 장교들이 패배가 계속되자 직면했던 완전한 체념이었다. 나는 천안전투가 벌어진 며칠 후 그의 대대를 방문한 것으로 기억한다. 그의 군복에서 천안 서부에서 그가 겪었던 지옥처럼 끔찍했던 상황을 알아챌 수 있었다. 사실 그가 지휘하던 대대는 적과 교전하지 않고 도망쳤다. 그의 부대에는 고요 속에 낙담한 기운과 피로감이 퍼져 있었다.

아이레스는 마이던스에게 물었다.

"미군 부대가 이 지역에 도착하는 것에 대해서 혹시 들었습니까?"

마이던스가 불유쾌한 표정으로 대답했다.

"아니요. 당신에게 좋은 뉴스를 전해야 하는데 안 됐습니다. 이런 질문을 하는 특별한 이유가 있나요?"

아이레스가 응답했다.

"오, 아닙니다. 난 방금 미군이 증원되어 이곳으로 오고 있고, 실제 온다면, 그들을 볼 때까지 이곳에 남아 있어야 할지 궁금해하고 있었습니다."

그런 끔찍한 날들이 계속되는 동안, 북한 공산군은 세 가지 중요한 이점을 가지고 있었다.

첫째, 적은 병력에서 압도적인 우위에 있었다. 북한군은 병력 수에서 10대 1, 20대 1, 심지어 30대 1의 비율로 유리한 상황에서 미군과 싸웠다. 전선에서 미군 중대원들로부터 북한군의 야간 기습에 대해 여러 번 들은 얘기가 있다. 북한군은 새벽에 미군 참호 위로 나타났으며, 우리 병사 한 명이 5명에서 10명이나 되는 북한군을 상대해야 했다고 한다.

둘째, 공산군은 중전차(탱크)를 보유하고 있었는데, 미군은 개전 3주 후 로켓 발사장치가 도입될 때까지 적의 탱크를 효과적으로 저지할 수 없었다. 우리가 보유한 경전차는 통상적인 상황에서는 소련제 탱크의 적수가 되지 못했다. 또한 우리 장교들은 극단적으로 긴박한 상황이 아니면 대전차전을 감행하려고 하지 않았다. 미군 탱크는 당시 75밀리 포를 탑재했으나, 소련제 탱크는 88밀리, 심지어 90밀리 포를 탑재하고 있었다.

내가 소련제 탱크의 우위를 생생히 느끼게 된 것은 어느 날 구불구불한 산길 위에서였다. 그곳에는 미군 보병 소대가 적의 탱크를 향해 공격하고 있었는데, 소대를 지휘하던 보병 병장이 불만을 토로했다.

"이놈의 미군 탱크들은 소련 아이들의 탱크가 모서리를 돌아오고 있다는 소식을 듣는 순간 우리를 버리고 도망쳐버립니다."

병장은 역겨운 듯 말을 이어갔다.

"하도 어이가 없어서 우리 탱크 지휘관에게 도대체 어디로 가느냐고 물었더니, 뻔뻔스럽게도 소련제 탱크보다 턱없이 불리하므로 되돌아간다는 겁니다. 그래서 그 얼간이에게 물었지요. 나는 등에 소련제 탱크보다 나은 걸 짊어지고 다니는 줄 아느냐고 말입니다."

북한군은 우리가 추정했던 것보다 훨씬 많은 수의 탱크를 보유하고 있었다. 당초 우리 측 정보당국의 추산으로는 65대 정도였는데, 실제로는 초기단계의 전투에만 400대 이상이 투입됐다. 그리고 북한군이 탱크를 앞세우고 성공적으로 진군하는 걸 보고, 산악지대에서는 공중에서의 우위가 적의 기갑부대를 제압하는 믿을 만한 수단이 될 수 없다는 사실을 배우게 됐다.

이는 공군이나 해병대의 전술비행을 과소평가하는 것이 아니다. 나는 아군기에서 발사된 로켓탄이 소련제 탱크들에게 강한 타격을 주는 살인적인 효과를 보았다. 까맣게 타버린 금속과 살점들이 수백 야드를 날아가는 것을 보았다.

그러나 한국전쟁에 참전 중인 노련한 미군 장교 누구에게 물어보든 적의 탱크보다 수적, 질적으로 나은 미군 탱크를 갖는 것이 최선이라는 답을 들을 것이다. 1950년 초가을 작전에 투입된 많은 숫자의 47.5톤급 패튼 탱크는 소련제 38톤급 T-34 탱크과 대적하여 승리를 거뒀다.

한국전의 초기 며칠간을 회상하는 미군 병사들이 누구나 몸서리치며 기억하는 사실이 있다. 많은 미국 병사는 재빠른 미군 제트전투기가 아군에게 도움을 주기보다는 방해가 된다고 느꼈다는 점이다. 나는 초기전투 중 나흘간을 대대와 함께 이동하고 있었는데, 매일 아군 제트전투기들의 폭탄세례를 받았다. 전투 이틀째 참호에 숨어서 아군 전투기가 우리를 직접 겨냥하고 로켓탄을 발사하는 것을 본 미군 병사 한 명이 우리 모두의 감정을 다음과 같이 요약했다.

"왜 저기 제트전투기 조종사 놈들은 3만 피트 상공에 머물러 있든지, 아니면 장교클럽으로 돌아가지 않는 거야?"

하지만 이런 일은 개전 후 며칠 동안이었다. 이후 지상과 공중 간의 합동작전은 놀랄 정도로 개선되었다. 공군의 전술은 짧은 연습 기간으로는 개선되지 않는 법인데, 단기간 내에 놀랄 정도로 문제점이 해소되었다. 나는 지상군과 공군 간의 형편없는 공조 체제에 관한 첫 기사를 쓴 사람 중의 한 사람이지만, 전체적인 관점에서 볼 때 이런 엇박자에 관한 보도는 불공정했다고 말하고 싶다.

나는 아군 전투기들이 아군을 기총소사(항공기에서 기관총으로 땅 위의 표적을 비로 쓸어 내듯이 사격함)했던 것을 결코 잊을 수 없다. 그러나 전쟁 발발 7일째 되는 날, 미군 무스탕 전투기들이 상공에서 불과 수백 야드 밖에 떨어져 있지 않은 목표물을 향해 정확히 급강하하는 것을 보고 어느 병장이 감탄하며 논평하던 말도 결코 잊을 수 없다.

"저 녀석들은 프로펠러에 총검을 장착한 것이 틀림없어."

셋째, 공산주의자들은 혼동의 이점을 가지고 있었다. 혼동은 미군이 친구인 한국군과 적인 북한군을 구분하기 어려운 데서 야기됐다. 적들은 이를 최대한 이용했다. 미군은 논에서 괭이로 일하는 턱수염 기르고 순진해 보이는 농부를 여러 번 그냥 지나치다가, 똑같은 인물이 새벽에 그에게 수류탄들을 던지며 공격할 때 비로소 적으로 인식하고 대적했다.

공산주의자들은 흑인과의 교전에서는 목탄으로 얼굴을 검게 칠하고, 사망하거나 부상당한 미군들로부터 군복을 약탈해서 입기까지 했다. 이렇듯 교묘하게 위장하고 그들은 우리 진지 바로 앞까지 걸어서 올라왔다.

전쟁 중에 커다란 짐을 머리에 이고 어린아이를 업은 아낙네들, 굽은 허리에 짐을 짊어진 노인들, 무리를 이룬 어린이 등 많은 피란민이 물밀듯이 밀려들었다. 우리는 그들을 의심하는 것을 금세 배웠다. 북한군의 포로가 됐다가 탈출한 미군 병사들은 한국 남녀 노인 '피란민들'이 북한군 기지에 나타나, 얼핏 보기에 해롭지 않아 보이는 보따리에서 박격포 받침대와 총기들을 꺼내는 것을 보았다고 경고했다.

이 같은 정황에다가 미군이 불가피하게 부대별로 갈라져서 무질서하게 계속 후퇴하고 있었다는 사실을 더해보면, 수적으로 열세인 미군 병사들 주변의 분위기가 얼마나 혼란스러웠는지를 머릿속에 그려볼 수 있을 것이다. 언젠가 아이레스 대대의 하사가 당시 상황을 푸념하듯 다음과 같은 말로 표현했다.

"북한인들을 제외하고는 우리가 어디에 있는지 아무도 모릅니다."

모든 것을 고려해볼 때, 미 제24 보병사단의 장교와 부사관들이 미숙하고 당황한 사병들을 통솔하여 그들이 할 수 있는 만큼 오랫동안 성공적으로 적을 저지했다는 것은 경이로운 일이다. 그들은 전투를 전혀 예상치 않았고, 더구나 상황이 그렇게 나쁠 줄은 꿈에도 생각지 않았던 평화 유지를 위한 점령군을 이끌고 기적을 일궈냈다. 미국 역사에서 그렇게 적은 숫자의 장병들이 그렇게 많은 일을 하도록 요구받은 적은 거의 없었다.

핵심 교통도시인 대전 사수를 위한 전투는 초기 지연작전 중 가장 중요했던 만큼 희생도 가장 컸다.

"우리는 7월 12일부터 18일까지 6일간의 시간이 절실히 필요했다. 그런데 딘 소장과 그의 병사들은 우리에게 6일이라는 귀중한 시간을 벌어줬다"라고 맥아더 장군은 회고했다. 6일이란 바로 제1 기병사단과 제25 보병사단이 한국에 도착하는 데 필요한 시간이었다.

대전 전투에서 우리의 희생은 컸다. 미 제24 보병사단장 딘 소장은 몸집이 컸고, 그는 50대였지만 젊어 보였으며, 부드러운 미소를 가득 머금은 인물이었다. 투철한 책임의식을 가졌던 그는 예하부대를 돌며 어떤 희생을 치르더라도 진지를 사수하라고 명령했다.

딘 장군이 종군기자들에게 비통한 어조로 들려줬던 얘기를 나는 생생히 기억한다.

"장교들은 놀랄 정도로 훌륭합니다. 왜냐구요? 나는 수류탄으로 혼자 적을 15명이나 살해한 중령을 알고 있습니다. 그러나 이런 훌륭한 장교들을 모두 잃고 있습니다. 어디서 그들을 대체할만한 인재들을 찾겠습니까?"

딘 장군이 대체할만한 인재 중의 하나는 바로 그 자신이었다. 그의 용감한 행동은 이제 하나의 전설로 남아 있다. 어떻게 그가 탱크 5대를 인솔하여 완충지대를 지나 화염에 싸인 바리케이드를 뚫고, 옛 전우인 미 육군 제19 보병연대장 멜로이(Guy S. Meloy, 1903-1968, 역주: 주한 미 제8군 사령관으로 1961-1963기간 근무) 대령을 구해냈는지, 어떻게 그가 직접 바주카포를 쏘아 적의 탱크들을 파괴했는지, 어떻게 그가 부상당한 채 대전이 적에게 포위되어 미군의 방어가 소용없게 되자 패잔병들을 모아 탈주를 이끌었는지를 되돌아보면 그저 놀라울 따름이다.

우리는 대전에서 북한군의 잔혹성이라는 독약의 맛을 충분히 경험했다. 의무관 링컨 버터리(Lincoln J. Buttery) 대위는 북한군이 의지할 곳 없는 미군 부상병들을 학살한 얘기를 상세히 들려줬다. 사건은 대전으로 통하는 도로의 검문용 바리케이드 근처의 어느 산허리에서 발생했다. 버터리 대위는 부상당한 다리를 질질 끌며, 배를 바닥에 깔고 기어서 현장을 빠져나올 수 있었다.

그의 얘기를 들은 것은 전선에서 부상병들을 수송하는 군용 병원 열차에서다. 극히 불결하고, 악취가 풍기며, 빈대가 득실거리는 어둠침침한 열차 안에서 그는 몸소 체험한 얘기를 자세히 들려줬다.

"걸을 수 있는 12명 정도의 부상병과 들것에 실린 같은 숫자의 환자들이 어젯밤 대전으로 통하는 바리케이드 북쪽에서 적의 함정에 빠졌습니다. 군종신부 허먼 펠드휠터(Hermann Feldhoelter, 1913-1950.7.16), 군목 케네스 히슬롭(Kenneth Hyslop, 1917-1950.11.4) 대위, 그리고 나 등 3명의 장교가 이들과 동행했습니다. 펠드휠터 신부는 걸을 수 있는 부상병들에게 야산으로 향하도록 했고, 그들은 최선을 다해 도망갔습니다. 건강상태가 비교적 좋은 병사들은 들것에 실린 환자들을 나르는 것을 돕기 위해 뒤에 남았습니다.

그러나 지세가 험했습니다. 한밤중에 우리는 위험에 빠지게 됐습니다. 적의 소형기관총들이 우리를 향해 콩 볶는 소리를 냈습니다. 우리는 들것을 내려놓고 피신했습니다. 히슬롭 목사와 펠드휠터 신부는 적의 사격을 개의치 않았습니다. 펠드휠터 신부는 들것에 실린 환자들을 찾아다니며 종부성사를 베풀었습니다. 사람들이 죽어가고 있었습니다. 얼마 안 있어 히슬롭 목사가 적이 접근한다는 사실을 알아냈습니다.

북한 군인들이 우리 쪽으로 다가오며 소리치는 것을 들을 수 있었습니다. 우리는 적이 곧 우리를 덮칠 만큼 가까이 있다는 것을 알았습니다.

들것을 나르던 사람들은 벌써 도망쳐버렸습니다. 펠드휠터 신부는 나와 히스롭 목사에게 말했습니다.

'당신들은 떠나야 합니다. 가족이 있고, 책임도 있습니다. 나의 의무는 이곳에 머무는 것입니다.'

날이 밝아올 무렵, 나는 기어서 도망치기 시작했습니다. 낭떠러지에서 미끄러질 때 뒤를 돌아보니 적군이 보였습니다. 16세에서 18세 정도의 젊은 적들이 접근해오고 있었습니다. 들것에 실린 환자들이 '안 돼요, 안 돼!'라고 연거푸 비명을 질렀지만 적은 가차 없이 살해했습니다. 펠드휠터 신부는 어느 들것 옆에 무릎을 꿇고 기도하고 있었습니다. 총에 맞아 쓰러지면서 그는 아무 소리도 내지 않았습니다."

퇴출명령 받은 히긴스

제7장

# 기자 히긴스

**대전에서** 전투가 한창 진행될 때 나는 개인적으로 큰 쇼크를 받았다. 충격은 한 방의 총알처럼 무자비하게 나를 엄습했다. 한국전쟁 무대에서 즉시 벗어나라는 명령을 받은 것이다. 내게 메시지를 전해준 장교를 포함해서 누구도 그 이유를 알지 못했다.

다만 모두가 성급한 결론을 내렸다. 내가 AP통신의 톰 램버트 기자, UP(United Press) 통신의 피트 칼리셔(Pete Kalischer) 기자처럼 '적에게 도움과 위안을 주는' 기사를 썼다는 혐의를 받았을 것이라는 속단(速斷)이었다.

아군이 패배하던 몇 주간은 전선을 취재하는 종군기자들에게 감정적으로나 정신적으로 괴로운 시기였다. 우리는 재앙을 목격한 대로 보도해야 할 책임이 있다고 느꼈다. 우리는 전투 중인 미군 병사들이 '고향 사람들'에게 자신들이 맞서 싸우는 상황에 대해서 얼마나 간절히 알리고 싶어하는지를 잘 알고 있었다.

그러나 사단의 장교들은 종종 우리를 반역자로 부른다는 사실도 알고 있었다. 특히 도쿄의 미군 장교들이 우리를 증오했는데, 그 이유는 미군이 당하고 있는 패배를 무자비하게 비판하는 기사를 쓰기 때문이었다.

나는 언론과 장교단 간에 순전히 군사적인 보안에 관한 문제에 있어서는 그 어떤 불화도 결코 없었다는 점을 강조하고자 한다. 우리는 도시 이름과 위장전술작전 명칭들이 보도되지 않도록, 간단히 말하자면, 적에게 군사적으로 도움이 될지도 모를 정보는 기사에서 제외하는 데 협력하려고 애썼다.

우리는 일률적인 지침을 갖고 싶어서 몇 번이고 군사검열을 요청했지만 성공하지 못했다. 우리가 비밀을 누설했다면—나도 초기 며칠간은 그런 실수를 한 것으로 안다—그것은 무지하거나 혼동했기 때문이다. 검열은 7개월 후에 드디어 실시됐다. 그런데 이 검열은 내가 생각하기로는 군사검열이 아니고, 오히려 심리적이고 정치적인 검열이었다.

그러나 전쟁 초기에 장교집단과 우리와의 다툼은 미군이 겪은 쓰라린 패배, 미숙함, 그리고 그들의 전쟁수행에 대해 모욕에 가까운 혹평을 하는 보도들 때문이었다. 맥아더 휘하의 장교들은 우리가 단지 고분고분하지 않다고 비난하는 것 이외에, 우리에게 불만이 있으면 간단히 내쫓을 수 있는 실질적인 무기를 가지고 있었다.

다른 대부분 기자와 마찬가지로 나도 절실히 믿고 있는 게 있다. 즉, 우리 정부가 깨어있고 정통한 여론의 지지를 얻으려 한다면, 우리

사회가 진정한 민주주의를 추구한다면, 우리 기자들에게 심하게 '상처를 주는 진실'을 말하도록 허용해야 한다는 것이 나의 신념이다.

기자로서 내가 최선이라고 믿는 것들이 있다. 우리 병사들 사이에 만연된 심리적인 혼란 상태를 인정하고, 그들에게 더 나은 훈련이 절실히 필요하다는 사실을 본국에 알리는 것이다. 바주카포는 소련제 탱크를 간지럽히는 파괴력조차도 갖지 못한다는 사실을 인정하고, 더 나은 더 많은 무기가 긴급히 필요하다는 사실을 알도록 하는 것이다. 준비 안 된 군대가 겪은 절망과 공포의 순간들을 사실 그대로 기술하여, 이런 일이 다시 발생해서는 안 된다는 여론을 미국 내에 조성하는 것이다.

이러한 확신을 가지고 나와 나의 동료들은 힐리스 대위가 한국전쟁에 대해서 말한 "카빈 소총으로 탱크를 해치울 수 없습니다"라는 말을 인용했고, "기진맥진하고 겁먹은" 미군 병사들에 대해 얘기했으며, 비난을 퍼부었고, 장교집단의 본심이 주둥이를 놀리는 것만큼 고약하지 않기를 바랐다.

그러나 나에 대한 추방은 내가 쓴 기사들과 전혀 상관이 없다는 사실이 밝혀졌다. 나는 월턴 워커(Walton Walker, 1889-1950, 역주: 1950.12.23 의정부에서 차량 사고로 사망. 서울 '워커힐 호텔'은 그의 이름을 딴 것임. 아들 샘 워커도 한국전쟁에 참전했으며, 육군 대장으로 전역) 주한 미 제8군 사령관의 명령으로 쫓겨날 위기에 놓였었다. 그 이유는 내가 여자이며, "전선에 여성용 편의시설(화장실)이 없다"는 것이었다.

내가 한국에서 추방명령을 받은 시점은 나뿐만 아니라 종군기자들 모두가 미칠 것 같은 한계상황에 이르렀을 때였다. 우리는 알량한 식사나 잠자리에 대해 단 한마디 불평도 해본 적이 없다. 언제나 구걸하듯 찾아다녀야 했는데도 말이다. 가장 큰 장애물은 군의 관료주의적 행태에도 불구하고 사령부와 잘 협의해서 어떻게든 기사를 송고하는 일이었다.

우리는 종군기자라는 직업에 필수적인 두 가지를 얻어내는 데 군의 협조를 거의 받지 못했다. 즉, 교통과 통신이다. 키이스와 나는 종군기자들의 선망의 대상이었다. 지프차 1대를 갖고 있었기 때문인데, 이는 키이스가 서울에서 탈출할 때 구한 것이다. 몇 달 동안 우리가 사용할 수 있는 차량은 이것이 유일했다. 나머지 기자들은 보통 남의 차량에 편승하는 방법에 의존했다.

심지어 우리가 승리했던 짧은 나날 중에도 그랬다. 지천으로 널린 지프차를 공동 관리하여 사용하는 미 제8군보다는, 차량을 딱할 정도로 거의 보유하고 있지 않은 한국군으로부터 지프차를 얻어 타는 것이 더 쉬웠다.

한국전쟁 취재허가증을 얻은 종군기자들이 270명이었다고 한다. 그러나 내가 아는 한, 실제 전선에서 한꺼번에 60명 이상이 취재한 경우는 전혀 없고, 평균 20명 정도가 취재했다.

제2차 세계대전을 오래 취재하여 나보다는 더 말발이 섰던 AP통신의 칼럼니스트 핼 보일(Hal Boyle)의 지적은 신랄했다.

"남북전쟁을 포함해서 그 어느 전쟁에서도 한국전쟁만큼 종군기자들이 업무수행에 필수불가결한 시설을 갖지 못했던 적은 결코 없었다."

맥아더 사령부의 공보실장 패트 에콜스(Pat Echols) 대령은 분명히 언론을 천적(天敵)으로 간주하는 인물이었다. 그는 우리를 완전히 없앨 수는 없었지만, 우리의 보도 활동을 매우 힘들게 할 수는 있었다. 이러한 사령부의 태도는 한국에 있는 미 육군에게도 그대로 반영되었다. 반면에 공군과 해병대는 "우리의 공적인 임무가 분명하다면, 가능한 한 도움을 주겠다"는 입장을 취했다. 누가 물으면, 답은 그게 전부였다.

우리를 화나게 했던 초기 규칙 중의 하나는 전화를 자정부터 오전 4시까지, 또는 오전 2시부터 4시까지만 사용할 수 있도록 정해 놓은 것이었다. 나머지 시간에는 군용회선이 아무리 비어있어도 사용할 수 없었다. 이런 자의적인 12시~4시 규칙은 다른 규칙이 나올 때까지 지켜졌다.

우리 종군기자들의 관점에서 보면, 군이 불필요한 난관을 만들어 놓은 것인데, 이를 지키느라 에너지를 낭비하자니 분통이 터졌다. 우리에게 할당된 시간의 첫 전화는 전선의 군부대를 다룬 것이어야 한다는 사실을 우리는 잘 알고 있었다.

대전에서는 위기가 연거푸 닥쳤다. 육군이 다시 전화를 끊어버린 것이다. 전화단절이라는 새로운 통신장애 때문에 기사를 송고할 수 있는 유일한 방법은 기사를 비행기로 직접 실어 나르는 길뿐이었다.

또한 키이스, 카알, 로이 등 종군기자 동료들의 다정한 격려에도 불구하고 나는 일을 제대로 할 수 있을까 심각하게 걱정했다. 나의 신문사 동료로부터 한국에 머문다면 해고될지도 모른다는 경고를 들은 후, 나는 본사에서 아무런 통보를 받지 못하고 있었다. 마음이 흔들렸고, 묵직한 덩어리가 내 횡격막 안의 걱정보따리를 계속 짓누르고 있었다.

설상가상으로 추방명령은 시기적으로 더없이 나쁜 시기에 찾아왔다. 물론 나는 매우 부당한 조치라고 생각하고, 맥아더 장군에게 직접 호소했다.

나는 벌써 3주간을 미군들과 지냈었다. 이미 전선에 있거나 추가로 도착하게 될 전체 사단과 비교해도 손색이 없을 만큼, 이미 나는 최악의 상황을 견뎌냈다. 여자이기 때문에 분명 말들이 많을 것으로 알고, 여성에게 특별한 호의를 베푸는 것처럼 해석될 수 있는 것은 전혀 요청하지 않으려고 무진장 애를 썼다. 전선에서 땅 위에 개개인 단위로 잠을 자는 경우가 아니라면, 나는 대전에서와 같이 전화를 사용하는 크고 볼품없는 방의 테이블 위를 차지하는 것이 보통이었다.

우리의 일상생활은 전선에서 돌아와서 기사를 단숨에 쓰고, 테이블 위에 몸을 쭉 펴고 드러눕는 것이었다. 다른 종군기자들이 전화에 대고 큰 소리로 기사를 불러서 시끄러운데도 불구하고, 우리는 자기 차례가 와서 도쿄로 기사를 읽어줄 때까지 잠을 청하곤 했다. 다음으로 전선이란 상황이 급변하므로 몇 시가 됐든 언제 다시 출발할지 모르기 때문에 필요 이상으로 멀리 떨어져 있을 수도 없었다.

장군들이 변소를 우아하게 표현하고자 할 때 완곡어법으로 사용하는 '여성용 편의시설'에 관해서 말하자면, 한국에서 미군은 물론 한국인도 여성용 화장실을 크게 걱정하지 않았다. 한국에는 나무덤불이 부족하지 않았기 때문이다.

저속한 언어? 글쎄, 나는 2차 세계대전 때 전선 취재를 해봤다. 그래서 얘긴데 헤밍웨이의 소설에 나오듯 비속어를 점이나 대시로 채워 넣는 방법을 배우기 위해 전선으로 갈 필요가 없었다. 미국 비속어 사전에도 나오지 않는 어휘도 많이 알고 있었기 때문이다. 이따금 장병들에게 목소리를 낮추도록 한 것 이외에 나는 그들에게 비속어를 사용하지 못하도록 하지 않았다고 생각한다. 전쟁터에서 우아한 언어란 그리 중요하지 않은 것으로 보인다.

나는 대구에 있는 워커 장군에게 전화를 걸어서, 최소한 내 후임자가 올 때까지 내 기사를 삭제하지 말아 달라고 간청했다. 그때 뉴욕 헤럴드 트리뷴의 내 동료는 제1기병사단의 상륙작전을 취재하기 위해 해상에 있었다. 나는 대전 전투라는 중대한 기사를 뉴욕 헤럴드 트리뷴에 싣지 못하게 하는 것은 부당하다고 반박했다. 그런데 그의 답변은 "당신은 떠나야 합니다"라는 것이었다. 나는 어쩔 수 없이 "가능한 한 빨리" 떠나겠다고 회답했다.

명령이 전달된 날 오후, 어느 소령이 대전에서 출발하는 기차에 나를 태우려 했다. 그러나 키이스에게 의탁하여—상륙작전 때도 그랬음—함께 지프차를 타고 다녔던 나는 떠나지 않기로 결심했다. 딘 장군도 나의 결정을 지지해줬다. 여러 주 동안 전쟁 취재를 허용하다가 갑자기 '강제추방'할 필요는 없다는 것이 그의 주장이었다.

그때부터 나는 맥아더에게 보낸 나의 호소에 대한 회답이 없는 상태에서 사령부를 피하여 전선에 머물렀다. 그 며칠 동안 나의 어려운 형편에 관한 소문이 금세 퍼져나갔다. 연대 지휘관에서부터 이등병까지 많은 장병이 내게 와서 위로해줬다.

"장군을 설득해서 떠나지 않기 바랍니다."

나는 그들의 마음이 진실이었다고 믿는다.

그들의 염려는 나를 오히려 두렵게 만들었다. 전쟁에 관해서 말하자면, 소모적이고 암울하지 않은 것은 거의 없다. 그러나 전쟁에는 단 한 가지 분명하고, 진심이며, 참된 것이 있다. 그것은 바로 포탄이든 기관총 공격이든 개의치 않고 위기를 상호 공유하는 사람들 사이의 특수한 연대감이다. 이는 용접해 놓은 것처럼 단단하다. 특수한 연대감으로 뭉쳐진 사람들의 모습이 드러나는 것은 참여한 사람들의 훌륭한 행동이 알려질 때다.

우리의 일상생활에는 많은 가식이 있으며, 세련된 방법으로 많은 가식이 감춰질 수 있다. 그러나 포탄이 당신을 향해서 날아들 때는 가식을 부릴 시간이 충분치 않으며, 한 사람의 인물 됨이 적나라하게 드러난다. 그래서 당신이 본 것만을 신뢰할 수 있다고 생각하게 된다.

이러한 감정은 옛 전우들, 옛 항해사들, 옛 조종사들, 심지어 옛 종군기자들을 인간적으로 가깝게 만들고, 한편으로는 같은 일을 경험하지 않은 사람들로부터 그들을 어느 정도 격리시킨다.

종군기자들의 연대감이란 결속력이 그다지 크지 않다. 그들은 강인하든 또는 겁쟁이든 그들 개인의 힘으로 다른 사람의 생명에 영향을 미칠 수 있는 위치에 있지 않으므로 그들이 느끼는 감정을 단지 연대감과 유사한 것이라고 여긴다. 그렇지만 내게는 이런 유사한 연대감조차도 극히 드문 감정의 하나이며, 이를 다음과 같이 표현하고 싶다.

"종군기자들 사이의 연대감은 내가 아는 그 어느 것보다도 절대선(絕對善: 어떤 기준에 의하여 비교·평가되지 않고 그 자체로서 절대적이고 순수한 선)에 가깝다."

전선에서 정이 든 동료들이 점점 더 나의 처지에 대해서 동정하자, 나는 그들과 친족관계라는 느낌, 그리고 정서적으로 함께 참전하고 있다는 느낌이 점차 강해졌다. 이는 내가 전선을 떠나는 것을 더욱 어렵게 만들었다. 적군은 나를 서울에서 몰아냈고, 서울에서 빠져나온 지도 오래됐다. 나는 우리 모두 서울로 되돌아갈 때까지 미 육군과 함께 있기를 바랐다.

어느 날인가 스티븐스 대령은 내게 진지하게 말했다.

"들어봐요, 매기. 만일 그들이 정녕 당신을 쫓아내려고 한다면, 내가 당신을 소총소대원으로 고용하겠소."

물론 그가 격려 차원에서 내게 해준 말이었지만, 나는 얼마나 기뻤는지 모른다.

40시간이 지났는데, 맥아더로부터 아무런 연락도 없었다. 그러나 한 가지 주목할 만한 일이 있었다. 뉴욕 본사에서 나를 위해 꾸준히 노력하고 있다는 소식이었다. 반가웠고 마음이 놓였다. 본사의 메시지는 한국으로 출발하라는 최초의 지시 이후 처음이었다. 그리고 이 메시지는 전선에 머무르겠다는 나의 희망을 지원하겠다는 의미였으며, 내 맘속의 무거운 짐을 벗게 하는 것이었다.

7월 16일, 이때 대전은 흔들리고 있었으며, 거의 모든 종군기자들은 사단 후방부대와 함께 남쪽으로 갔다. 나에 대한 추방명령 철회는 내 희망대로 빨리 처리되지 않을 것이 분명해 보였다. 계속 미적거리며 회피하는 사령부 장교들의 일 처리가 나를 심히 불편하게 만들었다.

나는 전선에서의 마지막 기사를 쓰고, 서서히 남쪽의 대구로 가기로 결정했다. 그곳에서 워커 장군과 내 문제를 담판 지을 작정이었다. 그는 전화상으로 내가 대구를 거쳐 도쿄로 가는 길에 기꺼이 나를 만나주겠다고 말했었다.

그날 오후, 잠시이긴 했지만, 나는 대전을 떠나지 않아도 될 것처럼 보였다. 이날 늦게 지프차를 몰고 사단 사령부를 둘러싸고 있는 구역을 별생각 없이 통과하고 있었다. 그때 갑자기 내게 돌아오라는 고함 소리가 울렸다.

뒤를 돌아보니, 10여 명의 병사가 총을 내게 겨누고 영내 울타리 주위를 살피고 있었다. 사령부 내 탱크들도 포신을 내 쪽으로 겨누고 있었다. 나는 재빨리 지프차를 돌려 영내로 황급히 들어가 임시 기자실 건물로 향했다. 그곳에는 런던 데일리 익스프레스의 빌 스미스(Bill Smith) 기자 외에는 아무도 없었다.

"약간 소란이 일고 있는데 마침 잘 왔어요."

스미스는 말을 이었다.

"모두가 사격하는데, 왜 또는 누구를 향해서 하는지 모르겠어요."

스미스와 나는 사령부 건물로 가서 소란의 이유를 알고자 했다. 그러나 우리가 찾아낸 것이라고는 전에 사격이라고는 해본 적이 없는 여러 명의 사령부 병사가 책상 밑에 몸을 숨기고 있는 장면뿐이었다. 우리는 밖에 딘 장군이 있는 것을 보았다. 그는 방금 총알공격을 받았던 나무판자 울타리 쪽으로 몸을 구부리고 있었다.

"누군지 서툰 사수구먼."

딘 장군은 미소를 지으며 말했다.

"난 운이 좋았어. 하마터면 그들의 총에 맞을 뻔했네."

딘 장군의 참모는 우리에게 호전적인 아군 병사 몇 명이 일을 저질렀으며, 지금 우리가 서로 간에 사격하는 것 같다고 넌지시 말했다. 목표 없이 사격하고 있는 병사들을 둘러보니 그의 의견에 수긍이 갔다.

아무튼 날이 어두워져서 영내를 빠져나가는 일을 더 이상 미룰 수 없었다. 우리의 도시탈출은 실제로 매우 빠르게 추진됐다. 적군 게릴라들의 소행이 아니라고 확신한 스미스는 영내를 떠날 때 내게 말했다.

"자, 저기 탱크병들에게 친절하게 손을 흔드세요. 우리에게 사격하지 않도록!"

스미스가 가속을 내기 시작했고, 우리는 텅 빈 거리를 따라 도심을 가로질러 남쪽을 향해 쏜살같이 달렸다. 무엇보다도 이러한 위기의 순간에 지프차가 내연기관의 역화(逆火)로 급발작을 일으켜서 폭발한 것처럼 간선도로 위를 내달렸다. 누가 우리를 향해 사격을 가했어도 모르고 달렸을 정도였다. 지프차는 총알보다 빨랐다.

굽은 산길 위에서 먼지투성이의 처량한 미군 탈출행렬에 합류하게 된 우리는 드디어 어느 학교 건물에 있는 미 제21 보병연대 본부에 들어섰다. 우리가 도착한 시간은 자정 가까이 되었으며, 방에는 벌써 마룻바닥에 벌렁 누워 코를 골며 자는 병사들로 꽉 차 있었다. 모두 옷을 입은 채로 자고 있었는데, 그 이유는 긴급통보를 받는 즉시 떠날 준비가 되어 있어야 했기 때문이다. 나는 담요를 바닥에 깔고 벼룩약을 온몸에 뿌리고 잠에 빠졌다.

다음 날 어느 장교는 아침에 잠에서 깨어나 내가 자기 옆 바닥에 누워있는 것을 발견하고 깜짝 놀라 사령부 내에 상당한 볼거리를 연출했다. 그는 스티븐스 대령의 방으로 뛰어 들어가면서 탄성을 질렀다.

"어이구, 연대장님! 우리가 밤새 여자와 함께 자고 있었던 것 아세요?"

지난번 전투에서 극심한 타격을 입은 미 제21 보병연대 장병들은 부지런히 참호를 파고 있었다. 대전을 방어하고 있는 2개 대대가 후방으로 밀려왔을 때 벌어질 불가피한 전투를 위해서였다. 내가 보기에 장병들은 금강 북쪽에서보다 훨씬 침착해 보였다. 심지어 그들은 익살스런 농담도 많이 했다.

한 병사는 나를 향해 외쳤다.

"이 봐요, 매기! 내가 파고 있는 참호를 좀 봐요. 탈영 혐의로 체포되기 직전까지 파다가 중단할 겁니다."

그러자 그의 동료가 끼어들었다.

"네 것은 아무것도 아냐. 나는 진짜 할리우드 참호를 파는 중이야. 정말 호화로운 참호라고."

나는 스티븐스 대령에게 그들의 변화를 얘기해줬다.

스티븐스 대령의 답변은 낙관적이었다.

"내가 그랬잖아요. 미군 사단은 첫 번째 전투가 끝나야 진가를 발휘합니다. 병사들은 조만간 좋아질 겁니다."

그날 밤 나는 대구로 향하는 '병원열차'에 몸을 실었다. 기차 객실은 전기가 들어오지 않았고 불결했다. 나는 지프차로 이동하기를 원했으나, 미 제8군이 나를 한국에서 황급히 쫓아내려 했기 때문에 어쩔 수 없었다. 기차는 자정에 출발할 예정이었다.

앰뷸런스들이 줄지어 부상자들을 기차에 쏟아놓는 동안, 우리는 찌는 듯 덥고, 냄새가 지독한 기차 안에서 몇 시간은 족히 기다린 것 같았다. 들것에 실린 환자들과 걷는 부상자들이 말도 없고 표정도 없이 음침한 기차 안으로 가득 몰려들었다. 그 많은 부상자를 돌보는 위생병은 단 한 명뿐이었다.

들것들은 나무 의자들의 등받침을 가로질러 놓였다. 괴저병을 방치해서 나는 살 썩는 냄새와 기차 안의 낡은 변소에서 나오는 냄새가 뒤섞여 숨쉬기가 어려울 지경이었다. 부상자들은 바닥이나 나무 의자에 누워있으려고 했으나 너무 혼잡하여 그 누구도 누울 공간이 없었다. 열기와 구린내가 졸린 나를 고통스럽게 만들었다.

그렇게 열악한 객실에서 내 맞은편에 앉은 젊은 미군 병사의 고통스러운 얼굴을 보니 너무 안쓰러워 말을 붙이기가 망설여졌다. 그의 비참한 모습은 부상당하지 않은 내게 깊은 죄책감을 안겨주었다. 나는 그에게 말하고 싶었다.

"이봐요. 난 원해서 여기 있는 게 아녜요. 3성 장군이 이 열차에 타도록 요구했답니다."

마침내 나는 용기를 내어 말을 걸었다.

"물 좀 가져다줄까요?"

18세쯤으로 보이는 앳된 얼굴의 그는 "괜찮아요, 부인"이라고 말하더니, 내가 전선을 돌아다니며 항상 들었던 질문을 했다.

"여기 전쟁터에 있을 필요가 없다면, 어째서 여기 계신 거예요?"

나는 종군기자라는 사실, 한국전쟁이 미국 내에 엄청난 기삿거리라는 사실, 그리고 미국 국민이 미군들이 어떻게 싸우고 있는지를 직접 체험하고 있는 사람들로부터 알고자 한다는 사실 등을 설명해줬다.

"제가 당신에게 바라는 것이 있다면, 우리 국민에게 한국전쟁은 벌지 전투(Battle of the Bulge, 역주: 제2차 세계대전에서 독일군의 반격으로 미군이 큰 타격을 입은 전투)를 계속하는 것과 같다는 사실을 말해주시는 겁니다."

그때 복도 건너편에서 다리가 절단된 하사가 끼어들었다.

"오, 제발 그런 볼멘소리 좀 그만둬. 어쨌든 우리가 벌지 전투에서 결국 이겼잖아?"

두 병사는 그날 밤 숨졌다. 둘은 소리 없이 세상을 떠났다. 나는 그들이 사망한 사실을 대구에 도착해서야 알았다. 부산으로 가는 기차는 그곳에 잠시 정차했고, 두 병사의 시신이 실려 나왔다.

미 제8군사령부에 도착하여 나는 곧장 워커 장군과의 면담 일정을 잡기 위해 그의 부관에게 갔다. 그는 워커 장군이 지금은 전선에 있으나, 오후 3시경에는 만날 수 있을 것이라고 말했다. 너무도 졸린 나머지 나는 헌병에게 새로 설치된 제8군 내 특파원 기자단 숙소가 어딘지 물었다. 헌병은 큰 키에 어깨가 떡 벌어진 젊은 공보담당 대위에게 나를 인계했다.

공보담당 대위는 내게 말했다.

"당신은 종군기자 숙소로 가지 못합니다. 내가 비행장으로 모실 겁니다. 즉시 헌병을 부르겠습니다. 당신은 내가 한 일을 수첩에 적으세요. 당신에 관해서 다 알고 있습니다. 장군님에 대한 악의적인 보도를 하려고 한다는 사실도 말입니다."

나는 어이가 없어서 물었다.

"내가 체포된 거요?"

그의 답변은 단호했다.

"그런 수법 쓰지 마세요. 당신의 홍보 수법을 알아요. 장군님 명령은 당신을 비행장으로 모시고 가라는 겁니다. 필요하면, 호송해서 말입니다."

"이봐요, 나는 워커 장군을 만나러 온 사람이에요. 내가 바라는 건 전선으로 돌아가는 것을 허락받는 일이구요. 잠정적으로 오늘 오후 3시에 그분을 만날 약속이 있다구요."

"당신은 아무도 못 만납니다. 비행장으로 가야 합니다."

더 이상 논쟁이 필요 없다는 것을 알고, 나는 공보실장에게 강제 추방에 항의하는 메모를 쓴 게 전부였다. 더 이상의 얘기는 필요없었다. 대위는 지프차를 호출하더니 카빈총으로 무장했다. 나와 대위, 그리고 그와 비슷하게 무장한 두 명의 병사가 함께 출발했다. 공항으로 가는 길에 대위는 내게 여자 종군기자들에 대한 자신의 견해를 명쾌하게 설명했다.

도쿄에 도착했을 때 나는 맥아더 장군이 12시간 전에 추방명령을 철회했다는 사실을 알았다. 그때는 대위가 나를 짐짝같이 싸서 공항으로 쫓아버렸던 시간과 거의 일치했다.

뉴욕 헤럴드 트리뷴의 사장 오그던 리드(Ogden Reid, 1883-1970) 여사가 보낸 전문에 대해서 맥아더 장군은 다음과 같은 메시지를 보냈다.

"한국에서 여기자들에 대한 금지를 철회함. 마거리트 히긴스는 모든 사람으로부터 직업적으로 높은 존경을 받고 있음."

나로서는 정말 환영할 만한 변화였다. 나는 많은 질문을 받고 있다. 여성으로서 직업상, 특히 전쟁에서 받는 이익과 불이익이 무엇이냐는 것이다. 내 생각에 가장 큰 불이익은 모든 종류의 기삿거리가 된다는 점이다. 게다가 그런 기사들 거의 모두가 악의적이고 분통을 터지게 하는 것이다. 그것들을 사실과 다르다고 무효화시킬 수도 없는 노릇이다. 결국 여기자들은 양쪽 어깨뼈 사이의 가슴 부분을 단단하게 단련해서, 다트게임에서처럼 그쪽으로 날아드는 작은 화살을 많이 맞을 준비를 해야 한다.

매번 내가 도쿄로 돌아가고 싶을 때마다, 카알은 나에 관한 최신 보도를 자세히 알려주곤 했다. 나는 언젠가 매우 낙담하여 뉴욕포스트 칼럼니스트 지미 캐넌(Jimmy Cannon)에게 그런 기사들에 대해서 강한 불만을 표시했다.

그런데 지미의 답변이 걸작이었다.

"만일 경마신문사가 전쟁을 취재하라고 경주마를 보내더라도, 그 말이 당신보다 더 괴상한 존재가 되지는 못할 겁니다. 그 말의 활동은 모든 기삿거리의 주제가 되고, 좋은 이야깃거리라면 누구도 그것이 사실이건 아니건 개의치 않을 것입니다. 당신은 그와 똑같은 곤경에 처했으니, 들리는 얘기들에 대해서 걱정하지 마세요."

나는 지미의 충고가 정확했다고 생각한다.

기자들 간의 경쟁이 심한 일간지의 세계에서 여기자가 경쟁에 뛰어들었다면, 남성 동료는 여기자가 매우 매력적인 미소 때문에 특종을 건졌다고 말할 것이다. 특히 본사가 남성 동료에게 여기자의 기사 하나를 언급하면서 "당신은 도대체 어디서 뭘 했냐?"고 추궁받으면 더욱 그럴 것이다. 여기자가 정보를 상사로부터가 아니라, 그의 비서로부터 얻었다 하더라도 여기자는 그에 대해 제대로 변명할 도리가 없다.

몇몇 남성 특파원은 한국전쟁 취재 현장에 여성이 침입한 데 대해 강한 반감을 갖고 있었다. 시카고 트리뷴의 월터 시몬스(Walter Simmons)는 "한국에서 여성 종군기자들은 벼룩들과 같이 여기저기서 인기몰이를 한다"는 기사를 썼다. 특히 전쟁이 시작된 후 얼마간 다른 남성 종군기자들도 틀림없이 이 같은 적대감을 공유했다. 그러나 이따금 나오는 이러한 몇 개의 비열한 논평이 전부였다. 오히려 나에 관한 대부분의 기사는 한국전쟁 종군기자들이 아니라, 도쿄 특파원들에게서 나왔다.

실제로 전방에서 여자는 남자와 똑같은 경쟁의 기회를 갖는다. 경쟁의 승패는 본질적으로 누가 결정적인 순간에 전투지역에 있느냐, 누가 기사 송고 장소로 이동하기 위해서 신속히 자기 지프차나 남의 차를 얻어 타는 스태미너를 갖느냐에 달려있다.

물론 여기자가 지프차를 타고 길 위의 행렬 옆을 스쳐 지나가면, 병사들이 휘파람을 불거나 괴성을 지른다. 그러나 포탄이 터지고 사격이 시작되면 아무도 주의를 기울이지 않는다. 그들은 싸움에 몰두하고 총알을 피하느라 정신없다. 누구도 내게 그의 참호로 들어오라고 제안한 적이 없다. 그들은 그럴 필요가 없었다. 나는 일찍이 몸을 숨

길 지역을 재빨리 찾는 안목을 키웠고, 그래서 아마 어느 남자 못잖게 빨리 참호를 팔 수도 있었다.

최근 나는 루이스빌 쿠리어 저널(Louisville Courier-Journal)의 로버트 워쓰 빙햄(Robert Worth Bingham) 사장으로부터 동 신문의 사설에 실린 나에 관한 기사철을 받았다. 거기에는 다음과 같은 부분이 있었다.

"히긴스 양은 남성들이 싸우고 있는 전장에서 기사를 쓰는 여성으로서 명성을 얻으려고 하지 않는다. 그녀의 야심은 성에 구애받지 않고 훌륭한 기자로 인정받는 것이다. 우리 신문사 자료실 기사철의 봉투에는 다음과 같은 꼬리표를 붙여놓았다. 마거리트 히긴스—기자(Newsman). 우리는 히긴스 양이 이를 좋아할 것으로 믿는다."

루이스빌 쿠리어 저널의 지적은 정말 옳았다.

고국의 부모에게 편지 쓰는 미군 병사들

마이캘리스 대령과 히긴스 기자

제8장
# "죽음을 각오하고 지켜라"

**맥아더 장군이** 한국에서 여성 종군기자들에 대한 취재금지를 철회한 후인 7월 중순, 나는 전선으로 되돌아갔다. 그리고 대구에 도착해서 처음으로 미 제8군 사령관 조지 워커 중장을 만났다. 그는 불독과 같은 인상을 주는 짜리몽땅한 체격이었고, 도전적인 인물이었다.

나는 그가 조지 패튼(George Patton, 1885-1945, 역주: 제2차 세계대전에서 연합군의 승리에 크게 기여한 인물이며, 저돌적이고 직선적이며 타협을 몰랐던 군인) 장군의 흉내를 내려고 하지 않나 하는 의구심을 가져봤다. 사실 그는 제2차 세계대전 중 조지 패튼 제3군 사령관 밑에서 군단장으로 근무했었다.

워커 장군은 남달리 깔끔을 떠는 인물이었다. 그의 헬멧은 옻칠한 듯 번쩍번쩍 빛났고, 그를 호위하는 군용 지프차들은 언제나 말끔하게 손질되어 광택이 났다. 그에 관한 얘기가 나올 때면, 나는 두 명의 미 해병대 소위 얼굴 표정을 결코 잊을 수 없다. 차량 편으로 이들이

최초의 미 제8군 사령관 월턴 워커 중장

서울 미 제8군사령부 영내로 들어가려는데 헌병이 제지하며 말했다.
"이곳에서는 타고 오신 차량을 운행할 수 없습니다. 차가 너무 더럽습니다. 더러운 차는 못 들어옵니다. 워커 장군의 명령입니다!"
"아이구, 젠장."
두 명의 해병 소위는 의도적으로 과장된 놀라움을 토로했다.
"우리가 미 육군에 대해서 얘기하고 있는 것들이 모두 사실이구먼."
워커 장군은 매우 정확한 사람이었고, 내게 아주 솔직했다. 그는 아직도 전선이 여성에게 적합한 장소가 아니라는 소신에는 변함이 없다고 말했다. 그러나 명령은 명령이므로 이제부터 내가 남자와 똑같은 대우를 받을 수 있다고 말했다.
"미국 여성인 당신에게 무슨 일이 일어나면, 나는 엄청난 압력을 받게 될 것이오. 미국 국민이 나를 용서치 않을 테니, 제발 죽거나 포로가 되지 마시오."
워커 장군은 남자와 동등하게 대우한다는 약속을 지켰고, 그 이후 나는 미 육군에 관한 한 더 이상 장애 없이 남자들과 동등한 대우를 받으며 일에 전념할 수 있었다.

부대가 대규모로 증원되었으나 후퇴는 여전히 계속되었다. 우리는 대구 주변을 크게 반원을 그리는 방어선을 구축하고 있었다. 당시 대전과 대구를 잇는 도로의 북서쪽에서 가장 큰 적의 압력을 받고 있었다. 그러나 새로운 위협이 매우 빠른 속도로 남서쪽에서도 진행되고 있었다.

미군을 수적으로 압도하는 적군은 우리 주변을 거대한 궁형으로 둘러싸고, 우리 후방에서 수백 마일 떨어진 한국 남해안으로 선봉부대를 보내고 있었다. 적의 선봉부대는 우리 보급품의 대부분이 통과하는 필수불가결한 항구도시인 부산 해안 쪽으로 공격하고자 했다.

워커 장군의 "죽음을 각오하고 지켜라"라는 유명한 사수명령이 하달된 것은 바로 그때였다. 제1기병사단과 제25보병사단이 새로이 한국전선에 투입되었다. 새로운 부대들은 그들에 앞서 배치됐던 제24보병사단과 마찬가지로 사전 준비 없이 적군의 인디언 스타일 전투에 대처하는 방법을 터득해야 했다. 새로 투입된 장병들도 전투로 단련되지 않았기는 마찬가지였다.

병력에 있어서 적과 엄청난 차이가 있다는 점을 잘 알고 있는 전선의 몇몇 장성은 병사들의 작전 수행 능력을 우려하고 있다는 사실을 우리에게 은밀히 얘기했다.

워커 장군은 그러한 우려를 보도해도 좋다고 했으며, 동시에 "후퇴는 없다"는 명령을 하달했다. 그는 대구 북쪽의 상주 전선에 있는 제25보병사단을 방문해서 사령부와 야전 장교들이 모인 자리에서 훈시했다.

"전선이 정비된다는 말을 듣는 데 신물이 났다. 더 이상 후퇴는 없다. 증원부대가 오고 있다. 그러나 우리 장병들은 죽음을 각오하고 지켜야 한다는 마음의 자세를 가져야만 한다. 후퇴하면 미국인 수백 명의 생명을 책임져야 할 것이다. 한국에서 제2차 세계대전 당시 됭게르크에서와 같은 포위를 당하면, 이는 회복하기 힘든 끔찍한 타격이 될 것이다."

워커 장군은 즉각 전면방어진지(全面防禦陣地) 편성이라는 결단을 내리고, 제25사단 전체를 대구 북부 전선에서 빼내어 남서부 전선에 배치함으로써 부산 돌파를 시도하는 적의 예봉에 맞서게 했다. 작전은 능숙하게 수행되었고, 개편된 미군 부대는 적시에 그곳에 도착했다.

제25사단이 빠져나간 공백을 메우기 위해 워커 장군은 미 제1기병사단과 한국군을 후퇴시켜서 약 50마일의 전선을 포기했으나, 결과적으로 규모는 작지만, 더 짜임새 있는 아치형의 밀집 방어선을 확보했다.

병력이 부족하고 예비 병력이 전혀 없는 상황에서 낙동강하구에서부터 남쪽 해안의 마산까지 큰 반원형으로 방어하도록 지정학적으로 묘하게 군을 배치할 수 있었던 것은 워커 장군의 공로였다.

나는 사수명령이 하달된 후, 마침 제25사단이 최초로 전투하는 남서부 전선에 때맞춰 도착했다. 운이 좋게도 당시 현장에 있던 일간지 기자는 나 혼자뿐이었다. 다른 특파원들은 부산에서 미 해병대의 상륙을 취재하고 있었다. 뉴욕 헤럴드 트리뷴의 동료가 해병대 상륙을 맡겠다고 하여, 나는 부산을 떠나 서부 쪽으로 가는 차량에 동승했다.

마산에서 나는 제724보급부대의 지프차를 빌려 타고 해가 질 무렵 아름다운 산들을 넘었다. 산들은 마산만의 깊고 푸른 물을 내려다보면서 서쪽으로 굽이굽이 휘감고 있었다. 길고 가파른 골짜기에 자리 잡은 보석처럼 빛나는 논들은 부드러운 광채를 머금고 있었다. 이곳에서는 전쟁이 마치 먼 곳의 일인 것처럼 느껴졌다. 그러나 바로 며칠 후부터는 밤부터 새벽까지 날카로운 청홍(靑紅) 빛 예광탄이 계곡의 입구를 가로질러 번쩍이며 날아다녔다.

계곡은 진동리로 통했다. 진동리에는 미 육군 제27보병연대(별명: 늑대사냥개) 임시본부가 설치돼 있었다. 연대본부는 언덕꼭대기의 부서진 학교 건물을 사용하고 있었는데, 창문들이 파편으로 깨졌고, 마루에는 깨진 유리 조각들이 널려있었다. 교정에는 155밀리 대형 포가 설치되었고, 포가 발사될 때마다 빈약한 나무 건물과 창문들이 심하게 떨렸다. 이러한 포들이 자아내는 어마어마한 효과는 마치 하늘을 흔들고 떨게 만드는 공중 발사 로켓과 네이팜탄의 무시무시한 폭발들과 비교할 만했다.

나는 벌써부터 제27연대의 활동을 지켜볼 기회가 있기를 내심 기대했었다. 왜냐하면 다른 특파원들이 아이젠하워의 부관이었던 연대장 존 마이캘리스(John 'Mike' Michaelis, 1912-1985, 역주: 제2차 세계대전 중 노르망디 상륙작전과 네덜란드 전투에서 중상을 입고도 감투정신을 발휘함으로써, '철인 마이크'라는 별명을 얻음. 대장으로 승진하여 1969-1972 기간 주한 미 제8군 사령관 역임) 대령, 연대 장교들, 사병들의 프로다운 용감한 전투를 칭찬했었기 때문이었다.

제27연대의 감투 정신을 내가 가장 감동적으로 목격한 것은 대구 북쪽의 경북 칠곡군 가산면 다부동 계곡에서 며칠간 손에 땀을 쥐게

하는 '볼링장(bowling-alley)' 전투가 벌어졌을 때다. 당시 제27연대는 소비에트 공산군 탱크 소대들이 번갈아 가며 마치 볼링공을 던지듯이 발사하는 포탄들에 맞서 사투를 벌였다. 나는 곤경에 처한 머치 소령 휘하의 전진 대대가 연대본부에 워키토키(무전)로 염소울음처럼 보고했던 메시지를 결코 잊을 수 없다. 자정 가까운 시간에 보내온 메시지는 다음과 같았다.

"아측 진지에 소련제 탱크 5대. 상황 모호. 문제없음. 우리는 사수하고 있음."

지금부터는 다부동 전투보다 먼저 벌어졌던 진동리 전투에 관해서 소개하고자 한다.

진동리에서의 첫날 밤, 나는 마이캘리스 대령이 긴장하고 있다는 것을 알아챌 수 있었다. 그는 전직 낙하산병으로서 우쭐한 자만심의 소유자이며, 신경질적이지만 잘생긴 장교이다. 그의 야심과 추진력이 아직까지 군의 시스템에 의해 좌절된 적도 없었다.

그는 상관이었던 아이젠하워로부터 물려받았는지, 아니면 선천적인지 몰라도 훌륭한 홍보 요령을 터득하고 있었다. 심지어 실수를 범한 경우에도 솔직하게 인정하는 나무랄 데 없이 정직한 인간이었다.

그날 밤 마이캘리스는 한 가지 잘못을 저질렀다는 것을 느끼고 있었다. 그가 진동리에 있다는 사실은 엄밀히 말하자면 명령에 위배되는 것이었다. 마산과 부산 간의 남쪽 해변을 따라 놓인 도로의 교차로를 적이 장악했다는 소식을 들은 그는 임무를 부여받은 곳에서 부대를 빼내 이곳으로 향했다. 명령을 어기고 가는 길이었지만 누구도 그들을 막지 못했다.

그러나 진동리에 도착했을 때, 그의 정찰대는 적을 찾지 못했다. 그곳에는 피란민들만이 도로에 흘러넘치고 있었을 뿐이었다. 마이캘리스는 자기가 떠나온 곳이 적의 무서운 공격을 받았다는 보고를 받았다.

마이캘리스는 비참한 표정으로 장교들에게 말했다.

"내가 도박을 했고, 실패했다. 나는 여러분을 엉뚱한 곳으로 인도했다."

그러나 그는 오랫동안 의기소침해 있을 수는 없었다. 그는 대대 병력의 공격으로 적을 찾아내기로 결심했다. 도로가 진짜 비어있다면, 그의 병사들이 동쪽으로 20마일 거리에 있는 중요한 교차로를 다시 수복할 수 있었다.

마이캘리스 대령은 제35연대에 북쪽으로 선발부대를 보내주도록 요청했다. 자신의 부대와 연합작전을 펴서 해안 루트에 있는 교차로에 접근하기 위해서였다. 그리고 제27연대 제1대대장 길버트 체크(Gilbert Check) 중령에게는 20마일을 전진하도록 명령했다. 이로써 체크 전진대대는 한국전에서 처음으로 중요한 반격 작전을 수행하게 됐다.

마이캘리스는 램프 불빛이 비치는 연대본부에서 내게 상황을 설명해줬다. 우리의 대화는 155밀리 포의 굉음으로 여러 번 중단되었다.

또다시 그는 불운하게도 현명치 못한 도박을 한 데 대해 장황하게 변명했다.

그의 설명에 따라 당시 상황을 소개해본다.

적군은 예상한 대로 해안도로에 있었다. 한국 농부들처럼 차양이 큰 흰 모자와 흰 한복을 입은 적들은 진동리로 향하는 한국인 피란민 대열에 방해받지 않고 끼어들었다. 그런 다음에 개별적으로 또는 작은 그룹으로 제복을 갈아입기 위해서, 또는 무기를 가지기 위해서 산기슭 집결지들로 속속 모여들었다.

산속 은신처에서 적들은 체크 중령이 이끄는 전진대대가 도로로 진입하는 것을 주시하다가, 후미에서 공격을 감행했다. 박격포와 기관총들이 도로 위로 솟아있는 산등성이에서 아래로 포탄을 뿜어댔다. 불의 연막―때때로 도로 바리케이드라고 불림―이 도로를 갈라놓아 마이캘리스 연대본부와 체크 중령의 전진 대대는 격리된 채 각각 6개의 거점을 갖게 됐다.

인명구조 전투공병대가 하루 종일 언덕과 도로를 강타하여 체크 대대를 적으로부터 도망치도록 시도했으나 실패했다. 가장 심각한 사태가 발생한 것으로 보였다. 연대가 둘로 갈라졌고, 보급선이 끊어졌다. 북쪽의 제35연대는 교차로로 진격할 수 없었다.

체크 중령 대대가 처한 운명은 적이 이곳을 장악하고 있다는 사실을 보여준 것이었다. 그리고 마이캘리스가 부산으로 가는 생명줄인 이곳을 차단하기 위하여 자신의 병력을 남쪽으로 향하게 했던 것이 옳았음이 증명됐다. 그러나 그는 자신의 대대를 계속 전진하라고 명령하는 실수를 범했었다는 사실을 인정하고, 비통한 어조로 말했다.

"내가 무리수를 두었지요. 이제 체크 중령 대대가 적지로 18마일이나 들어간 채 오도 가도 못하는 신세가 됐습니다. 초기 보고에 의하면 많은 부상자가 생겼답니다. 그런데 모든 연락이 끊겼습니다. 연락용 비행기를 띄워 역경을 헤치고 이곳으로 돌아오라는 메시지를 투하했습니다. 우리 탱크들을 잃을까 겁이 납니다."

그러나 체크 중령 대대 탱크들은 적의 대전차포에 의해 연타를 당하고도 되돌아왔다. 체크 중령은 기진맥진한 그의 부대가 적의 포위망을 뚫고 새벽 1시에 다시 진동리로 복귀한 놀라운 이야기를 우리에게 직접 들려줬다.

"목표지점 몇 마일을 앞둔 커브 길에서 적의 대전차포들이 우리 탱크들을 향해 포탄을 퍼부었습니다. 탱크에 타고 있던 병사들이 불꽃을 보자 비명을 질렀지만, 이미 때는 늦었지요. 일부 탱크가 불탔고, 탱크병들은 부상당했습니다. 그러나 다행히도 탱크 3대는 운행이 가능했습니다. 나는 수십만 불 상당의 미군장비를 길가에 버려두어서는 절대 안 된다고 생각했습니다. 그래서 소리쳤죠. '여기 누구든 탱크 운전할 수 있는 사람 있나?' 그랬더니 전직 불도저 기사 몇 명, 전직 석공 하나가 자원하더군요. 그들이 3분가량 점검한 후 출발했습니다."

레이 로버츠(Ray Roberts) 이등병은 전직 불도저 기사 중 한 사람이었다. 그는 부분적으로 작동이 안 되는 탱크를 운전했고, 그의 인솔 아래 체크 부대는 적들이 요소요소에 잠복해있는 곳을 뚫고 안전한 곳으로 빠져 나왔다. 병사들은 온통 탱크들의 주변을 감쌌고, 포병대원들—그들도 자원병이었음—은 산등성이에서 괴롭히는 적들을 향해 사격연습을 충분히 했다. 탱크가 인솔하는 행렬이 도로가 유실된 곳에 정차하자, 체크 중령은 전 대대원들을 정지시키고, 부상병들에게 혈장을 공급하도록 위생병에게 지시했다. 당시 상황을 체크 중령이 들려줬다.

"전 대대원들을 정지하도록 한 것은 정말 어리석은 일일 수도 있었습니다. 행렬의 후미에 있던 병사들은 적이 사격을 가해오고 있다면서 서둘러 떠나자고 계속 아우성쳐댔습니다. 그러나 아시다시피 우리는 오늘 몇몇 훌륭한 병사를 잃었습니다. 더 이상의 병사들을 죽도록 내버려두고 싶지 않았습니다."

그날 밤, 나는 어둠 속에서 로버츠 이등병이 상처 난 탱크 위에 여전히 앉아 있는 것을 목격했다. 그는 내게 포탄으로 움푹 파인 곳과 구멍들을 보여주면서 기쁨을 감추지 못했다. 그러나 그는 공적을 뽐내기보다는 다음과 같이 말했다.

"탱크를 몇 분간 가지고 놀았죠. 불도저 모는 것보다 훨씬 쉽던데요, 뭘. 줄곧 근사한 잠망경을 들여다보는 재미있는 기분이더라고요."

로버츠가 길 위에서 인터뷰한 후, 다시 여러 명의 다른 자원병과 함께 내게 몰려와 다음과 같이 말하는 것을 듣고 나는 정말 흐뭇했다.

"젊은 여기자님, 중령님께 우리가 탱크를 계속 몰 수 있도록 말씀해 주실 의향은 없으신가요? 내일 아침에 멋지게 고쳐놓을게요."

로버츠 이병과 그의 동료들은 그날 밤, 보병에서 탱크병으로 병과를 바꾸는 셈이 됐다. 그러나 그들이 특별히 청원할 필요가 없었다. 부상당한 탱크병들을 대체할 방도가 없었기 때문이다.

최종 점검 결과 체크 중령 대대는 30명을 잃었다. 교차로를 불과 2마일 앞두고 벌어진 대전투에서 대대 포병대는 250명의 적군을 사살했다. 이 상황에 대해서도 체크 중령은 설명했다.

"우리는 적이 파놓은 참호들이 있는 고지로 올라가며 전투를 벌였습니다. 사살한 적군의 숫자도 셌습니다. 그리고 고지로 올라가기 전에 도로에서 낮잠을 자던 적 1개 소대를 생포하여 전원 사살했습니다."

체크 중령이 설명을 끝내자, 마이캘리스 대령은 조롱하듯 얼굴을 찡그리더니 군용 캠핑백을 가져오게 했다. 그는 백 속에 깊이 손을 넣어 스카치 위스키 한 병을 끄집어냈다. 이 위스키가 아마도 당시 한국의 남서부 전선에서는 유일한 진짜 양주였을 것이다.

"어이, 친구! 잘했어."

체크 중령이 가버린 후 새터데이 이브닝 포스트(Saturday Evening Post)의 해롤드 마틴(Harold Martin)과 나는 체크 중령의 함정 탈출 얘기를 계속 휘갈겨 쓰고 있었다. 이때 마이캘리스 대령이 우리에게 물었다.

대구 인근에서 미 육군 제24 보병사단에 포획된 4대의 소련제 탱크

마산 인근에서 이동하는 탱크

"글쎄, 이것도 기삿거리가 되나요? 여러분은 사건이 어떠했는지 이해했을 겁니다. 장교는 옳은지 그른지 알지 못한 채 순간적으로 판단해야 한다는 것을 아셨을 겁니다. 처음에 잘못된 것처럼 보였던 것이 옳은 것으로 증명될 수 있다는 사실도 아셨을 것입니다. 예컨대 명령을 위반하고 이곳으로 내려온 것도 말입니다.

그리고 처음에는 옳은 것처럼 보인 결정이 잘못된 결정으로 판명될 수도 있다는 것을 아셨을 것입니다. 어떠한 사태가 닥칠지 확실히 알지 못하고 체크 부대를 도로 위쪽으로 보낸 것처럼 말입니다. 나아가 체크 중령과 탱크를 운전한 병사들과 같이 기술과 머리와 용기를 가진 한 무리의 사람들이 잘못된 결정을 올바른 결정으로 만들 수도 있다는 것을 목격하셨을 겁니다. 그런데 이런 것도 기삿거리가 되나요?"

나는 멋진 기삿거리라고 대답하고는 이튿날 아침에 기사를 송고하기 위해서 우선 부산으로 되돌아가고 싶다고 말했다.

임시 연대본부로 사용하고 있는 학교 건물 안과 밖에는 연대 내 모든 대대의 장병이 모여서 와자지껄했다. 마이캘리스 대령은 전투지휘소를 전진 배치하려는 계획을 세워놓았었다. 그러나 시간이 너무 늦었고, 본부 참모와 병사들이 몹시 지쳐있어서 이전을 연기했다.

이는 우연한 결정들이 때로는 승리를 가져다주는 또 다른 사례였다. 다음날 아침 우리는 얼마나 운 좋게 또다시 위기를 모면했는지를 알게 됐다.

5~6명의 연대 장교들, 나, 마틴 등이 강당에서 소금을 뿌린 계란 프라이, 따끈한 커피 등으로 비교적 호화로운 아침 식사를 마칠 때쯤 갑자기 사방에서 폭음과 함께 총알이 난무하기 시작했다. 총알은 핑핑 소리를 내며 창문을 뚫고 날아들었고, 얄팍한 벽을 찢고 관통했다. 기관총의 집중사격으로 테이블 위의 커피포트가 날아갔다. 수류탄이 내가 잠잤던 간이용 나무침대 위에서 터졌고, 또 다른 수류탄은 지붕을 산산조각 내버렸다.

정보장교 윌리엄 호크스(William Hawkes) 대위는 수류탄 파편으로 찢어져서 피가 흐르는 오른손을 움켜잡으면서 투덜거렸다.

"저거 던진 애송이 어디 있는 거야?"

우리는 복도쪽으로 급히 피신하려고 했으나, 바닥에 재빨리 몸을 붙인 채 머무를 수밖에 없었다. 모두가 깜짝 놀라 어쩔 줄 몰랐다. 어떻게 할지 도저히 판단이 불가능했다. 우리 바로 뒤쪽 언덕 위에서, 또 다른 쪽인 학교 교정에서 총알들이 빗발치듯 날아들고 있었다.

문득 내 마음속에는 많은 생각이 밀려들었다.

"이건 적의 사격이 아닐 거야. 전선이 여기서 수 마일이나 떨어져 있잖아. 그런데 수류탄은 15~20야드 거리에서 던져진 것이 틀림없잖아. 어떻게 적이 이렇게 가까이 올 수 있단 말이야? 맙소사, 적이 정말로 이렇게 가까이 있다면, 학교 건물 바로 뒤에 있다면, 몇 초 후에는 창문을 뛰어넘어 우리 머리 위로 덮칠 수 있을 텐데. 제기랄, 여기는 아무도 카빈총 한 자루 갖지 않았네. 자, 어쨌든 너무 늦은 거야.

어쩌다 내가 이런 지경이 됐나. 학교 교정에서 사격받는다는 것을 도저히 이해할 수 없어. 도대체 우리 주변 방어는 어떻게 된 거야? 아마 총쏘기 좋아하는 몇 명의 우리 병사가 이 모든 일을 시작했는지도 몰라."

그러나 적의 공격이란 것이 의심의 여지가 없게 됐다. 우리는 포위된 것이었다. 밤새 적들은 간선도로를 피해 우리와 제35연대 사이의 무방비 상태인 산길을 따라 전선을 넘어 잠입했다. 그들의 일부는 변장하고 학교 뒤쪽 언덕으로 기어올랐고, 또 다른 무리는 학교를 둥글게 돌아 교정 건너편의 논에 기관총들을 배치해뒀다. 적의 끔찍한 십자포화는 그렇게 함으로써 가능했다.

적이 우리의 방어선을 용케도 뚫을 수 있었던 것은 여러 가지 이유가 있었다. 주변을 방어하던 미군이 적진 속으로 18마일이나 급습했었기 때문에 지쳐서 완전히 녹초가 돼 있었고, 몇몇 경비병은 잠이 들었다. 그리고 깨어서 근무 중이던 미군 장교들은 적어도 적의 1개 편대를 한국 경찰로 오인했었다.

우리는 한국 경찰이 노출된 우리 오른쪽 측면 경비에 도움을 주고 있으니, 적으로 오인하지 말라는 경고를 받은 바 있었다. 이번 사태는 적을 식별하지 못하고 혼동하여 미군들의 생명을 앗아간 수백 건의 사례 중 하나일 뿐이었다. 물론 이는 내전에 참가한 어려움 중의 하나이기도 했다.

공산군이 잠자고 있는 미군 병사들을 공격함으로써 많은 미군이 무기도 잡아보지 못하고 부상당하곤 했는데, 나는 이 같은 모든 사실을 훨씬 후에 알게 된 것이다.

교실 바닥에 납작 엎드려 코로 바닥의 먼지를 문질러 닦아내면서, 우리의 머릿속은 총알로 벌집이 된 건물에서 어떻게 사살되지 않고 벗어나느냐는 생각뿐이었다. 어디서 훌쩍이며 우는 소리가 나의 주의를 돌리게 했다. 방의 반대편 구석에 어젯밤 생포된 북한군 포로 세 명이 눈에 들어왔다. 몸이 여위고 지저분한 그들은 바닥에 배를 깔고, 하릴없이 기어 다녔다. 부상당한 강아지처럼 이상야릇한 신음소리를 냈다. 그들 중 하나는 눈가리개를 뗐다.

그들은 손과 무릎을 이용해 기어서 조금씩 문 쪽으로 다가갔다. 그러나 적은 사격을 아주 심하게 퍼부었다. 공산주의 동료들의 총탄이 그들의 도피를 막고 있는 셈이었다. 눈을 다시 돌려 쳐다봤을 때는 세 명 모두가 죽어 있었다. 그들의 몸에서 흘러나온 피가 바닥에 흥건하게 괴어 교실 밖의 복도 쪽으로 흘렀다.

마분지처럼 얇은 벽을 관통한 총알들이 우리 주변의 마룻바닥을 찢어 놓았다는데도 우리 가운데 아무도 총에 맞지 않은 것이 신기했다. 나는 해롤드에게 우리가 미국인들에게 전투 현장을 매우 생생하고 상세하고 전달해 주기 위한 체험을 하는 것 같다고 중얼거리듯 말했다.

그러나 그는 내 말을 들으려 하지 않았다. 마침 장교 하나가 갑자기 "난 여기서 빠져나갑니다"라는 말과 함께 다이빙하듯 창문 밖으로 빠져나가 언덕 쪽의 운동장으로 뛰쳐나갔기 때문이다.

우리는 일제히 그를 따라 뛰어나가서, 적이 고지대에서 빗발치듯 쏘아대는 사격을 조금이라도 피할 수 있는 돌담을 발견했다.

운동장에서는 장교와 부사관들이 밀려오는 총알을 피하면서 병사들을 찾았다. 그들은 혼돈상태에서 질서를 회복하려고 시도하며 격렬한 논쟁을 벌였다. 운동장의 몇몇 장병은 혼란 속에 목표도 없이 사격을 가해서 몸을 피하려고 언덕 아래로 달려가는 아군 병사들을 위험에 빠뜨리기도 했다. 많은 병사는 맨발이었으나, 다른 병사들은 한 손에는 소총을 들고, 또 한 손에는 군화를 꽉 쥐고 달려 나왔다.

지프차와 트럭 밑에는 싸울 의지가 없는 병사들이 숨어있었다. 마이캘리스 연대장, 부연대장 파딩(Farthing) 중령, 그리고 연대 지휘관들은 이들을 구둣발로 차내면서 빨리 언덕 위의 소속 부대로 복귀하라고 지시했다.

운동장 반대편 모퉁이에서 고함소리가 들리며 소동이 벌어졌다. 나는 고개를 쭉 내밀어 주위를 살펴보았더니, 마침 어느 장교가 아군 기관총 사수 중 하나를 조심스레 조준하고 있었다. 그는 총을 발사했고, 총알은 정확하게 명중했다. 이는 기관총 사수가 적의 기습에 놀라 미쳐 날뛰며 우리 차량과 부대원들을 향해 총을 난사하기 시작했기 때문에 벌어진 불가피한 저격이었다.

이제 연대 전화기들이 읍내 학교에서 철수되어 돌담과 통신트럭 사이에 놓여있었다. 사단이 전화로 연결되었고, 사단장이 전화를 받았다. 나는 파딩 중령이 사령관에게 말씀을 잘 알아듣기 힘들다고 양해를 구하면서, "여긴 조금 시끄럽습니다"라고 말하는 소리를 들었다.

거의 동시에 정찰소대 카터 클라크(Carter Clark) 중위가 뛰어 들어와, 새로운 적의 부대가 공격을 위해 북쪽 협곡에 집결하고 있는 것이 포착됐다고 보고했다. 또 다른 장교는 수백 명의 북한군이 1,000야드쯤 떨어진 해안에 상륙했다는 우울한 정보를 가지고 왔다.

그때 마틴은 전화기 옆에 웅크리고 앉아서 전투에 관한 내용을 수첩에 조리 있게 기록하고 있었고, 나는 무슨 말을 하기 시작했는데 이빨들이 딱딱 부딪히는 것을 제어할 수 없었다. 망신스럽게도 처음에 몇 마디 울음 섞인 소리를 내뱉다가 이내 수치심을 느끼고 말을 중단했다.

전쟁 중에 그때 처음으로 도무지 탈출할 구멍이 보이지 않는다는 냉엄하고도 두려운 경험을 했다. 나는 그럴 때 흔히 인간에게 나타나는 반응을 한 것이다. 죽음이 불가피하게 목전에 다가와 있다는 사실을 갑자기 받아들이는 대부분의 사람들처럼, 내게도 드디어 그런 상황이 오는구나 하는 놀라움이 나를 휩쌌다.

그러다가 확신감이 커지면서 마음이 단단해지고 비교적 차분한 느낌이 자리를 잡아갔다. 마음속의 걱정이 멈춰지자, 신체적인 변화도 나타났다. 이빨들이 세게 부딪히는 현상이 멎었고 양손의 떨림도 그쳤다. 그리고 덜덜 떠는 모습을 누구에게 보였다면 정말로 창피했을 텐데 그렇지 않아서 '천만다행이구나' 하는 안도감을 갖게 됐다.

다행히 그때 마이캘리스가 모서리를 돌아오더니 물었다.

"어때요? 여기자 양반."

나는 상당히 마음이 가라앉은 목소리로 대답할 수 있었다.

"네, 좋습니다. 대령님."

몇 분 후 마이캘리스 대령은 총알이 날아오는데도 아랑곳하지 않고 갑자기 차를 몰고 운동장 안으로 들어가서 사격을 중지하라고 외쳤다.

"조직을 정비하자! 우리가 누구를 향해 사격하는지 알아보자!"

점차 운동장의 불안하던 무질서가 저항의 양상으로 굳어져 갔다. 2개의 중기관총 분대는 소총의 엄호사격을 받으며 언덕 위로 기어 올라가, 떼를 지어 아래로 내려오려는 적군을 향해 목표를 고정했다. 소대들과 중대들도 그들을 뒤따랐다. 소형 박격포들도 언덕 위로 끌어 올려졌다. 대포들은 발사의 각을 낮추어 단지 몇 백 미터 거리의 목표물들을 똑바로 겨냥하여 발사했다.

마침내 정보장교가 급조된 본부 건물로 들어와서 해변에 상륙한 장병들이 우리를 궤멸시키려는 새로운 적군이 아니라 한국 동맹군이라고 보고했다. 언덕 위에서는 병사들이 일부 남아있는 적의 사격을 잠재우고 있었다. 시간은 아침 7시 45분이었다. 불가사의한 일처럼 보였다. 45분간 적의 공격으로 그렇게 많은 일이 벌어질 수 있었다니!

사격의 강도가 약간 느슨해지자, 장병들은 언덕에서 부상병들을 등에 업고 나르기 시작했다. 나는 걸어서 응급치료소로 갔다. 박격포들이 학교건물 끝의 응급치료소 바로 옆에 배치되어있었다. 화기들은 부상병들을 보살피는 군의관들과 응급처치 요원들의 신경을 자극하는 애물단지와 같은 존재였다.

총알들은 아직도 응급치료소가 있는 학교 건물 가장자리를 공격하고 있었고, 군의관들과 부상병들은 총알을 맞지 않기 위해서 자세를 낮춰야 했다. 사상자들이 갑자기 몰려들었기 때문에 일손이 미친 듯 바삐 움직였다.

위생병이 부상병들에게 혈장을 투여하고 있었는데, 혈장이 다 떨어져 가고 있었다. 그러나 혈장을 가지러 환자들을 두고 멀리 갈 엄두를 못 냈다. 나는 남은 혈장을 투여하겠다고 제의하고, 거기서 약 한 시간 동안 머물며 최선을 다해 도왔다.

그때 가장 인상 깊었던 추억은 다리에 부상을 입고 절뚝거리며 응급치료소에 들어왔던 로건 웨스턴(Logan Weston, 1914-2003) 대위를 만난 것이다. 응급치료를 받은 그는 재빨리 몸을 돌려 다시 언덕으로 향했다. 30분 후 그는 어깨와 가슴에 총상을 입고 돌아왔다. 그는 바닥에 앉아 담배를 입에 물고 조용히 말했다.

"진통제 주사 하나 놔주세요. 어깨와 가슴의 상처에 통증이 심해지네요."

나는 뉴욕 헤럴드 트리뷴에 사상자들이 갑자기 밀려든다는 소식을 기술하면서, "특파원 하나가 혈장을 투여하는 법을 배웠다"라고 언급했다. 마이캘리스는 그 기사를 읽고 내가 큰일을 했는데 너무 겸손한 표현으로 적었다고 이의를 제기했다. 결국 그는 나를 칭찬하는 편지를 편집인들에게 보냈다. 그의 편지는 내가 당초에 나의 행동을 과소평가한 것만큼이나 나를 과대평가하지 않았나 할 정도로 내게는 과분한 내용이었다.

그러나 마이캘리스 대령이 전쟁 중에 귀중한 시간을 내어 편지를 써준 것을 보고 나는 정말 마음이 찡해오는 감동을 느꼈다. 그의 편지는 한국뿐 아니라 다른 어느 곳에서도 그보다 더 고마웠던 적이 없을 정도로 내게 소중한 기억으로 남아있다.

그리고 마이캘리스는 고의든 무의식적이든 내게 큰 호의를 베풀어주었다. 왜냐하면 그의 글이 기사화된 후, 미군사령부 장성들은 나를 '골칫거리'로 부르기 어려워졌고, 골칫거리라는 논거를 가지고 나의 행동을 제약하는 구실로 삼을 수도 없었기 때문이다.

우리가 결국 승리하리라는 것을 깨닫게 된 것은 바로 전방 응급치료소에서였다. 부상자들이 밀려오면서 좋은 소식들을 가지고 왔다. 적들이 '살해되거나' 후퇴하고 있다는 뉴스였다. 전투는 잠시 소강상태였으나, 새로운 증원부대의 유입으로 전력이 강화된 적은 다시 공격해왔다. 그러나 이번에는 마이캘리스가 제대로 준비하고 있었다.

오후 1시 반, 적의 마지막 공격을 격퇴하고 난 후, 학교 뒤 언덕들에는 적의 시체 600여 구 이상이 흩어져 있었다.

우리는 정말 운이 좋았다. 적은 첫 번째 공격 때 아군 포병부대만을 찾는다고 생각했고 공격했었다. 우리가 생명을 구한 것은 마이캘리스가 전투지휘소를 옮긴다는 결정을 연기하고, 전투에 지친 체크 중령 대대에게 학교에 잠자리를 마련해준 전날 밤의 최종결정 덕분이었다. 이런 추가병력 1,000명이 없었다면, 적군은 성공 가능성이 매우 높은 게릴라 전술을 구사하여 포병들을 쉽게 살육할 수도 있었다.

북한인들은 포격으로 맞대응하는 방식을 좋아하지 않았다. 그들은 전선을 넘어 몰래 침투해 후미에서 포병들을 총검으로 찌르는 수법을 구사했다.

마이캘리스의 자기 불신 행위들은 그의 상관들부터 공감을 얻지 못했다. 그러나 그가 내린 일련의 결정들—그중 일부는 처음에는 잘못으로 보였지만—은 결국 제27연대가 진동리 전투를 눈부신 승리로 이끌도록 만들었다. 마이캘리스는 이 전투의 승리로 정식 대령으로 진급했고, 체크 중령은 '탁월한 무공'을 인정받아 은성무공훈장을 수상했다.

학교 건물에서의 전투가 끝난 후, 나는 지프차를 탈 때 보통 카빈총을 가지고 탔고, 전직 해병인 키이스에게 사용법을 배웠다. 나의 사격 솜씨는 형편없었지만, 아무리 방향이 빗나간 총알이 날아오더라도, 일단 내 쪽으로 날아오면 몸을 굽히고 피해야 한다는 사실을 알게 되었다. 나는 적도 나와 마찬가지의 반응을 보일 것이므로, 내가 쏜 총탄이 아무리 목표물에서 벗어나더라도 적은 무서워서 일단 고개를 숙이든지 아니면 목표를 잃을 것으로 생각했다. 키이스가 평소에 지프차를 운전했으므로 나는 어쩔 수 없이 '무장호위병' 역할을 해야 했다.

대부분의 종군기자는 어떤 종류든 무기를 소지하고 있었다. 적은 비무장 민간인들에 대해 전혀 양심의 가책을 느끼지 않고 가차 없이 사격을 가했다. 그리고 교전 지역이 매우 유동적이어서 전선에 가까운 곳은 어디든 적의 기습으로부터 안전할 수 없었다.

한반도에서 전투가 한창일 때, 기자와 병사의 가장 큰 차이는 전투 중에 병사는 참호에서 나와 적을 추격해야 하지만, 기자는 머리를 숙이고 참호 속에 남아있을 수 있는 특권을 갖는다는 점이었다.

종군기자들이 중대나 소대 단위에 소속되는 것은 흔했으며, 많은 기자가 자주 정찰업무에 동행했다. 그들은 이렇게 하는 것이 전쟁을 취재하는 가장 정직한 방법이라고 느꼈다. 한국전쟁 중 많은 종군기자가 목숨을 잃거나 포로가 된 것은 이처럼 자발적으로 위험에 자기 몸을 맡겼기 때문이었다.

시카고 데일리 뉴스의 프레드 스파크스(Fred Sparks) 기자는 종군기자들의 취약점에 대한 그의 생각을 다음과 같이 말한 바 있다.

"연대 전투지휘소가 공격받아 교전이 벌어진 다음 날 참호에 누워 있었어요. 그런데 갑자기 이런 생각이 들더군요. 동양인 적이 참호로 갑자기 뛰어들어 뭐 하는 놈이냐고 물으면 어떻게 할까? 그놈에게 '시카고 데일리 뉴스!'라고 대답한다고 통할까? 천만에!"

이후 스파크스 역시 '방어용 무기'를 휴대하기로 했다.

논에 몸을 숨긴 미국 병사들

진동리 전투가 드디어 끝났을 때, 나는 마이캘리스에게 가서 사단장에게 전할 메시지가 있는지 물었다.

그의 대답은 간결하고 명쾌했다.

"전해주세요. 우리는 악착같이 방어할 것이라고."

그들은 실로 그 전투에서뿐 아니라 이후 많은 전투에서 그랬다. 제27연대를 대체하여 투입된 해병대도 그랬고, 해병대 다음으로 배치된 제5연대 전투팀도 마찬가지였다. 수천 명의 미국인이 진동리와 그 뒤의 에메랄드 같은 녹색 계곡을 '사수했다'.

대구 주변 지역에서 크고 작은 무수한 전투를 거치면서 "죽음을 각오하고 지켜라"라는 사수 명령은 이행됐다. 대구 방어선은 여러 번 불길할 정도로 손상되기도 했으며, 특히 9월 초 적의 공세는 가장 위협적이었다. 그러나 방어선은 결코 무너지지 않았다. 적이 엄청난 숫자로 밀어붙였음에도 불구하고 대구 방어선을 지킬 수 있었기에 전설적인 인천상륙작전이 가능했다.

워커 중장에게 훈장을 수여하는 이승만 대통령

워커 중장과 미 제24 사단장 딘 소장

제9장

# 인천에서의 대담한 도박

**맥아더 장군은** 트루먼 대통령의 미 지상군 파병 결정을 인지한 직후 한국에서의 상륙작전을 감행하기로 마음을 굳혔다고 말한다.

"전쟁에서는 카드놀이처럼 힘의 우위를 지키려고 하는 법이지요. 유엔군의 강점은 해군력과 공군력에 있습니다."

그는 막강한 힘으로 적의 후방을 공격하여 보급로를 차단하는 우회 기동작전이 수적으로 우세한 적을 이길 수 있는 유일한 방법이라고 판단했다.

상륙작전 계획은 유엔이 참전하기로 한 날부터 5일 후에 시작되었다. 맥아더가 인천항을 상륙지로 결정한 것은 두 가지 이유에서였다. 그의 보좌관들은 조수간만의 차가 너무 심하므로 인천상륙이 사실상 불가능하다고 보고했다. 실제로 인천 해안의 좁은 협곡으로 밀려드는 조수는 물을 30피트나 깊게 만들지만, 매일 4시간씩은 항구의 대부분을 개펄로 만들어 놓기도 한다.

맥아더 장군이 인천을 선택한 것은 첫째, 그의 보좌관들이 인천상륙이 불가능하다고 느낀다면 적들도 필경 같은 생각할 것이므로, 실제 상륙작전이 개시되면 적이 놀라 자빠질 것이기 때문이다. 둘째, 미군 정보당국이 적의 방어가 가장 취약한 항구가 인천이라고 보고했기 때문이다.

종군기자들에게 인천상륙작전은 홍보의 역사에서 취재에 가장 큰 혼란이 빚어졌던 사례의 하나로 오랫동안 기억될 것이다. 도쿄 프레스클럽 주변에서는 인천상륙작전 개시 몇 주 전에 이미 알려졌기 때문에 '누구나 다 아는 작전'이라는 별명이 붙었다. 그러나 이렇게 모두가 아는데도 불구하고 담당 장교들은 하나같이 언론과는 취재요건에 대해서 상의할 수 없다고 대꾸했다. 그 결과 잡지사 기자들과 칼럼니스트들이 제1 공격제대(梯隊, 역주: 군대·군함·비행기 등을 사다리꼴로 편성한 대형)들과 함께 탔고, 기사 마감시간을 엄격히 지켜야 하는 많은 최고 일간지 기자들은 약 3일 후에나 도착했다.

수송함에 탑승하려는 나의 요구에 대해 해군은 마치 문둥이가 해군제독과 잠자리를 함께하자는 제안이나 되는 것처럼 끔찍하게 받아들였다. 해군의 전통상 군함에는 여성의 탑승이 엄격히 금지되며, 여성용 '편의시설'(화장실)도 없다는 통보를 받았다. 그러나 나중에 기함인 맥킨리 호가 여성전용실을 구비하고 있다는 사실을 알게 되어 나는 일종의 환희감 같은 것을 느꼈다.

나는 뒤피 함장에게 내가 보통 써먹는 모든 논거를 들이댔다. 즉, 종군여기자들이 전쟁을 취재하기 위해 이곳에 체류하고 있으니, 해군이 그들에게 잘 대해줬으면 좋겠다. 내가 생활했던 참호보다는 배에 편의시설이 훨씬 많을 것이다. 내가 여자라는 이유로 뉴욕 헤럴드 트리뷴의 취재권리를 빼앗는 것은 부당하다는 주장들이었다.

그러나 그는 나의 주장에 마이동풍이었다. 나는 병원선에 타는 것으로 분류됐고, 더구나 배가 공격지점에 도착하더라도 하선이 허용되지 않는다는 것이었다. 7일이라는 시간을 배에서 낭비하고도 기사 취재가 확실치 않다는 것은 나를 정말 낙담시키는 일이었다.

그러나 승선허가증을 받으려고 뒤피 함장에게 갔을 때, 그는 완전히 넋 나간 표정으로 내게 깔끔하게 동판으로 인쇄된 네 장의 종이쪽지를 건네줬다. 그곳에는 히긴스 양은 '어떤 해군함'을 타도 좋다고 적혀 있었다. 아무튼 내가 이런 대단한 기회를 얻는 데 뒤피 함장은 전혀 도움을 안 줬다.

나는 그때 몇 척의 수송함이 한국의 부산항에서 출발하기도 한다는 사실을 알게 되었고, 비행기로 부산에 가기로 작정했다. 시간을 다투는 고통스런 경주였다. 왜냐하면 수송함들은 시시각각 출발하며, 설령 내가 시간에 맞춰 그곳에 가더라도 배를 탈 수 있을지 확실치 않았기 때문이었다.

나는 비행기로 부산에 도착해 차를 잡아타고 부두로 갔다. 부두에는 트럭, 탱크, 수륙양용차, 수륙양용트럭들이 꽉 들어찼으며, 병사들이 열을 지어 바삐 움직이고 있었다. 그 순간, 수송선의 갑판에 몇 명의 남자 종군기자가 보였다. 남자들은 안전하게 승선한다고 생각하니 마음속 깊은 곳으로부터 질투가 치밀었다.

객실을 배정해 달라는 나의 요구는 즉각 거부됐다. 이유는 선박이 이미 정원 초과상태라는 것이었다. 갑판에서 자겠다고 제안했지만 허사였다. 나는 수송함들의 지휘함인 헨리코 호의 프래드 함장에게 사정해보기로 했다. 프래드 함장의 선실을 두드렸을 때, 나는 긴장되고 낙담한 상태였다. 그렇지만 당당하게 승선확인서를 제시하고, 필요하다면 기꺼이 홀 한구석에 슬리핑 백을 깔고 잠을 잘 용의가 있음을 강조했다.

프래드 함장은 내 서류를 찬찬히 검토하고는 말했다.
"좋습니다. 당신의 승선을 기꺼이 허가합니다. 다행히도 예비실이 있습니다. 일종의 비상용 선실이라고 할 수 있지요."

날아갈 듯한 기분에 몸에 전율이 왔고, 감사하다는 말을 더듬듯 뱉어냈다. 그리고는 서둘러 소지품을 가지러 갔다. 수송함들은 몇 시간 내에 출발할 예정이었다. 그때 마침 태풍이 항구를 덮치면 정박한 선박들이 치명적인 타격을 받을 위험이 있다는 기상 경보가 있었다. 나는 매우 신속하게 출발한다는 것이 무척 기뻤다. 이는 관료주의 손아귀에서 완전히 벗어난다는 것을 의미하기 때문이었다.

나는 곧장 객실로 가서 문을 잠갔다. 그다음 침대에 누웠으나 누가 내 방에 다가오는 소리가 날 때마다 심장이 두근거렸다. 왜냐하면 그

소리가 나를 쫓아내려고 오는 사람의 인기척일지도 모른다는 두려움 때문이었다. 오후 1시, 문을 똑똑 두드리는 소리가 나길래, 무서워서 문을 3인치 정도만 열었더니, 말쑥한 필리핀 보이가 문틈으로 말했다.

"여사님, 선장님께서 점심을 드시지 않겠냐고 여쭤보십니다."

이후 모든 일이 순조롭게 진행됐다. 뒤피 함장은 성가신 일이라고 절대 수용하지 않았겠지만, 미 해병 제5연대와 해군은 배에 여자를 승선시키는 끔찍한 일을 아랑곳하지 않고 해냈다.

인천에 도착하는 데는 4일이 걸렸다. 나는 군 수송함에서의 엄격한 생활에 대해 많은 자료를 읽었고, 불편함을 견딜 준비를 했었다. 그러나 실제 타 보니 놀라울 정도로 기분이 좋았다. 4개월 동안 땅 위나 벼룩이 무는 막사에서 자던 것과 비교해 보면, 헨리코 호에서의 생활은 모두에게 매우 즐거운 것처럼 보였다.

나는 여러 차례 병사들과 함께 식사했고 음식도 즐겼다. 식사는 대량생산업체에서의 작업처럼 효율적으로 행해졌다. 접시를 들고, 카페테리아 스타일로 배식자 앞으로 한 줄로 지나가면서 배급받아, 서서 음식을 먹었다. 음식은 따뜻했고, 푸짐했으며, 일부는 신선했다. 내 입맛에는 전선에서 일상적으로 먹었던 영양가 풍부하고 기름진 통조림보다 100퍼센트 더 나은 식사였다.

여행기간 동안 프래드 함장과 레이먼드 머레이 중령은 우리에게 앞으로 벌어질 전투의 기술적인 난관들에 대해서 충분히 브리핑해줬다. 우리는 '적색해안' 위로 공격하기로 되어 있었다. 적색해안은 보통 해변이 아니라 거대한 암석들로 이뤄진 거친 방파제였다. 해병대원들은 적색해안에 접근하는 것을 결코 즐거운 마음으로 기대하지 않았다. 가벼운 상륙주정(上陸舟艇, LCVP)이 바위에 부딪혀 파손될까 봐 우려하는 눈치였다.

첫 착륙의 순간, 방파제는 수면 위로 12피트나 우뚝 솟아 있었다. 따라서 사전에 공병들이 제1제대가 방파제에 오를 수 있도록 나무 사다리들을 제작해 놓았는데, 사다리 꼭대기에는 큰 쇠갈구리가 달려 있었다. 항공사진으로 봤을 때 방파제 안쪽의 내륙에는 깊은 참호들이 파여 있었다. 만약 적의 초병이 우리가 공격할 때 방파제 위에 있다면, 우리는 자살행위를 하는 것과 마찬가지였다. 인천항에 이르는 수로는 너무 좁아서 수송함들은 적어도 공격 해안으로부터 9마일은 떨어져서 정박해야 했다. 항구 내의 공간은 전함들을 위해서 예약되어 있었다.

인천상륙작전에는 260척의 군함이 참여했다. 우리가 탄 수송함에 앞서 6척의 순양함, 6척의 항공모함을 포함하여 60척의 전함이 먼저 출발했다. 구축함들은 괄목할만한 활약을 했다. 6대의 구축함은 적의 해안포병중대의 사격을 유도하기 위해 신중하게 접근했다. 이는 적이 해안방어포의 위치를 노출하도록 함으로써 아군 비행기들과 대형 전함들이 적을 공격할 수 있게 하기 위한 아이디어였다. 이런 기만술은 성공적이었고, 구축함들은 경미한 피해만 입었다. 48시간 동안 대형 함포사격이 해안을 강타하여 적의 저항력을 약화시켰다.

상륙은 세 단계로 실시될 예정이었다.

동이 틀 무렵, 첫 번째 해병부대가 월미도를 강습하기로 되어 있었다. 인천만 쪽으로 돌출된 나무가 무성한 월미도는 콘크리트로 된 제방에 의해 본토와 연결되는 섬이다.

다음으로 오후 5시 반, 두 번째 해병대원들이 인천의 심장부인 적색해안과 인천 남쪽의 긴 방파제가 있는 청색해안에 공격을 감행할 예정이었다. 적색해안과 청색해안 사이에는 매우 중요한 시설인 갑문(閘門: 선박을 통과시키기 위해 수위의 고저를 조절하는 수문)이 있었다. 그곳은 주기적으로 변하는 썰물 때에도 개펄로 변하지 않는 인천항의 유일한 지역이었다. 적색해안과 청색해안을 성공적으로 공격하면, 아군이 갑문을 확보하고, 그곳에서 소형과 중형선박으로 해협에 정박해 있는 수송함으로부터 화물을 날라 올 수 있었다.

세 번째로 해병 제5연대는 적색해안 바로 뒤쪽의 고지를 점령하고, 가능하면 인천 동쪽 교외로 밀고 들어갈 예정이었다. 특수훈련을 받은 한국 해병대는 미군의 공격을 피해 달아나는 적군을 섬멸할 임무를 수행하기로 했다.

D-데이, 아침 식사 시간에 무전으로 첫 보고가 도착했다.

무전기가 시끄럽게 끽끽 소리를 풀어냈다.

"월미도 확보 완료. 인적 피해 경미."

소식은 순식간에 배 위에 퍼졌고, 평소에도 콧대 높기로 유명한 해병대원들은 더욱 의기양양해졌다.

"우리가 주도권을 잡은 것 같군."

해병 제5연대 제1대장 뉴턴 중령의 즉석 발언은 당시의 일반적인 분위기를 잘 표현하는 말이었다.

오후 3시, 바닥이 평평한 직사각형의 상륙주정을 바다로 내리라는 명령이 하달됐다. 이어 상륙주정을 내리기 위한 윈치를 돌리는 뻑뻑 소리가 허공에 가득 찼다. 나는 갑판에서 해협에 끝없이 길게 줄지어 선 다른 수송함들에서도 똑같은 작업이 진행되는 것을 보았다.

나는 적색해안을 공격하는 제5제대에 속하게 됐다. 우리가 탈 소형 상륙주정에는 박격포 1문, 소총부대원, 사진사 1명, 뉴워크 데일리 뉴스의 존 데이비스(John Davies) 기자, 런던 데일리 익스프레스의 라이오넬 크레인(Lionel Crane) 특파원 등이 동승하기로 되어 있었다.

시간 엄수가 무엇보다 중요하다는 것을 강조하는 최종브리핑이 있었다. 조수는 오직 4시간만 제 수위를 유지하게 될 것이라는 얘기도 들었다. 우리는 만조가 되기 정확히 30분 전인 오후 5시 반에 공격하기로 되어 있었다. 공격제대들은 나란히 정렬된 6척의 상륙주정으로 구성되었으며, 2분 간격으로 해안에 접근할 예정이었다.

우리의 작전은 탱크를 비롯한 중장비들을 공급할 상륙함(上陸艦, LST)들의 접근이 가능하도록 길을 열어주기 위한 것이었으며, 1시간 이내에 임무가 완수되어야 했다. 상륙함들은 만조에 해안에 접근해야 했으며, 물이 빠지면 어쩔 수 없이 개펄에 오도가도 못할 처지에 놓여 있어야 했다. 저녁 8시 이후 다음 만조 시까지 해병들의 공격은 중단되어야만 했다. 이는 감수해야만 하는 위험이었다.

"제5제대!"

누군가 외치는 소리가 들렸다. 우리는 갑판 위에서의 혼잡한 상황을 뚫고 이미 정해진 위치로 헤쳐 나갔다. 우리 제대의 지휘관 셰닝(R. J. Shening) 중위가 화물그물을 잡고 조심해서 내려가서 상륙주정에 타라고 고함을 질렀다. 화물그물은 거친 밧줄로 엮어 만든 거대한 망이었다. 타고 내려갈 때는 손으로 있는 힘을 다해 매듭을 꼭 잡고, 두 발은 흔들리는 그물을 더듬어 날줄망에 정확히 얹어 놓는 기술을 부려야 했다.

나는 맨 마지막으로 상륙주정에 탔다. 보트(역주: 상륙주정과 같은 표현)에는 38명의 중무장한 해병이 승선했는데, 이들은 각각 등에는 판초를, 어깨에는 소총을 메고 있었다. 수송함에서 벗어날 때 물보라가 바람에 날려 우리에게 휘몰아쳤다.

우리는 거의 한 시간을 선회하면서, 제5제대의 다른 상륙주정이 병사들을 태우는 것을 기다렸다. 나는 무척 긴장됐으나, 내 주위의 해병들은 매우 침착했다. 두 사람은 엔진 상단의 나무 덮개 위에서 카드놀이를 하고 있었다. 그들은 보트가 기울어져 카드가 모두 젖은 바닥에 흩날려버리자 그제야 카드놀이를 그만뒀다.

드디어 선회에서 벗어나 해협 안쪽으로 9마일이나 떨어져 있는 공격 통제함(統制艦)을 향해 출발했다. 귀가 찢어지는 것 같은 끔찍한 경험이었다. 우리는 해변을 향해 마지막 맹포격을 퍼붓고 있는 항공모함과 순양함들을 지나쳐가야만 했다. 로켓포가 적재된 선박들의 진동과 포효는 참을 수 없을 정도였다.

20분 후에 우리는 월미도를 선회했다. 섬은 마치 거대한 산불이 휩쓸고 지나간 것처럼 보였다. 적색해안이 손에 잡힐 듯 저편에 있었다. 좀 더 자세히 보려고 할 때, 로켓포탄이 둥근 기름탑을 강타했다. 흉측하고 거대한 연기가 소용돌이치며 치솟았다. 부두 쪽의 건물들은 화염으로 빛났다. 안개 속에서 도시 전체가 불타고 있는 것처럼 보였다.

적색해안은 방파제 바로 뒤에 평평하게 펼쳐져 있었다. 그렇지만 수백 야드 안쪽으로 들어가면, 가파르게 융기되어 해변 왼편에 절벽을 형성하고 있다. 절벽 뒤에는 묘지고지가 있는데 바로 이곳이 우리의 중요한 목표지점의 하나였다.

통제함 근처에서 우리는 또다시 선회운동을 하면서 작전 개시 시간(H hour)을 기다렸다. 갑자기 해군의 집중포화가 멎고, 거대한 침묵이 흘렀다. 잠시 후에 하늘이 포효하기 시작하면서 폭격기들이 나타나 방파제에 엄청나게 폭탄을 투하하고 기총사격을 가했다. 이렇게 우박처럼 내려 붓는 폭발물 세례 속에서는 그 무엇도 생존할 수 없을 것 같았다.

침묵이 다시 흘렀다. 그리고 작전 개시 시각. 제1제대가 선회에서 벗어나 해안을 향해 진격했다. 기다릴만한 시간이 몇 분도 되지 않았다. 우리 모두는 약 2,000야드 떨어져 있는 해안을 꼼짝 않고 응시하면서, 해변에 해병대원들을 내려놓고 돌아오는 수병들의 얼굴 표정을 보고 저쪽 상황이 어떤지를 가늠해보려고 했다.

통제함이 우리 차례라고 신호를 보내왔다.

"우리 차례다. 머리를 숙여!"

셰닝 중위가 큰 소리로 외쳤다.

우리가 방파제 쪽으로 돌격해 갔을 때 호박색의 조명탄이 해안 위에서 터졌다. 이는 우리의 첫 번째 목표물인 묘지고지를 점령했다는 신호였다. 그러나 안도감이 자리 잡기 시작하기도 전에 밝은 색깔의 예광탄들이 뱃머리와 덮개가 없는 보트의 상단을 가로질러 날아들었다.

나는 적의 기관총들의 사격이 유발하는 위압적인 콩 볶는 소리를 들었다. 적은 끔찍한 폭격을 받았으나 살아남았던 것이다. 이미 상륙한 4개의 제대에게 어떤 일이 벌어졌는지 몰라도 적들은 우리를 보았고, 우리는 적의 더없이 좋은 목표물이었다. 우리는 모두 보트 안쪽으로 깊숙이 등을 구부렸다.

"저 얼굴들 좀 봐."

데이비스 기자가 내게 속삭이듯 말했다. 우리 보트에 탄 병사들의 얼굴—카드 게임을 하던 병사들을 포함해서—은 겁에 질려 일그러져 있었다. 이때 우리 보트는 방파제에 강하게 부딪혔다. 슬픈 울음소리를 내며 머리 위로 날아드는 치명적인 탄환세례를 받게 되자, 해병들은 부지불식간에 보트 안에서 몸을 낮게 웅크렸다.

셰닝 중위가 외쳤다.

"이봐, 용감하고 자랑스런 해병들이여! 이곳을 빨리 벗어나자."

말이 끝나기가 무섭게 그는 민첩하고 힘차게 뛰쳐나감으로써 병사들에게 언행일치의 솔선수범을 보였다.

이제 첫 번째 해병대원들이 뱃머리를 벗어나 방파제로 기어오르기 시작했다. 사진사가 자신은 할 일을 다 했다면서, 보트가 수송함으로 회항할 때 곧장 돌아가겠다는 의사를 표명했다.

일순간 나도 그와 함께 돌아가고 싶은 생각이 들었다. 그런데 또다시 적의 사격이 시작되어 돌아가려는 마음을 접고, 보트에서 빨리 내리기로 결심했다. 나는 타자기를 보트에서 뛰어내렸을 때 즉시 다시 잡을 수 있는 위치로 내려놓았다. 그리고 보트 측면의 강철 선반을 밟고 뛰어내렸다. 내 발이 닿은 곳은 방파제의 경사면이었는데, 몸은 물속에 3피트나 잠겼다.

수류탄 같은 경고성 폭발이 우리를 엎드리게 만들었다. 우리는 모두 방파제 경사면의 바위 위에 배를 바짝 붙이고, 뱀처럼 꿈틀대며 경사면 최상단 바로 아래의 움푹 파인 곳까지 기어 올라갔다. 이곳은 우리를 예광탄들로부터 보호해 주었고, 3명의 기자와 대부분의 해병은 엎드린 채 그곳에서 기다렸다. 기다리는 동안 연거푸 해병들이 해안에 도착하여, 곧 60명 이상의 병사가 비좁은 웅덩이에 배를 깔고 납작 엎드려 있었다.

　해병대원 한 명이 위험을 무릅쓰고 둑 위로 올라갔다가 화급히 다시 뛰어 내려왔다. 이 과정에서 그의 발 하나가 내 궁둥이를 세게 밟았다. 마침 나의 궁둥이가 상당히 풍만하긴 했지만, 통증이 느껴져 유감스럽지만 조금 퉁명스럽게 말했다.

　"이 봐요, 아무리 급해도 정신 좀 차려요."

　그는 재빨리 발을 치우며 사과했다. 어조로 보아 그는 자기가 여자의 둔부를 밟았다는 것을 알아차린 눈치였다. 헬멧과 외투로 훌륭한 위장을 했었기 때문에 내가 여자라는 사실을 안 사람은 그가 유일했다고 생각한다.

　그곳에 머무는 동안 해가 지기 시작했다. 해병대원들이 입은 초록색 군복 위로 노란색 황혼이 비추자 할리우드 영화사들도 감히 만들어낼 수 없는 찬란한 빛의 향연이 연출됐다. 사실 희한한 낙조가 불에 타는 부두의 진홍색 연무와 어우러져 빚어내는 광경은 영화팬이 보았더라도 과장되었다고 할 정도로 장관이었다.

　갑자기 물이 거대하게 몰려들면서 상륙함이 널빤지 문을 반쯤 열어놓은 채 우리 쪽으로 다가왔다. 조금 더 가까이 왔더라면 우리를 깔아뭉갤 뻔했다. 우리는 몹시 당황해서 고함치기 시작했으며, 예광탄이든 뭐든 아랑곳하지 않고 급히 그 자리를 빠져나왔다. 후미에 있던 해병대원 2명은 미처 피하지 못하고 상륙함에 발이 깔리는 큰 부상을 당했다.

데이비스, 크레인, 그리고 나는 참호에서 뛰어나와 방파제의 다른 쪽으로 20야드쯤 뛰어갔다. 그곳에서 총알을 피하는 데 안성맞춤인 약 15피트 높이의 흙무더기를 발견했다. 어둑해지는 가운데 해병대원들은 우리 왼쪽에 있는 암벽 쪽으로 갈지자걸음을 옮기기 시작했다. 그 과정에서 우리는 6명이 예광탄에 맞아 땅바닥에 내던져지는 비통한 장면을 목격했다.

그곳에서는 또 하나의 끔찍한 순간이 있었다. 상륙함 한 척이 암벽 위에 있는 아군 병사 몇 명을 적으로 오인하여 로켓포를 발사하기 시작했다. 해병대원들은 목표물 점령 바로 몇 분 전에 사격을 받았다. 해안에서 미친 듯 외치는 소리가 들렸고, 결국 발사는 그쳤지만 우리 병사 여러 명이 포탄을 맞았다.

여섯 척의 상륙함은 해안에 정박하여 널빤지 문을 활짝 열어 바닥에 붙여놓았다. 간헐적으로 사격이 계속되고 있는데도 불구하고 하역작업은 이뤄져야만 했다. 해병 중령이 흙무더기 옆의 우리를 발견하고는 소리쳤다.

"어이, 용감하고 자랑스런 해병대원 동지들! 빨리 이쪽으로 와서 하역작업을 시작해."

우리가 머뭇거리자 중령은 잽싸게 우리에게 달려와 내 코트 깃을 잡고는 나를 상륙함 쪽으로 밀쳐내기 시작했다. 나는 원하신다면 기꺼이 따르겠다고 말했다.

내 목소리를 듣자 그는 잡았던 손을 황급히 놓더니, 데이비스, 크레인, 그리고 나는 기자로서의 업무를 충실히 하는 것이 훨씬 낫겠다고 생각했는지 우리를 하역작업에서 기꺼이 면제해줬다. 나는 생명을 위협하는 사격에도 개의치 않고 장병들의 하역작업을 독려하는 별난 해병 중령의 용기와 의지에 찬탄을 금할 수 없었다.

인천상륙작전에서 나는 기술적으로 놀랄만한 사건 하나를 경험했다. 사건은 크레인이 상륙함에서 기사 송고가 가능한지를 탐색해 보기로 한 데서 시작됐다. 그는 타자기를 우리 옆에 놔두고 떠나면서, 돌아와 우리를 찾을 수 있도록 흙무더기 옆에 꼼짝 말고 머물러 있으라고 신신당부(申申當付)했다. 그러나 그가 떠난 지 몇 분도 안 되어 바로 그 중령이 다시 나타나 우리에게 현 위치에서 즉시 떠나라고 재촉했다. 우리는 당연히 이유를 물었다.

중령의 답은 간단했다.
"흙무더기를 제거하려고 합니다. 작전에 방해가 되거든요."
말이 끝나기가 무섭게 불도저 한 대가 어둠 속에서 불쑥 나타나므로 우리는 어쩔 수 없이 자리를 떠야 했다. 몇 분 후 흙더미는 사라지고 그곳 위를 탱크, 트럭, 지프차들이 굴러다니고 있었다. 우리는 크레인을 찾으려고 두렵고 초조한 시간을 보냈다.
마침내 그를 찾아냈을 때, 그는 자기를 버렸다고 화내며 난리를 쳤다. 우리는 흙더미가 그곳에 더 이상 존재하지 않는다는 사실을 그에게 납득시키느라 힘든 시간을 보냈다.

저녁 7시쯤 우리는 해안을 장악했고, 소형 무기들의 사격도 미미해졌다. 그러나 이때 적의 박격포 사격이 시작됐다. 우리는 기사를 송고하기 위해 상륙함에 승선하기로 결정했다.

선상의 고급사관실로 가는 도중에 우리는 임시 병원으로 기능이 바뀐 좁은 통로를 지나게 됐다. 의사가 부상당한 해병을 수술하고 있었다. 그날 밤 약 60명의 병사가 응급치료를 받았다. 부상자 수가 월미도 공격에서 발생한 숫자보다 많았다. 그러나 적색해안의 자연적인 방어벽을 고려할 때 우리가 입은 손해는 경미한 것으로 볼 수 있었다.

밝게 빛나는 병실을 나오자 상륙함의 철제 골조물이 떨리는 것이 느껴졌다. 박격포탄이 갑판의 오른쪽을 스쳐 지나갔는데, 하마터면 그곳에 저장된 가솔린 통들에 적중할 뻔했다.

나는 상륙함에서 출입이 금지된 통신실로 올라갔다. 그곳에서 우리가 쓴 기사들을 함대의 기함인 맥킨리호로 전송할 수 있는지를 알아보기 위해서였다. 그러나 가보니 무선통신이 두 번째로 중단된 상태였다. 상황이 이렇게 되자 우리는 간조가 되기 전에 상륙주정(보트)을 이용해 맥킨리 호로 돌아가기로 했다.

우리는 해안에 즐비한 탱크, 대포, 트럭들을 가로질러 방파제로 갔다. 조수간만의 차이에 대한 경고를 받았지만, 방파제를 바라보고 우리보다 25피트 아래에 정박해 있는 보트들을 보는 것은 아찔한 광경이었다. 우리는 맥킨리 호로 가는 보트를 발견하고, 배에 타기 위해 흔들리는 사다리를 기어 내려갔다.

맥킨리 호에 도착했을 때 조수가 격랑을 일으키고 있었다. 우리가 탄 소형 보트가 할 수 있는 일이라고는 엔진을 발진시켜 놓고 조류에 저항하면서 안정을 유지하고, 기함의 측면에 붙어있는 계단을 움켜잡는 기회를 포착하는 일이었다.

그때 비가 내리기 시작했다. 우리는 비와 물보라에 흠뻑 젖었다. 내가 보트의 가장자리에서 불안정하게나마 균형을 유지하며 기함의 계단을 잡으려 했을 때, 갑판 위로 장교 하나가 나타나더니 소리를 질렀다.

"우리는 더 이상의 종군기자들이 승선하는 것을 바라지 않습니다."

그의 말에도 불구하고 데이비스, 크레인, 그리고 나는 서로를 쳐다보고는 말없이 기함 위로 기어올랐다.

맥킨리 호의 최신식 고급사관실은 따뜻하고 호사스럽기가 비길 데 없어 보였다. 심지어 뜨거운 커피까지 제공됐다. 이곳에서 '미 극동군사령부 특파원들'은 맥아더 장군과 함께 월미도를 시찰하면서 얻은 기사들을 마무리하고 있었다.

데이비스와 크레인의 승선은 마지못해 허용됐다. 적어도 그들은 간섭 받지 않고 기사들을 송고할 수 있었다. 그러나 나는 범죄자와 같은 취급을 받았다. 뒤피 함장이 나타나서는 도대체 내가 어떻게 이곳에 오게 됐는지 핏대를 내며 물었다. 나는 그가 내게 며칠 전에 주었던 승선허가증을 보여줬다. 거기에는 '히긴스 양은 보도 업무를 위해 어떤 해군 선박이라도 승선할 수 있다'고 분명히 적혀 있었다.

나는 뒤피 함장에게 기사를 쓸 동안 배에 머물게 해달라고 애걸하듯 간청했다. 단순한 기사가 아니라 상당한 노력을 기울인 기사라는 사실을 상기시키지 않을 수 없었다. 그리고 뉴욕 헤럴드 트리뷴이 차별 받지 않고 내 기사를 실을 수 있게만 해준다면 해안으로 돌아가서 자겠다고 제안했다.

이때 위생병 하나가 나타나더니 뒤피의 태도에 매우 비위가 상한 태도를 보이면서, 의무실에 '편의시설'까지 완비된 완전히 빈방이 있다고 말했다.

그러나 뒤피는 누구의 말도 듣지 않았다. 그는 숙면 중인 도일(James Henry Doyle, 1897-1982, 역주: 해군소장으로 인천상륙작전과 흥남철수작전에 기여) 제독을 깨워 히긴스 기자 문제를 다뤄야 한다고 우겼다. 나는 제독의 방으로 가서 우선 헨리코 호를 타게 해준 호의에 대해 진심으로 감사하다는 뜻을 전함으로써 그의 마음을 편하게 해주었다. 상당히 오랜 실랑이 끝에 나는 의무실의 간이침대에서 잠을 잘 수 있게 되었다. 그러나 단 하룻밤뿐이었다. 드디어 새벽 1시쯤 나는 기사를 쓸 수 있었다.

그날 밤 이후 도일 제독은 아침 9시부터 밤 9시까지 여성들이 맥킨리 호에 승선할 수 있다는 포고령을 내렸다. 이는 내가 밤 9시 이후에는 세계적인 특종을 얻었더라도 기사를 쓰기 위해 승선하지 못한다는 것을 의미했다. 나는 이 같은 포고령이 주요 경쟁사인 뉴욕타임스에 비해서 불리하고 불공평한 것이므로 격렬하게 항의했다. 그러나 항상 그렇듯 나의 항의는 효과가 없었다.

이후 나는 갑판에서 또는 전선에서 부대원들과 잤다. 이는 여름 동안 전선에서 지냈던 것보다 더 낫지도 못하지도 않았다. 그래서 불평하지 않고 꾹 참고 견뎠다. 그러나 키이스와 다른 사람들이 나를 갑판 위에 남겨두고 따뜻한 물로 샤워하고, 버터와 우유를 넣어 볶은 계란을 맛있게 먹으러 갈 때는 우리 해군에게 축복이 있으라고 빌어주는 허세를 부리고 싶지 않았다. 아무튼 나는 약 1개월 후 해군 규정에 따라 여간호사의 보호 아래 어느 배에나 승선할 수 있게 되었고, 어려움을 겪었던 탓인지 더 없는 즐거움을 만끽했다.

상륙작전이 성공한 다음 날 아침 일찍 키이스와 나는 해변으로 갔다. 우리는 차량이 절실히 필요했다. 우리가 타고 다니던 지프차는 부산에 두고 왔다. 육군은 공식적으로 차량을 제공하지 않으려고 했기 때문에 우리에게 무엇보다 중요한 일의 하나는 차량을 훔치는 일이었다. 키이스는 이런 일에 이골이 난 사람이었다. 전직 해병대 출신인 그는 필요로 하는 것은 무엇이든 얻어내는 재주가 있었다. 실제로 해병대원들은 어떻게든 남을 배려하는 매우 친절한 사나이들이다.

나는 언젠가 해병대원들을 '스탈린에 버금가는 선전기계'로 비난한 트루먼 대통령의 글을 읽은 적이 있다. 그러나 실제로 보니 그들은 결코 조직적인 선전집단이 아니었다. 나는 해병대 공보장교를 우연히 알게 됐다. 그는 전혀 우리 일에 간섭하지 않았다. 이는 매우 이례적인 일이었다. 왜냐하면 이제까지 군 공보장교들의 주요업무가 특파원들을 방해하는 것임을 익히 보아왔기 때문이었다.

해병은 개인적으로 조직에 대해 극도의 자부심을 갖고 있는 것이 보통이다. 그는 기자들을 환영한다. 기자들은 해병이 하는 일을 전 세계에 널리 알리기 때문이다. 해병대는 육군보다 조직이 작아서 덜 독선적이고, 관료주의적인 색채도 덜하다. 따라서 해병대의 도움을 받는 것은 육군의 도움을 받는 것보다 더 용이하다.

이날 아침 해병 상륙 전초부대로부터 우리, 아니 키이스가 타고 다닐 지프차를 제공받았다. 우리는 아직 불타고 있는 도시를 통과하면서 모든 것이 실제로 아군의 수중에 들어왔다는 것을 알고는 깜짝 놀랐다.

수천 명의 시민이 공산주의자들로 오해받을까 봐 두려워서 거리로 몰려나왔다. 이들은 미국 차량이 지날 때마다 정성껏 손을 흔들거나 인사를 했다.

우리는 도시 외곽에 위치한 해병 제5연대 전투지휘소를 찾아냈다. 그곳에서 드디어 연대장 머레이 중령을 만났다. 그는 자신감에 넘쳐 말했다.

"교두보요? 벌써 오래 전에 점령했지요. 우리의 새로운 목표는 김포공항과 서울입니다."

맥아더 장군의 대담한 도박은 소기의 성과를 거뒀다. 앞으로 며칠 후면 내가 마음속으로 다짐한 약속을 지킬 수 있었다. 약속이란 바로 서울로 돌아가는 것이었다.

월미도 북한군 항복

서울수복 시가전투

그것은 쉽지도 유쾌하지도 않은 길이었다. 미 해병대는 도시로 가는 길을 피 흘리며 힘들여 개척해 나갔다. 내가 해병 제1연대 찰리 중대를 따라 서울 중심의 명동성당을 점령하던 날은 특히 가혹했다.

우리는 지프차가 우리 앞으로 질주할 때까지는 도로에 지뢰가 그렇게 많이 매설되어 있는지 알지 못했다. 지프차는 우리 바로 앞에서 폭파됐다. 차량에 탑승했던 3명 중 위생병만이 살아남았다. 그렇지만 파편에 찢어져 몸과 얼굴에서 피가 흐르는 그를 보는 것은 소름 끼치는 경험이었다.

우리는 모두 재빨리 하차했다. 중대장은 새로 파헤쳐진 것 같은 흙은 절대로 밟지 말라고 소리쳤다. 지뢰일 가능성이 크다는 것이었다. 그러나 거친 흙길 위에서 그의 지시를 따르는 것은 어려운 일이었다. 이렇게 우리는 아주 신중하게 발끝으로 전진해 갔다.

윌리엄 크레이븐(William Craven) 중위가 이끄는 찰리 중대 제1소대는 오후 3시쯤 언덕 위로 돌진했다. 악취 나는 가옥들과 지저분한 좁은 길들은 불타고 있었다. 물가에서 검은 연기가 버섯처럼 뿜어졌다. 우리는 적의 기관총과 대포를 때려 부수기 위해 흰색 인광성 총탄과 네이팜탄을 사용했다.

크레이븐 중위가 말했다.

"우리는 적들이 성당에서 빠져나오도록 사격해야 했습니다. 적들은 성당을 저격 장소로 이용하고 있었습니다."

성당은 아수라장이었다. 십자가는 제단에서 떼어졌으며, 모든 종교적인 상징들은 건물에서 제거되어 있었다. 그 대신 사방의 벽에서 스탈린과 김일성의 초상을 그린 대형 포스터들이 우리를 비웃듯이 내려보았고, 미군을 죄 없는 한국 부녀자와 어린이를 살해하는 인면수심의 괴물로 풍자한 포스터들도 벽에 붙어있었다. 성당은 공산당 본부로 사용된 것이 분명했다.

성당으로부터 거리 아래로 커다란 모래 바리케이드들을 볼 수 있었다. 시민들의 얘기에 따르면, 바리케이드에 지뢰가 매설되었다고 했다. 공산주의자들은 바리케이드를 엄폐물로 이용하면서, 고지에서 우리에게 사격하는 데 사용하고 있었다.

성당의 종은 건물 밖 나무 대들보 위에 걸려 있었다. 우리는 총알을 맞고 종이 땡그랑 울리는 소리를 들었다. 그때 갑자기 네 명의 한국인이 대담하게도 하늘 아래 우뚝 서서 타종하는 것을 보았다. 종소리는 소란했던 전투의 종료를 알리듯 청아하게 울렸다. 불타는 도시에서 보기 드문 사랑스런 소리가 울려 퍼졌다. 얼마 후 종을 울린 네 사람은 크레이븐 중위에게 급히 달려와서 통역관을 통해서 말을 건넸다.

"당신들에게 감사의 표시로 종을 울렸습니다."

우리는 눈물이 핑 돌도록 승리에 도취했다. 그러나 우리 중에 그 승리가 얼마나 일시적인지를 알 수 있는 사람은 아무도 없었다.

제9장_ 인천에서의 대담한 도박

제10장
# 우리의 동맹 한국인들

**우리의 동맹** 한국인들의 능력은 군인이거나 정치인이거나를 막론하고, 거의 한국전쟁이란 주제만큼이나 논쟁의 여지가 많았다. 전쟁 초기에 미군 병사들은 한국 군인들에 대해 몹시 불쾌한 감정을 품었다.

이는 그럴만한 이유가 있었다. 당시 한국 장병들은 미군 지프차와 트럭을 개인의 재산처럼 사유화하여, 극도의 혼란 속에 남쪽으로 후퇴했다. 미군들이 북부전선으로 진군할 때, 한국군은 바로 그 도로들을 따라 후퇴함으로써 미군의 진로를 막았다.

적군이 6월 27일 서울을 최초로 점령한 후 한국군은 거의 해체되다시피 하여, 10만 명의 병력이 2만 명 이하로 줄었다. 많은 한국군 병사는 단순히 옷만 갈아입음으로써 갑자기 민간인으로 변했고, 또 다른 병사들은 남쪽으로 향하는 피란민 대열에 합류했다.

이렇게 이탈한 많은 장병이 다시 군으로 복귀했다. 이는 미군 장교들과 미 군사고문단 요원들의 끈질기고 대부분 드러나지 않은 노력 덕분에 가능했다. 10일간의 특수교육 시스템이 마련되었고, 늦여름쯤에는 한국군 병력규모가 15만 명 이상으로 증원됐다. 초가을에는 많은 한국군 부대가 미군 사단들에 편입됐다. 미군 장교들은 한국군 장병들이 포화 속에서 보여준 용기에 대해서 찬사를 아끼지 않았다.

처음부터 한국군의 전투능력은 황당할 정도로 천차만별이었다. 예컨대 옹진반도에서 누구의 도움도 없이 버텨낸 한국군 사단에 대해서는 칭찬이 자자했다. 그러나 다른 사단들은 겁을 먹고 도망쳤다.

이렇게 예측 불가능한 한국군의 전투능력을 설명하기 힘들었다. 내 생각으로는 강한 장교단을 양성할 시간이 충분치 못했다는 것이 하나의 설명이 될 것이다. 육군, 공군, 해군 사병들도 장교들과 마찬가지로 훈련받지 못하기는 마찬가지였다.

미 군사고문단은 1949년 7월부터 한국군에 대한 체계적인 훈련을 시작했다. 공산군의 남침은 군사훈련이 시작된 지 11개월 후였다. 한국전쟁 발발 1개월 전, 미 군사고문단장 윌리엄 로버츠(William Roberts) 준장은 그가 훈련한 한국군 사병들이 일반 미군 병사들과 충분히 겨룰 수 있을 정도로 훌륭한 능력을 갖췄다고 자랑스레 말했었다. 그러나 그는 한국군 장교들의 질은 형편없다고 경고했다.

한국인들이 당면했던 또 다른 어려움은 미 점령군이 남기고 간 쓸모없는 무기들로 무장하고 있었다는 점이다. 한국군은 전차(탱크), 충분한 대전차무기, 전투기를 비롯한 공군력 등 현대전에 필요한 필수적인 장비들을 전혀 갖추지 못했다. 전쟁이 발발하던 해 봄에 한국군이 적의 게릴라 활동을 대부분 성공적으로 대처한 것은 사실이다. 만일 북한군이 외세의 도움이 없이 단독으로 남침을 감행했다면, 한국군은 그들을 국경에서 격퇴했을지도 모른다.

그러나 소련제 무기로 무장하고, 소련의 지휘를 받는 북한군과 맞서 싸우기에는 한국군의 역량이 턱없이 부족했다. 더구나 북한군은 중공의 정예부대 팔로군으로부터 많은 신병을 보충받아 엄청난 역량을 갖추고 있었다. 북한 침략군은 중공 팔로군 출신의 조선족 병사들을 뽑아 전력을 강화하여 15개 사단 이상이 되었다. 게다가 1,000대 이상의 탱크를 보유하고 있었다.

한국군이 미국의 장비를 공급받은 후, 사정은 크게 개선됐다. 한국군 장성이 지휘하는 사단에 소속된 미국 탱크병들은 덩치가 작은 한국군 병사들을 입에 침이 마르게 칭찬했다. 그들은 한국군 공병들이 적의 사격을 받으면서도 지뢰가 매설된 8마일이나 되는 길을 확보했다면서, 이런 위험천만한 일을 싫은 내색 않고 즐거운 표정으로 감행한 한국군을 극찬했다.

1950년 초가을에 10일간의 단기 신병 훈련소들이 활성화되었다. 신병들은 9회의 사격훈련을 받을 수 있었고, 카빈총·박격포·기관총 등의 작동법도 배웠다. 그러나 10일간의 교육은 너무 짧았다. 교관 중 한 사람인 댄 도일(Dan Doyle) 소령은 내게 말했다.

"우리는 그들에게 참호를 어떻게 파고, 총기를 어떻게 다루는지를 가르칩니다. 그러나 그들이 훈련받은 내용을 실전에 활용할 수 있을지 의문입니다."

이런 벼락치기식 훈련으로는 한국인들이 아무리 용맹스럽더라도 한국군의 질을 높일 수 없었다. 또한 중공군과 북한군이 취약한 한국군을 매우 거세게 공격할 것으로 예견되었다. 그 결과 한국군은 한국전쟁에서 가장 큰 타격을 입었고, 종종 적의 압력을 견뎌내지 못했다고 비난받았는데 이는 부당한 비판이었다.

한국군이 일급 장교들을 충분히 보유하지 못하고, 보잘것없는 무기를 가지고 전쟁에 뛰어든 주된 이유의 하나는 미국의 갈팡질팡했던 외교정책 때문이다. 미국은 1949년 한여름에 한국 주둔 점령군의 마지막 부대를 철수시켰다. 미군 철수는 이승만 대통령의 격렬한 항의에도 불구하고 감행되었다.

미국인들이 떠난 이유는 워싱턴의 많은 고위 정책입안자들이 한국을 단념하는 것이 최선이라고 느끼고 있었기 때문이었다. 내가 이렇게 말하는 근거는 현직 주한미국대사 무초의 발언이다. 그는 본국 정부의 이런 옳지 못한 정책을 바꾸기 위해 열심히 뛰었다. 왜냐하면 그는 베를린의 운명이 서유럽국가들의 사기(士氣)에 중요한 것처럼, 한국이 비공산국가의 보루로 남는 것이 아시아의 사기에 중요하다고 믿었기 때문이었다.

군사적으로 미국은 한국에 대해 어정쩡한 태도를 보였다. 전력을 다해서 한국을 후원할 태세가 되어있지 않았다. 그러나 한국을 완전히 포기할 준비도 하지 않았다. 그래서 우리는 너무 늦게 한국군을 훈련하기 시작했고, 형편없이 부족한 군사 장비를 제공했던 것이다.

미국이 소련의 조종을 받는 동양인의 힘과 전투능력을 과소평가했던 것은 의심의 여지가 없다. 그러나 아무리 적의 능력을 과소평가했다고 하더라도 제한된 병력을 가진 한국이 탱크와 비행기도 없이 자국을 방어할 수 있다고 생각한 것은 어리석은 일이었다.

북한군의 침략을 받았을 때 한국은 맥아더 장군의 지휘에서 명백히 벗어나 있었다. 나는 이 사실이 강조되어야 한다고 생각한다. 무초 대사는 이런 문제점을 즉각 워싱턴에 보고했었다.

당시 한국 보호의 책임은 신생(新生) 미 국방부(이전에 육군부, 해군부가 존재했으나, 공군부가 설치되자 1947년 9월 18일 군을 통솔하는 국방부를 신설)의 무경험자들의 손에 달려있었고, 이들은 주한 미 군사고문단의 보조를 받고 있을 뿐이었다.

한국경제가 물가상승 등 혼란한 상황에 놓인 것도 확실히 일부 미국인이 한국을 구제 불가능한 나라로 제쳐놓은 이유의 하나였다. 그런 데도 불구하고 우리가 계속 미 경제협력처(ECA)의 자금을 한국에 퍼부은 것은 이율배반적인 행동이었다. 미국은 1949~1950 회계연도에 약 1억 2천만 달러를 지원했다.

그러나 미 정부 관리들이 한국의 걷잡을 수 없는 인플레이션을 억제하기 위해서 개혁이 단행되어야 한다고 주장할 때, 미 경제협력처의 자금은 좋은 무기임이 증명되었다. 그들은 한국정부에 대해 무책임한 정부지출, 화폐발행 및 인플레이션이 전반적으로 통제되지 않으면, 경제협력처의 지원철회를 고려할지도 모른다고 엄포를 놓았다.

미국의 이러한 엄포가 빈말이 아니라는 것을 알아차린 한국 국회는 세법과 세수입에 관한 법률을 통과시켰다. 한국정부는 모든 대기업을 경영하고 있었기 때문에 주 수입원은 정부제품과 서비스가격을 인상하는 것이었다. 예컨대 당시 철도요금과 전기요금이 100% 인상되었다.

경제상황은 눈에 띄게 개선되어 많은 사람을 놀라게 했다. 1950년 4월 중순, 물가는 비교적 안정을 유지하고 있었다. 유통되는 화폐량이 급격히 줄었고, 국가 예산도 균형을 유지하게 됐다.

이렇게 볼 때 한국의 경제안정 기조 강화가 공산주의자들에게 공격시기를 1950년 6월로 결정하게 만든 여러 요인 중 하나였다고 믿는 것도 나름대로 이유가 있다. 아시아인들의 기준에서 볼 때, 한국은 반공의 명소가 될 가능성이 있었다. 공산주의자들은 한국이 강력한 국가로 되기 전에 행동에 옮길 필요가 있었다.

또한 고도로 이율배반적인 미국의 태도가 공산주의자들을 오판하게 만들었다. 즉, 공산주의자들은 일단 미 점령군이 철수하면, 미국이 더 이상 한국에 대한 군사적인 책임을 지지 않을 것이라고 믿었다.

유엔의 한국전쟁 개입이 소련과 중공에게 큰 충격이었다는 것은 의문의 여지가 없었다. 이는 책임 있는 북한군 포로들의 증언에 의해서 증명되었다.

한국정치에 관해서 말하자면, 언론계의 아시아 전문가들이 한국을 경찰국가라고 언급하는 것을 자주 들었다. 북한군의 침공 전에 단 한 번 밖에 한국을 방문하지 못했었기 때문에 나는 한국 전문가라고 주장할 수는 없다. 그러나 나는 경찰국가에 관한 전문가라고 주장할 만한 충분한 근거가 있다. 제2차 세계대전 후 4년 동안 베를린, 바르샤바, 프라하, 비엔나 등의 도시에서 철의 장막의 이면을 체험했기 때문이다.

신정부를 수립한 지 3년밖에 안 되는 한국은 서양의 기준으로 볼 때 제대로 된 민주주의 실현방법에 대해 많은 것을 배워야만 했다는 사실을 부정할 수 없다. 한국 경찰은 일제 지배자들에 의해서 훈련받았고, 매우 야만적이었다. 1950년 총선거에 경찰이 개입했다는 많은 의혹이 있으며, 이들 중 일부는 사실이었을 것으로 확신한다.

그러나 내가 목격한 두 가지 선거를 놓고 보자면, 1950년 한국의 총선은 1947년 1월 폴란드에서의 그것과는 비교할 수 없을 정도로 질서정연하게 치러진 비밀투표였다. 1950년 한국총선은 4천 년 한국 역사상 최초로 실시된 국회의원선거였다.(역주: 제1대 국회의원 선거는 1948. 5. 10일 실시되었으며, 1950. 5. 30일 총선은 제2대 국회의원 선거였음. 그러나 1948년 총선은 미 군정이 실시했으며, 대한민국 정부의 첫 총선은 1950년에 실시됨) 경찰국가의 전형인 폴란드에서는 수천 명이 투표소로 행진해 들어가서 공산주의자에게 기표했는지 투표용지를 펼쳐 보이도록 강요받았다. 이에 불복하는 자는 감옥에 가는 신세가 되든지 직장에서 쫓겨났다.

어느 나라를 경찰국가의 범주에 넣을지를 결정할 때, 흑백논리를 피하는 것이 현명하다고 생각한다. 이런 맥락에서 한국을 살펴보기로 하자.

내가 한국에 대해서 읽거나 본 것에 따르면, 공산군의 침략을 받기 전에 한국에서는 개인적 자유의 범위가 신장되고 있는 것 같았다. 이 같은 증가의 추세가 너무 느려서 대부분의 미국인 마음에 들지는 않았지만, 분명히 증가하고 있었다. 반면 내가 폴란드에 대해서 읽거나 본 것에 따르면, 개인적 자유의 범위가 급격히 축소되고 있었다. 그러나 아직 한국이 폴란드를 따라잡거나 앞서기 위해서는 갈 길이 멀다.

대한민국 정부는 1948년 8월 수립됐다. 이는 일본이 1910년 한반도를 강점하고, 35년간의 폭압통치를 끝낸 지 몇 년 후의 일이었다. 제2차 세계대전 이후 3년 동안 한국은 미 점령군의 통치를 받았다. 같은 해 한국의 제헌의회 선거가 유엔의 감시 하에 실시되었다. 제헌의회가 제정한 헌법은 한반도의 모든 사람에게 적용되는 것이었다. 그러나 소련은 북한인들에게 유엔의 후원을 받는 남북한 통일정부를 거부하라는 지령을 내렸다. 1948년 9월 북한공산주의자들은 정권을 수립하고 수도를 평양으로 정했다.

한반도의 북부지역은 남부지역보다 지리적으로 넓고, 주요산업시설도 그곳에 위치해 있다. 그러나 북한은 인구가 9백만 명인 데 비해, 한국은 약 2천만 명이나 된다. 공산 북한과 자유 대한의 사이를 가르는 국경선이 되어버린 38선은 국제법적으로 아무런 근거가 없는 것이다. 38선은 일본 전쟁포로들의 분할 처리라는 문제를 해결하기 위해서 미국과 소련이 자의적으로 그은 경계이다.

미국과 소련의 합의에 따르면, 38선 이북에서 항복한 모든 일본군은 소련이, 이남에서 항복한 모든 일본군은 미국이 각각 무장을 해제하고 포로로 대우하기로 했다. 한반도에 미국과 소련이 수용할만한 연립정부의 수립이 불가능해지자, 38선은 총기와 가시철조망으로 가득 찬 영구적인 장벽으로 변했다.

대한민국은 국민의 직접선거에 의해 선출되는 단원제 국회를 갖고 있다. 가장 영향력 있는 공무원은 존경할 만한 이승만 대통령이다. 내가 그를 마지막으로 본 것은 1950년 9월이었다. 당시 그를 대면하는 순간, 전형적인 노인의 모습을 볼 수 있었다. 자그맣고 마른 체구인 그의 얼굴에는 깊은 주름이 파였으며, 목소리는 떨리고 힘이 없었다. 그는 나이가 78세(역주: 이승만은 1875년생이므로 당시 75세였으며, 1965년 90세에 서거했음)라고 인정했다. 그러나 그가 몇 살이든 결코 나이가 그의 의지를 둔화시키지는 못했다.

이승만은 흔히 반동주의자(역주: '반동'은 '진보'에 반대되는 정치적인 행위를 말하며, 적극적·행동적이라는 점에서 일반적인 '보수'와 구별됨)로 일컬어졌다. 조지 맥퀸은

미군의 한국군 훈련

『Korea Today』라는 저서에서 한반도가 일제의 침략에서 벗어난 직후인 1945~46년 기간 중 "많은 미국인이 이승만의 반동주의적인 방법에 대해 반대했고, 소련인들에게 조금 더 유화적인 태도를 보이는 한국인들을 선호했다"고 기술했다. 그러나 그 후 일련의 사건들을 고려해 보면, 이승만의 반소적인 태도를 이유로 그를 비난하기는 힘들다.

나는 이승만 대통령과 한국의 경찰 활동에 대해서 자주 얘기를 나눈 바 있다. 그때마다 그는 한국에서 법치주의가 자리를 잡아가고 있으며, 한국 경찰이 영장 없이는 체포하지 않는다고 주장했다. 그러나 나는 공산군의 침략에 의한 혼란 중에 법치주의가 종종 무시됐다는 것을 우연히 알게 됐다. 생포된 공산주의 용의자들이 잔혹하게 처형되는 것을 목격했다. 이승만 대통령은 이런 사건들은 전쟁으로 야기된 흥분된 감정이 빚어낸 불가피한 결과라면서, 한국정부가 이런 사건들의 재발을 방지하기 위해 최선을 다하고 있다고 주장했다.

이승만은 독재적인 기질을 지녔지만, 진정으로 민주주의에 대한 확신을 가진 인물로 보였다. 그는 한국인들을 위해 민주적인 방식이 필요하다고 믿고 있었으나, 당면한 목표를 성취하기 위해 비민주적인 편법을 자주 동원했다. 그는 자신이 반동적이라고 불리는 데 대해 분노했다. 그는 한국정부의 정당성을 주장하면서, 1950년 6월 시행된 토지개혁을 거론했다. 또한 적산(일제의 산업)을 중소기업인들에게 매각하는 계획 및 모든 대형산업의 국유화에 대해서도 언급했다.

나는 그가 자신을 동양의 윈스턴 처칠과 같은 인물로 여기고 있다고 생각한다. 그는 삶의 대부분을 망명생활로 보냈기 때문에 영국과 미국에 대해서 잘 알고 있다. 여러 해 동안 이승만은 한국독립을 위해 해외에서 투쟁해온 수많은 애국지사의 지도자였다.

전쟁의 승리가 임박한 것처럼 보였던 1950년 9월 화창한 가을날, 이승만 대통령이 들려준 마지막 말들을 나는 생생히 기억하고 있다.

"이번에 우리가 학습했듯이 미국 정부도 공산주의자들과의 타협은 무용지물이라는 사실을 배워야 합니다. 공산주의자들에게 타협이란 언제나 시간을 벌기 위한 수단이자, 상대가 의심하지 않도록 달래는 속임수입니다. 공산주의자들의 속셈을 알아채지 못한다면, 당신네는 준비가 너무 늦어져서 그들의 다음번 공격을 막아내지 못할는지도 모릅니다."

제11장
# 중공의 개입

**1950년 9월**, 인천과 서울에서의 성공적인 작전은 북한군의 척추를 부숴버렸다. 미 제10군단이 북쪽에서 적의 주요 보급로를 차단하고, 제8군이 남쪽으로부터 맹렬한 기세로 공격함으로써 적은 완전히 붕괴됐다. 북한인들은 유엔의 승리를 저지하기 위해서 외부의 도움이 필요했다. 바로 이때 소비에트 공산세계는 공산주의의 위신과 군사 전략적 성패가 한국전쟁에 달렸으므로 세계분쟁의 위험을 감수할만한 가치가 있다는 결정을 내렸다.

1950년 10월 14일, 중공군이 압록강을 건너 돌격해왔다.

중공의 개입 가능성은 트루먼 대통령이 한국전쟁에 미 공군을 파병하는 순간부터 명백히 예견된 일이었다. 미국이 완전히 한국을 포기하지 않기로 했다면, 중공의 개입 가능성을 예상했어야만 했다.

그러나 중공군의 실제 개입 시기는 맥아더 장군을 포함해서 미 고위 장성들에게 완전히 의외였다. 그들은 중공군이 공격해온다면 한여름일 것으로 판단했었다. 중공군은 1950년 6월과 9월 사이에 개입하여 거의 희생을 치르지 않고 한반도에서 아주 적은 수의 미군을 쉽게 몰아낼 수 있었다.

그런데 왜 모택동이 우리가 많은 인명 피해를 줄 수 있을 정도로 화력을 증강할 때까지 기다렸는지 이해하기 힘들었다. 심지어 중공은 우리가 후퇴했을 때도 개입하지 않았다.

가장 설득력 있어 보이는 설명은 북한이 자력으로 우리를 이길 수 있는 희망이 보이는 한, 중공은 전쟁과 거리를 두려고 했다는 것이다. 이러한 희망은 성취되기 일보 전까지 갔으나, 인천상륙작전으로 갑자기 전쟁의 판도가 바뀌어 버렸다.

아무튼 9월 말쯤 만주 국경의 중공군 부대에 전투준비 지시가 떨어졌다는 정보가 아군의 전쟁포로수용소에 나돌았다.

맥아더 장군이 한국에서 군사작전을 가능한 한 최단기간 내에 끝내려고 했던 이유 중의 하나도 바로 중공의 개입에 대한 두려움 때문이었다. 맥아더의 희망은 빨리 진격하여 중공이 유엔의 승리를 기정사실로 받아들이게 함으로써 전쟁 재개를 막는 것이었다.

그 때문에 맥아더는 미 합동참모본부가 인천상륙작전을 10월까지 연기하도록 촉구했으나, 이를 거부했다. 인천상륙작전의 시기가 불확실했던 것은 아마 공산주의자들을 놀라게 한 이유의 하나가 되었을 것이다.

우리 자신의 마음을 정하지 않는 것의 좋은 점은 적의 정보망이 우리 마음을 알아채지 못하도록 막을 수 있기 때문이다.

한국전쟁에서 중공의 영향력은 처음부터 상당했다. 나는 1950년 7월 한국군 전초기지에 갔을 때 벌써 중국어를 구사하는 포로 한 명이 잡혀왔던 것을 기억한다. 그의 호주머니에서 중공군 군사교범이 발견되었는데, 거기에는 중국의 독재자 모택동, 중공군 총사령관 주덕의 사진이 포함되어 있었다. 포로 심문 과정에서 우리는 그가 한국인 부모를 두고 있지만, 중국에서 너무 오래 살아서 한국어를 거의 구사할 줄 모른다는 사실을 알았다.

때늦은 깨달음이지만, 이제 회고해 보면 중공이 개입하리라는 경계심을 가질 만한 일이 또 있었다. 서울 탈환을 위한 전투에서 우리는 북한군이 왜 무모하다 싶은 정도로 필사적인 사투를 벌이는지 의아했었다. 집에서, 지하실에서, 지붕에서 지독할 정도의 전투가 벌어졌었다. 우리는 서울 도심의 상당 부분을 대포와 화염을 발사하는 탱크로 불살라야만 했다.

서울이 수복된 9월 28일, 키이스와 나는 조선호텔에 들렀다. 우리를 맞은 사람은 왕안석 부지배인이었다. 그는 평양에서 파견되었던 지배인이 호텔 열쇠와 기록들을 모조리 가지고 종적을 감춰버린 수수께끼 같은 사건이 일어났다고 다소 흥분된 어조로 설명했다. 이같이 누가 봐도 무의미한 행동을 한 이유가 무엇이겠냐고 묻자, 부지배인은 지배인이 "우리는 조만간 다시 올 거야. 지원군이 오고 있어"라는 말을 남기고 떠났다는 사실을 공개했다. 우리는 그 말을 허세라고 생각했다.

그러나 우리가 38선을 넘기 전인 1950년 10월 초, 중공의 주은래 총리는 북경 라디오 방송 성명을 통해서 약속했다.

"중공은 언제나 조선인민의 편에 설 것이며, 그들의 조선반도 해방을 지원할 것이다."

주은래의 성명에 함축된 개입 위협에도 불구하고 맥아더 장군은 10월 11일 미군을 북한지역으로 진격시켰다. 이러한 결정은 전적으로 유엔의 공식승인을 얻은 것이었고, '한반도의 평화와 안전'을 회복하는 그의 군사적인 임무를 수행하는 일이었다.

당시 여러 나라는 맥아더에게 전진을 멈추라고 은밀히 촉구했다. 처음 그들의 요구는 38선에서 멈추라는 것이었으나, 진군이 계속되자 나중에는 평양 북쪽에서 그만 멈추라고 종용했다. 그러나 유엔은 결코 북한지역으로 진군을 승인한 원래의 결의안을 철회하지 않았다.

중공의 개입 여부는 미군이 여기서 멈추느냐 저기서 멈추느냐는 것과는 전혀 상관없는 일이라는 것이 미국 정부의 공식 입장이었다. 미국은 이런 견해에 대한 증빙자료로 중공의 여러 성명을 인용했다. 예컨대 중공 외교부의 오수권(伍修權, 1908-1997)이 유엔에 중공 대표로 참석해서 미국이 한반도 어디에 잔류하든 반대한다는 점을 애써 강조한 것이 그중 하나다.

중공은 전쟁 초기부터 미국이 38선 남쪽에 개입하는 것은 침략이라고 비난했었다. 북경 라디오 방송은 아시아 전역을 비공산주의자들로부터 해방시킬 것이라고 공언했었다. 미국은 북한이 우리를 몰아내지 못하면, 중공이 그 일을 마무리하려고 할 것으로 느끼고 있었다.

영국과 주유엔 인도대사 판디트(Vijayalakshmi Pandit, 1900-1990, 역주: 여성 최초로 유엔총회 의장 역임)는 미국과 견해를 달리했다. 그들은 38선을 넘는 행위는 유엔이 중국 본토를 침략할지 모른다는 중공 당국의 공포심을 촉발시킬 것이라고 주장했다. 그들은 중공의 개입을 유발시킨 것은 바로 이런 공포감이라고 믿었다.

38선을 넘기 전에 맥아더 장군은 방송을 통해 북한에게 두 가지를 촉구했다. 하나는 항복을 하라는 것이었고, 또 하나는 한반도 전체를 위한 유엔결의안(역주: 1950년10월 7일 유엔총회가 채택한 이 결의안은 유엔군의 38선 이북 진격 승인, 한반도의 안전, 자유총선거, 통일, 부흥 및 유엔군 철수에 관한 내용을 담고 있음)을 수용하라는 것이었다.

북한은 이러한 제안들을 단호하게 거절했다. 만일 중공이 안보적인 고려에서 개입했다면, 그들은 마땅히 보호국인 북한에게 유엔결의안을 받아들이라고 종용했어야 한다고 본다. 유엔결의안이 실행에 옮겨졌더라면, 중공과 북한의 보호자인 소련은 그 시행 과정에서 확실히 큰 발언권을 행사했었을 것이기 때문이다. 그러나 유엔결의안은 즉각 거부됐다.

우리가 38선을 넘기 전에도 한반도에는 소수의 중공군이 있었다. 그러나 중공군의 주력부대는 10월 14일 밤 압록강을 넘어 밀려들기 시작했다. 압록강은 북한과 만주를 가르는 강이다. 2주 후 그들은 미 제8군의 전초부대를 공격했다. 제8군은 당시 북한군 잔당을 추격하여 압록강으로 진격하는 중이었다. 그러나 중공군의 개입으로 제8군은 청천강에서 조직을 재편하는 동안 갑자기 후퇴하지 않을 수 없었다.

한편, 맥아더 장군은 그때 완전히 새로운 전쟁에 직면하게 됐다고 알리는 공식성명을 발표하고, 중공군이 만주지역의 은신처에 집결한 대규모 병력의 지원을 받을지 모른다는 사실도 공개했다.

"유엔군을 포위하여 궤멸시키기 위한 치밀하게 계산된 함정이 은밀히 만들어졌다."

그럼에도 불구하고 맥아더는 19일 후 '전쟁을 끝내기 위한 대공세' ('end war offensive', 역주: 1950년 11월 24일 하달된 이 명령은 '크리스마스 대공세'라고도 불림)를 지시하여 큰 물의를 빚었다. 그는 자신이 경고했던 바로 그 함정에 제 발로 걸어 들어갔다는 비난을 받았다.

38선을 돌파하는 대공세는 인천상륙작전과 같은 도박이었다. 다른 점이 있다면, 인천상륙작전은 성공했지만, 38선 돌파는 실패했다. 맥아더 장군이 전례 없는 군사적인 악조건 속에서 고군분투한 것은 의문의 여지가 없다.

대공세 전에 우리는 상대할 적의 규모나 성격이 어떠한지에 대한 분명한 정보가 없었다. 야전 정보는 극도로 제한되어 제 기능을 못했고, 항공정찰은 불가능했다. 국경으로부터 전진하는 길은 오로지 밤에 행군함으로써 자연적인 은폐를 최대한 이용하는 것뿐이었다.

그러나 적의 전쟁능력―맥아더가 말했던 증원 병력 집결―은 변하지 않았다. 왜 맥아더가 자신의 경고도 무시했느냐를 이해하기 위해서는 대공세를 앞둔 19일 동안의 사건들을 되새겨볼 필요가 있다. 당시 중공은 우리를 시험하기 위해 많은 전선을 양보했다. 북경 라디오 방송은 뻔뻔스럽게도 한반도에 파병된 중공군이 지원병뿐이라고 보도했다. 동시에 미 육군 제10군단은 진격을 성공적으로 수행하여 동부 해안까지 몰고 들어갔으며, 제17연대는 압록강에 미국 성조기를 꽂았다.

스스로 밝혔듯이 맥아더는 중공군의 참전이 상징적인 의미일 뿐이라는 데 패(牌)를 걸었다. 즉, 그는 중공이 북한을 돕기로 한 약속의 정신을 충족시키기보다는, 단순히 양국 간의 조약을 형식적으로 이행하기 위해서 파병한 것으로 믿고 있었다. 맥아더 보좌관들 말에 의하면, 그는 북경 당국이 폭탄으로 폐허가 되어버린 북한을 보고 체념하기를 희망했었다고 털어놓았다.

미 공군의 근접지원 능력도 또다시 과대 평가됐다. 맥아더는 '전쟁을 끝내기 위한 대공세'를 공식 발표하면서 자신 있게 주장했었다.

"공군이 북쪽에서 적의 보급로를 성공적으로 차단하면, 적 병력보강은 급격히 줄어들 것이며, 필수적인 군수물자도 현저히 제한될 것이다."

도쿄의 극동군사령부도 많은 중국인이 미군의 화력에 질겁하여 항복할 준비가 되었다고 진술한 전쟁포로들의 말에 너무 안도했음에 틀림없다. 몇몇 맥아더 보좌관은 중공군의 사기가 심각하게 떨어졌을 것으로 상상했다.

맥아더는 당시의 상황에 관해서 주장한다. 즉, 적이 병력증강을 완성하고 공격할 시기를 선택하도록 기다리는 것보다는, 우리가 행동함으로써 적의 의도를 알아내는 것이 훨씬 나았었다고 말이다. 맥아더를 비판하는 사람들은 원칙에 있어서는 그의 견해에 반대하지 않지만, 그가 너무 강경 노선을 택했다고 느끼고 있다. 그들은 '전쟁을 끝내기 위한 대공세'보다는 '강행정찰'(reconnaissance in force, 역주: '위력수색'이라고도 하며, 적의 배치, 병력 상황, 진지 강도 등을 파악하기 위해서 실시하는 제한적 공격작전)이 바람직했었다고 믿고 있다.

또한 맥아더를 비판하는 사람들은 적의 군사력에 비춰볼 때, 아군의 병력이 너무 엷게 흩어져 있었다고 주장한다. 북동쪽에 배치된 미제10군단은 원산 해변에서부터 장진호 주변의 험한 산악지대까지 넓게 배치되어 있었다. 일부 한국군 부대는 해안도로를 따라 시베리아 방향으로 돌진하고 있었다. 서부전선에서도 공격대열이 엷기는 마찬가지여서 중공군이 마음만 먹으면 어디라도 쉽게 아군의 방어선을 뚫을 수 있었다.

제8군 사령관 워커 장군은 실패한 아군의 대공세가 하마터면 괴멸되었을지도 모르는 상황에서 자신의 부대를 구원해냈다고 항변했다. 그러나 비판론자들은 제8군이 보급로가 확보되지 않았고, 후퇴하여 방어할 만한 진지를 준비하지도 않았으며, 적의 게릴라들이 후미에서 공격하고 있을 때, 무모하게 진군했다고 주장한다.

끝으로 비판론자들은 미군이 중공군과의 전쟁이 이미 시작되었을 때, 북한군 잔여 병력과의 전투에 걸맞은 방식으로 배치돼 있었다고 주장한다.

심리학적인 관점에서 볼 때, 만약 맥아더 장군이 그의 공세를 성공할 경우 '전쟁을 사실상 끝내기 위한 대공세'가 아니라, 중공의 의도를 최종적으로 시험하는 공격으로 생각했더라면 훨씬 더 좋았을 것이다. 그는 사석에서 낙천적인 공식성명을 발표했던 것이 실수였음을 시인했다. 또한 미군을 일본으로 이동시키겠다는 자신의 발언은 우리가 만주 국경에 다다르는 순간, 한반도에서 철군한다는 사실을 중국인들에게 재확인시켜주려는 의도였다고 설명했다.

어쨌든 우리의 공격은 중공의 육군과 공군의 힘의 실체를 드러나게 했다. 그들의 병력은 30개 사단 이상이나 됐다. 중공의 반격으로 우리는 한 달 만에 북한으로부터 쫓겨났다.

그동안 서방세계는 끔찍할 정도로 불화의 모습을 보였다. 중공을 비난하기보다는 우리 군 내부에서 희생양을 찾으려고 광분했다. 마치 중공과 전쟁을 벌이는 것을 회피하기 위해서 우리 내부에서 비난받을 책임자를 찾는 것처럼 보였다. 물론 맥아더 장군이 호된 시험대 위에 올려졌다. 인천상륙작전으로 군사적 천재로 칭송받던 그가 이제는 미국의 몇몇 신문에 의해 군사적으로 무능한 인물로 비난받게 됐다.

맥아더에 대한 빗발치는 비난은 보기에 따라서는 그가 공인이었기 때문에 어쩔 수 없이 감내해야 하는 희생이었다. 그는 자신의 전설이 쳐놓은 덫에 걸렸다. 고매하고, 빈틈없으며, 신화적인 인간을 포획하는 함정에 빠진 것이다.

맥아더의 신화는 그의 보좌관들에 의해서 끊임없이 만들어졌다. 그들은 여러 해 동안 맥아더가 결코 오류를 범하지 않았다고 주장해왔다. 그런 그가 적을 과소평가하고, 군사적인 실수를 하자, 온 세상이 충격을 받고 분노했다. 그는 자신의 신화를 허물었다. 세계는 그를 보통 사람으로 보았다면 용서했겠지만, 신화적인 인물로 생각했었기 때문에 용서할 수 없었다.

개인적으로 나는 맥아더 장군에게 최고의 경의를 표하며, 마음속에서 우러나는 충성심을 가지고 있다. 나는 그와 여러 번 대화를 나눌 수 있었다. 내가 경험한 바에 의하면, 그는 개인적인 야심이 있는 사람이 아니다. 그는 사심 없는 국가관을 지닌 완전한 인물이다.

나는 맥아더의 오판을 나름대로 평가할 만큼 군사이론이나 행동으로 충분히 무장되지 않았지만, 다음과 같이 여러분에게 얘기할 수는 있다.

우리가 비록 중공군의 개입으로 북한에서 후퇴했지만, 그를 신랄하게 비판하는 사람들조차도 맥아더로부터 역사에 남을 위대한 지휘관이라는 명성을 빼앗을 수는 없을 것이라고!

한 가지 사실은 확실하다. 당시의 상황에서 일단 중공이 공격을 결정한 이상, 아무리 군사적인 천재라고 하더라도 한반도에서 우리가 상당히 멀리 후퇴하는 것을 막을 수 없었다. 서로의 군사력 차이가 엄청났다. 병력의 숫자만 보더라도 우리가 할 수 있는 단 하나의 선택은 후퇴뿐이었다. 우리 군도 처음부터 중공이 최상의 군대를 파병하여 힘으로 개입한다면, 달아나기 시작해야만 한다는 사실을 잘 알고 있었다.

맥아더의 작전은 미국 역사상 가장 위대한 전략적 철수의 하나가 된 궁극적인 결과에는 아무런 영향도 미치지 않았다. 그의 작전과는 상관없이 우리는 철수해야만 했고, 혹시 다른 전술로 후퇴를 기껏 2~3일 지연시킬 수 있었을는지 모르지만, 그게 전부였을 것이다.

북한으로부터 유엔군의 후퇴는 미국 역사를 반전시킨 중요한 사건 중 하나였다. 그러나 싸우면서 후퇴함으로써 미군의 역사에 영웅적인 이야기를 하나 더 보태주었다. 미 해병대가 유담리에서 적의 포위망을 뚫고 빠져나온 것은 최악의 군사적인 상황에서 어떻게 전투병들을 최선을 다하도록 고무시킬 수 있는지를 보여준 상징적인 전과(戰果)였다.

제12장
# 영웅적인 해병 이야기
## "뒤로 전진하다"

1950년 12월 4일, 북경 라디오 방송은 전 세계에 확신에 찬 어조로 방송했다.

"미 해병 제1사단의 전멸은 시간문제일 뿐이다."

중공이 이렇게 자만심을 가질만한 충분한 이유가 분명 있었다. 중공군의 대반격이 시작될 때, 미 해병대원들은 장진호 지역의 얼어붙은 황무지에 갇혀 있었다. 장진호는 한반도 동북부 지역의 보랏빛 고원지대 위에 있다. 그들은 중공군에 의해 사방이 포위됐고, 미군과 중공군의 병력수는 6대 1로 중공군이 압도적으로 우세했다.

그러나 미 해병에게 항복이란 생각할 수 없는 일이었다. 북경 라디오의 보도 하루 후인 12월 5일, 나는 하갈우리의 눈 덮인 들판에서 실시된 브리핑에 참석했다. 세찬 눈발이 12명의 해병장교 맨얼굴을 모질게 때리고 있었다. 그들은 영하 20도가 넘는 혹한 속에 서서 미 해병 제5 연대장 레이먼드 머레이(Raymond Murray) 중령의 훈시를 경청하고 있었다.

"새벽에 우리는 이곳에서 뒤로 전진한다. 사단의 명령이다."

그는 따지기 좋아하는 사람처럼 다음과 같이 덧붙여 말했다.

"우리는 낙오병이 아니라 해병으로 이곳을 벗어나는 것이다. 부상병 및 장비들과 함께 철수할 것이다. 제군들에게 다시 말하지만, 우리는 해병으로서 이 자리를 떠나는 것이지, 절대 패잔병으로 도망가는 것이 아니다."

그의 훈시를 듣던 상대방은 사병들을 인솔하여 5일 낮과 5일 밤을 전투를 벌이며, 공산군에게 포위된 얼어붙은 땅 유담리를 빠져나왔던 장교들이었다. 그곳은 한반도의 밸리 포지(Valley Forge, 역주: 미국 건국의 아버지 조지 워싱턴이 독립군을 이끌며 겨울에 병영으로 사용하던 미 북동부 펜실베이니아주의 마을)였으며, 미 해병 역사상 그 어느 전투보다도 나쁜 상황이었다. 병사들은 기진맥진해 있었고, 그들 사이에는 긴장감이 팽배해있었다.

그들은 죽음을 각오한 인간에게서나 볼 수 있는 망연한 모습을 하고 있었지만, 어쨌든 자신들이 아직 살아있다는 것을 알고는 있었다. 그들은 말할 때 한 구절도 제대로 말하지 못했다. 마음먹은 대로 단어가 안 나와 의사전달이 불가능한 사람처럼 무슨 말을 시작하려다가 이내 끊었다.

그들은 더한 시련도 견뎌냈지만 새로 하달된 철수명령에 대해서는 비관적이었다. 머레이 중령이 훈시할 때 장교들의 얼굴 표정에서 자존심이 심각하게 훼손된 것을 느낄 수 있었다.

샤토 티에리(Chateau-Thierry, 역주: 1918년 제1차 세계대전 당시 미 해병이 참전했던 프랑스 북부 마른 강변의 도시)에서 과달카날(Guadalcanal, 역주: 1942-43 기간 연합군과 일본군의 최초 격전지였던 태평양 솔로몬 제도의 섬)까지, 에니웨톡(Eniwetok, 역주: 태평양 마셜 제도 안의 환초. 1943년 미·일 격전지. 1947-52 기간 미국의 원자탄과 수소폭탄 실험지)에서 유황도(Iwo Jima, 역주: 1945년 미 해병은 난공불락의 요새였던 이 섬을 8번의 상륙작전 끝에 점령했음. 이를 기념하기 위해 미 해병대는 8각모를 쓰기 시작했다고 함)까지 미 해병대는 전진할 뿐 후퇴란 전혀 해본 적이 없었다.

수천 명이 그런 낯선 땅에서 목숨을 잃었다. 유담리에서도 마찬가지였다. 그러나 미 해병은, 군사용어로 말하자면, 목표물을 점령할 때까지 전투를 중단한 적이 없었다.

장교들의 체념한 분위기를 파악한 머레이 중령은 다소 엄하게 다그쳤다.

"우리에게 후퇴란 없다. 이는 다른 방향으로 공격하는 것이다. 우리의 앞길보다는 우리가 향할 바다 쪽의 뒷길에 더 많은 중공군이 우리의 진로를 막고 있다. 그러나 우리는 이곳을 벗어날 것이다. 이의가 있는 장교는 불구를 만들어서라도 후송시킬 것이다. 누구든 그렇게 되지 않기를 바란다."

이 브리핑은 전투하면서 후퇴하는 마지막 단계가 시작되었음을 알리는 것이었다. 산악지대에서의 철수는 끔찍할 정도로 길고 고된 여행이었으며, 타라와(Tarawa, 역주: 태평양의 영국령 길버트 엘리스 제도 중의 섬이며, 제2차 세계대전 초기에 일본군이 점령했으나, 1943. 11월 격전 끝에 미군이 승리)나 유황도 전투보다도 더 큰 희생을 치렀다.

이곳에서 전사자, 실종자, 부상자, 동상자 등 거의 5,000명 이상의 미 해병과 육군 사상자가 발생했다. '동상'이란 단어를 대수롭지 않다고 무시하지 말아야 한다. 이곳에서의 동상이란 많은 해병의 손가락, 발가락, 발, 다리가 절단된 것을 의미했다.

나는 고원지대인 하갈우리에서, 그리고 나중에 해병사단 사령부에서 듣고 경험한 일들을 종합하여, 미 해병 역사상 최초로 철수했던 한 편의 생생한 이야기를 여러분에게 들려주고자 한다. 이야기의 시작은 정확히 말해서 11월 중순이다. 그때 해병 제1사단은 함흥 북쪽의 험한 길을 따라 장진호로 밀고 들어가기 시작했다.

작전을 시작할 때도 경각심을 불러일으키는 일들이 있었다. 적이 우리 보급로를 집요하게 괴롭히고 자주 매복 공격했는데, 이는 다수의 적이 우리의 함흥 보급기지와 장진호 전진부대 사이에서 우리를 노리고 있다는 사실을 보여주는 것이었다. 그러나 아군은 적이 이곳에 1개 사단 정도의 병력만 주둔하고 있을 것으로 믿었고, 그들은 우리의 공격에 굴복할 것으로 보였다.

그러나 실제는 리처드 볼드(Richard Bolde) 이병이 적나라하게 묘사했듯이, "그것은 쥐덫이었다. 중공군은 우리가 덫에 들어오도록 유인했으며, 빠져나가지 못하도록 만들었다."

11월 24일, 해병 제5연대는 눈 쌓인 산길을 넘어 유담리의 동양식 판자촌을 점령하라는 명령을 받았다. 촌락이라고 해야 곧 무너질 것 같은 오두막 판잣집들이 늘어선 지역으로, 인간과 소들이 오두막들을 아주 공평하게 나누어 쓰고 있는 곳이었다. 유담리는 장진호 북서쪽 깊숙한 곳에 있었다.

해병 제7연대는 당시 장진호 남쪽 끝 하갈우리에 주둔하고 있었으나, 해병 제5연대를 뒤따르라는 지시를 받았다. 해병 제1연대는 고토리로 이동하고 있었다. 고토리는 장진호 아래쪽으로 8마일 정도 떨어져 있었으며, 이곳에서 길은 고원 밑으로 가파른 경사를 이루며, 약 3,000피트 아래의 해안평야에 이르게 된다.

이제 한국에서는 공개된 비밀이 하나 있다. 즉, 미 해병이 장진호 전투에서 함정에 빠진 것은 부분적으로 잘못된 용병술 때문이라는 사실이다. 미 해병이 미 육군 제10군단의 일부로 편입됨으로써 역사상 처음으로 육군의 명령을 받게 되었다. 해병들은 그들을 유담리 계곡으로 파견한 육군의 명령에 대해서 처음부터 불안감을 가졌다고 주장한다.

11월 24일, 유담리의 서쪽과 남쪽에 중공군이 병력을 증강한다는 많은 보고가 있었다고 해병들은 증언하고 있다. 이는 적이 아군의 서쪽 측면과 후미에 있다는 것을 의미했다. 이러한 보고들은 아군의 유일한 보급로에 대한 적의 위협적이고도 지속적인 공격에 의해서 입증되었다.

11월 25일, 중공군이 대공세를 감행하여 미 제8군을 격파했다. 해병 선봉부대의 남서쪽에 있던 제8군이 후퇴해버리자, 해병 선봉부대는 서쪽 측면의 보호를 받지 못하게 됐다. 제8군에 대한 공격의 강도로 볼 때 중공군은 틀림없이 산등성이를 타고 일시에 몰려들어서 미국을 둘로 갈라놓을 기세였다.

그럼에도 불구하고 11월 25일 이후에도 미 육군 제10군단은 해병들에게 계속 전진하라고 명령했다. 해병들은 이미 공격받고 있었지만, 어쩔 수 없이 명령에 따라 진군했다. 그러나 그들은 육군의 군 병력 이동의 지혜에 대해서 의문을 품고 있었다.

11월 26일, 해병 제5연대는 유담리를 점령하고, 다음날 서쪽으로 공격을 시작했다.

그 사이 중공군은 해병 선봉부대들의 뒤로 잠입하여 유담리와 하갈우리, 그리고 하갈우리와 고토리 사이의 도로를 차단했다. 해병들은 함정에 빠져 사방으로 중공군의 바다에 갇히게 됐다.

당시 해병들을 계속 전진하라는 제10군단의 명령을 정당화하는 진술도 있다. 이에 따르면, 해병들을 서쪽으로 전진하도록 하고, 육군 제10군단은 적의 후방을 공격하여 제8군이 적의 압박에서 벗어나길 희망했다고 한다.

그러나 해병들은 이런 주장에 강력한 이의를 제기한다. 즉, 적의 군사력의 실체가 이미 드러났으므로 수적으로 부족한 아군 병력을 더 이상의 분산시킨 건 실책이었다는 것이다. 해병들은 즉시 함흥으로 철수하라는 명령을 육군이 내렸어야 했다고 믿고 있다. 그들은 미 해병 2개 연대로는 남쪽으로 밀려드는 중공군 10여 개 사단을 저지할 수 없었다고 주장한다.

나아가 유담리에서 해병대가 중공군을 공격하도록 한 육군의 명령은 더욱 형편없는 것이었다고 해병들은 혹평한다. 보급로가 험난하고, 적의 공격으로 끊어질 수도 있어 불안한데 어떻게 전진하라는 명령을 내릴 수 있었는지 도저히 이해할 수 없다는 것이다.

11월 28일 이른 아침, 최악의 사태가 벌어졌다. 적게는 6개, 많게는 8개 사단의 중공군(병력수로 추정하자면 8만에서 12만 명)이 미 해병대를 향해서 몰려들었다. 보급로가 이미 끊긴 채 유담리에 갇힌 해병 제5연대와 제7연대가 최악의 공격을 받은 것이다. 이때부터 유담리에서 빠져나올 때까지 해병들은 비행기로 군수품을 공급받아야만 했다. 대형 C-119 군용수송기들이 화려한 적황색의 낙하산을 이용해서 탄약과 식량을 떨어뜨렸다. 호화로운 색깔의 낙하산들이 겨울 산악의 장관을 연출하고 있는 흑백의 나라와 기묘한 대조를 이루었다.

11월 28일 새벽 4시, 해병 제5연대와 제7연대는 '힘겹게 교전 중'이라는 보고와 함께 최대한의 공중지원을 호소했다. 결국 해병사단은 육군 군단의 지시를 기다리지 않고 두 개의 해병연대에게 공격을 중단하고 현재의 위치를 사수하라고 지시했다. 다음 날 이들은 유담리에서 후방인 하갈우리로 전투의 방향을 돌리라는 명령을 받았다.

"5일 낮과 5일 밤을 악몽 같은 전투를 하면서 유담리를 빠져나온 것은 해병들이 과거에 전혀 경험해보지 못했던 최악의 사건이었습니다."

머레이 중령은 말을 이어갔다.

"유담리에서 하갈우리까지의 행군은 하갈우리에서 해안까지의 행군과는 비교할 수 없을 정도로 힘들었습니다. 유담리 근처에서는 밤이면 밤마다 동트는 것을 볼 수 없을 것이라는 생각을 했으니까요."

유담리는 이상적인 함정이었다. 유담리로 가는 길은 얼어붙고 좁았으며, 주변은 가파른 협곡들이었다. 중공군은 산등성이에 포진하고 있어서, 우리 해병들은 쉽게 적의 공격목표가 됐다. 기온이 영하 20도 이하로 떨어져서 총기와 차량이 얼어붙었다. 해병들은 적을 공격하기 위해 박격포에 붙은 얼음을 깎아내야만 했고, 카빈총도 얼어서 작동이 안 됐다.

부상병들을 위한 피신처도 없었다. 그들은 언제 어디서 공격받을지 모른 채 호송대열 속에 운명을 맡겨놓아야만 했다. 머레이 중령은 자신의 지프차에 두 명의 부상병을 끈으로 매달아 데리고 왔는데, 그들

장진호 미 병사들

제12장_ 영웅적인 해병 이야기 "뒤로 전진하다"

의 손과 다리는 얼어붙어 있었다. 많은 부상병이 72시간 이상 들것에 실려 이동했다. 부상병은 적의 공격에 그대로 노출되었고, 동상에 걸림으로써 생존가능성이 엄청난 위협을 받았지만, 당시 상황으로서는 달리 어떻게 해볼 도리가 없었다.

소총병들은 호송대가 조금씩 전진할 때 산등성이의 적을 소탕하라는 임무를 부여받았다. 그러나 그들은 빈번히 살해됐으며, 몇 개 소대는 병사들 전부가 행방불명되기도 했다.

나는 존 테로스(John Theros) 중위와 긴 대화를 나눌 수 있었다. 그는 해병 제7연대의 전방 항공정찰 장교였다. 내가 설명을 계속하는 것보다는 지금부터 그의 입을 통해서 유담리에서의 철수작전 당시의 총체적 상황을 들어보는 게 여러분의 이해를 높이는 데 훨씬 효과적일 것이다.

"계곡 속의 우리는 모두 상이군인이 되었든지 또는 간발의 차이로 상이군인이 되지 않고 빠져나왔다는 것을 제외하고는, 달리 말로 설명하기 힘든 종류의 전투였다고 할 수 있습니다. 내 바짓가랑이의 한쪽을 보면 총알이 찢어놓은 두 개의 흔적이 있습니다. 그리고 히프에 차고 다니는 내 수통은 총알구멍이 뚫려 낡은 여과기처럼 되었습니다.

나는 일부 동료들에게 후방 연대에서 안전하고 배부른 생활을 누린다고 놀려주곤 했는데, 유담리는 결코 그렇게 안전한 곳이 아니었습니다. 우리 전투지휘소로 몰려든 중공군은 아군 사병들만큼이나 많은 영관급 장교를 살해하고 싶어 했습니다.

당신이 기사화할 군인들은 바로 우리 대대의 헐(Hull) 대위와 같은 분입니다. 중대장인 그는 정말 멋진 대장부입니다. 그는 협곡으로 진입하다가 부상당했지만 철수하지 않으려고 했습니다.

그리고 중공군이 우리에게 실제로 세찬 공격을 퍼붓자, 헐 대위의 중대는 사수하고 있던 언덕을 내려와 중공군에 맞섰습니다. 49명밖에 남지 않았던 헐 대위와 중대원은 미친 듯이 싸우고는 다시 그 언덕으로 올라갔습니다.

그들의 용감한 행동을 본 사람들의 얘기에 따르면, 헐 대위와 중대원은 길에 즐비하게 얼어붙은 적들의 시체를 밟으며 싸웠다고 합니다. 그러나 이들은 다시 언덕 아래로 밀고 내려오다가, 이번에는 헐 대위가 총에 맞았다는 보고가 들어왔습니다. 우리 대대에서는 헐 대위에 관한 더 이상의 소식을 듣지 못했습니다.

나는 그가 총을 맞았을 때 죽었음에 틀림없다고 생각했습니다. 그날 밤 전투가 소강상태인 동안 잠을 못 이루며 헐 대위가 얼마나 멋진 사내였던지 상상하고 있었습니다.

그런데 갑자기 노익장 헐 대위가 두 명의 부상병과 함께 걸어 들어오는 것 아닙니까! 한 사람은 가슴 위쪽에, 또 한 사람은 어깨에 총상을 입은 부상병들을 데리고 말입니다.

그날 밤 우리는 스스로를 '저주받은 대대'라고 부르고, 대대를 재편성했습니다. 우리 연대는 난도질당한 것과 마찬가지여서 잔여병력을 꿰맞춰 넣었습니다. 소대원이 없는 소대장들, 박격포 중대가 없는 박격포 사수들, 트럭이 없는 트럭 운전병들—우리는 이들 모두를 '저주받은 대대'에 편입시켰습니다.

헐 대위는 지휘할 만한 이렇다 할 중대가 없었습니다. 그는 저주받은 대대와 지원병들을 지휘하고 있는 소령에게 가서 말했습니다. '저는 이렇게 몸에 부상을 입었으니 사격을 잘할 수 없습니다. 그러나 아직 걸을 수는 있습니다. 그러니 저를 따르려고 하는 병사들이 있다면, 제게 그들을 인솔하게 해 주십시오.'

헐 대위는 우리 잔여병력과 함께 행군하여 협곡을 빠져나왔습니다. 아시다시피 당신은 지금 형제들보다도 더 끈끈하게 맺어진 전우들에 관한 얘기를 듣고 있습니다. 나는 전우애가 형제애보다도 진한 것이 사실이라고 생각합니다. 나는 헐 대위를 위해서라면 무엇이든 할 수 있습니다. 비록 그의 성만 알고, 이름은 모르지만 말입니다."

해병 제7연대와 제5연대는 처음으로 합동지휘 하에서 작전을 수행하고 있었다. 물론 사단의 지휘도 없었다. 이들은 어렵사리 길을 뚫고 나가다가 언덕꼭대기에서 닷새 동안 고립되었던 제7연대의 폭스 중대를 만났다. 폭스 중대에는 75명만 생존해 있었지만, 모두 부상당한 상태였다. 그러나 치명적인 부상병들을 제외하고는 여전히 사격을 하고 있었다. 그들은 참호를 보호하기 위해서 수북이 쌓인 중공군의 시체들을 이용했다.

12월 3일과 4일, 미 해병대는 10마일을 행군하여 드디어 유담리 계곡에서 벗어났다. 그들이 도착한 곳은 접시 모양의 임시피란처 하갈우리 고원이었다. 유담리에서 하갈우리로 이동하는 동안, 그들은 대여섯 개의 노상 바리케이드를 부수고, 불타는 다리들을 복구했다. 또한 기습 공격을 해오고, 비명을 지르는 부상병들을 향해 트럭 안으로 인광성의 수류탄들을 던지는 중공군을 여러 번 격퇴했다.

해병들은 심지어 장진호 동쪽에서 적에게 참패한 육군 부상병들도 데리고 왔다. 그들은 미 육군 제7사단 소속으로 장진호 동쪽에서 중공군의 공격을 받았을 때 살아남은 병사들이었다. 중공군은 앰뷸런스들도 공격했는데, 이때 대부분의 부상병은 얼음장 위로 쏟아져 나왔다. 해병들은 악랄한 적의 사격을 피해서 이들을 구해야만 했다.

내가 하갈우리에 도착한 것은 해병들의 마지막 대열이 산길을 통해 그곳에 발을 들여놓을 때였다. 내가 탄 '신천옹(역주: 바다제비의 일종)'이란 별명을 가진 군용항공기 DC-16이 임시활주로로 쓰이는 얼음 언덕 위를 선회하고 있는 동안, 조종사가 산등성이에 있는 눈 덮인 참호들을 가리켰다. 들판 위의 참호들은 적 소총으로 손쉽게 공격할 수 있는 거리 안에 있었으며, 우리 방어선의 범위가 어디까지인지를 보여주었다. 주위의 동서남북에는 온통 적들만 있었다.

12월 3일부터 6일까지 사이에 4,500명의 부상병과 동상 환자가 갈우리 임시비행장에서 비행기로 실려 나갔다. 해병 제1사단 소속 해군군의관 헤링 박사가 하갈우리 비행장에 와 있었다. 그는 어느 병사가 비행기로 실어 나를 정도로 심각한 상처를 입었느냐를 결정하는 어려운 업무를 수행하고 있었다. 반드시 치료받아야 할 필요가 있는 경우가 아니면 누구도 비행기로 빠져나갈 수 없었다. 앞으로 남은 전투를 위해 사격이 가능한 병사는 모두 필요했다.

하갈우리는 해변에서 비행기로 단 20분 거리에 있었다. 그러나 걸어가려면 구불구불하고 가파른 절벽 길을 60마일이나 행군해야만 했다. 그리고 고원지대의 기슭에 있는 진흥리에 이르는 첫 20마일을 이동하는 동안 해병들은 중공군의 단단한 벽을 뚫어야만 했다.

나는 적의 공격에 난타당한 병사들을 하갈우리에서 보았을 때, 과연 그들이 중공군에게 최후의 일격을 가하고 포위망을 뚫을 수 있을까 하는 의구심을 가졌다. 병사들은 기진맥진해 있었고, 그들의 얼굴은 퉁퉁 부은 것도 모자라 눈보라에 자상을 입어 피투성이였다. 장갑들은 찢어지고 올이 풀렸다. 방한모가 없어서 귀가 시퍼렇게 얼어버린 병사도 있었다. 몇 명의 병사는 얼음 길을 맨발로 걸어서 군의관 막사로 갔다. 동상으로 썩은 발들을 겨울용 방한 부츠에 집어넣을 수 없었기 때문이었다.

그들은 피로에 지쳐있었다. 그렇지만 5일간의 낮과 밤을 잠도 자지 못하고, 음식도 먹지 못한 채 계속 행군했던 긴장감을 떨쳐버릴 수 없었다. 소시지와 콩이 담긴 통조림 한 통을 녹이는 데 최소한 1시간이 걸렸다. 그러나 그들에게는 녹이는 데 소요되는 1시간을 허비할 여유가 거의 없었다.

머레이 중령은 초췌한 유령과 같았다. 나는 그가 인천상륙작전에서 해병 제5연대를 지휘하여 적색해안을 공격할 때 만났었다. 상륙작전을 성공적으로 수행하여 행복한 나날을 보내고 있었을 때 그의 모습은 찾아볼 수 없었다. 그러나 불같은 의지는 그곳에서도 여전했다. 내가 연대막사로 들어갔을 때, 그는 하갈우리에서 8마일 떨어진 고토리로 가는 도중에 벌어질 전투를 위한 작전계획을 짜는 데 열중하고 있었다.

유담리 전투에 대한 머레이 중령의 설명은 다음과 같았다.
"군사적으로 말하자면, 우리가 유담리에서 빠져나올 수 있었던 것은 중공군이 전쟁의 기본원리 하나를 지키지 않았기 때문입니다. 가장 효과적인 곳에 병력을 집중시키는 데 실패한 것입니다. 만일 중공군이 우리의 출구에 병력을 집중시켜 놓았더라면, 우리는 함정에서 벗어날 수 없었을 것입니다. 우리를 계속 포위하려고 시도함으로써 그들은 힘을 분산시키고 말았습니다."
나는 궁금해서 물었다.
"그렇다면 적이 같은 잘못을 또 저지를 것으로 보십니까?"
머레이 중령의 답은 간단했다.
"틀림없이 그럴 것입니다."
실제로 중공군은 같은 실수를 범했다. 하갈우리에서 고토리까지 8마일의 거리를 해병들은 이틀간 피나는 전투를 치르며 행군했다. 그러나 선봉부대인 해병 제7연대가 황량한 피란처인 고토리에 도착했는데도, 중공군은 여전히 하갈우리에서 아군 후위부대인 해병 제5연대를 섬멸하기 위해 거센 야간공격을 하고 있었다. 다행히 동이 트고, 공중엄호에 힘입어 해병 제5연대는 중공군을 격퇴할 수 있었다.

해병들이 험준한 길을 따라 고토리로 행군하는 도중, 미 해병과 해군 전투기들은 행렬의 선두와 후미를 공중에서 엄호했다. 행군 도중 운전병들만 차량에 타고 있었고, 나머지 장병들은 모두 거총자세로 이동했다. 중공군이 공격할 때 지프차와 트럭에서 빠져나오는 데 낭비할 시간이 없었기 때문이었다. 행렬은 측면과 뒤에서 공격하는 적과 맞서 싸우면서 기어가듯이 느릿느릿 이동했다.

나는 언론인이기 때문에 행운을 얻었다. 하갈우리에서 고토리까지 부상병을 수송하는 전투폭격기를 타고 날아가 해병들을 만날 수 있었다. 조종사는 알프레드 맥캘렙(Alfred McCaleb) 대위였다. 첫날 이용될 항공기는 단지 3대뿐이었다. 그런데 한 대는 타이어에 펑크가 났고, 또 한 대는 활주로에 곱드러져 있었다. 그 때문에 맥캘렙 대위는 큰 부담을 안고 있었다. 나중에 안 일이지만, 맥캘렙 대위 혼자 거의 100명의 부상병을 수송했다. 전투폭격기들이 이렇게 부상병을 수송하는 데 쓰인 것은 역사상 처음이었다.

고토리에 도착하는 해병들의 태도와 하갈우리에서 내가 본 그들의 초췌한 모습과는 뚜렷한 차이가 있었다. 고토리에 도착한 해병들의 태도에서는 그들의 새로운 각오를 보는 듯했다.

"이렇게 멀고 험한 길을 헤쳐 왔으니, 기필코 남은 일도 해내고 말겠다."

나는 많은 북한 주민이 피란하는 것을 보고 감동을 받았다. 이들은 미 해병대의 뒤를 따랐으며, 눈 쌓인 들판에서 웅크리고 앉아서 모진 추위를 버텨냈다. 우리는 북한에 진격해서 그들이 사는 마을을 파괴했고, 많은 사람을 죽음에 이르게 했다. 그러나 거의 1,000명의 북한인은 그곳에 남아서 중공군들을 대면하기보다는, 고향을 등지고 우리를 따르는 길을 택했다.

12월 7일에도 여전히 강추위가 계속됐다. 그러나 다행히 질풍은 잦아들었다. 우리 앞에 놓인 협곡의 길은 행군하는 도중에 지났던 그 어떤 길보다도 가파르고 좁았다. 10마일만 더 가면 안전이 확보되는 진흥리에 도착할 수 있었다.

대형 철제 난로가 있어서 해병들에게 인기 만점이었던 미 해병 제1사단 올리버 스미스(Oliver P. Smith, 1893-1977, 역주: 침착하고 치밀한 성격의 지휘관으로 별명이 "교수"였음. 독서광이자 속기의 명수로 전쟁 중에 비망록을 기록하여, 미국 전사 편찬에 기여했음. 1955년 대장으로 예편) 소장의 막사에서는 새로운 위기가 나타나 긴장이 감돌았다. 우리가 지나가야 할 산길 위의 교량이 폭파된 것 같았다. 복구되지 않으면, 해병들은 모든 장비를 포기하고, 뿔뿔이 흩어져 각각 전투를 벌이며 산들을 넘어야만 했다.

이는 결코 해병들이 바라는 바가 아니었다. 그리고 시간을 절약하는 것이 무엇보다 중요했다. 하루가 지날 때마다 많은 중공군이 우리와 바다 사이로 몰려들어 철수를 막을 것이기 때문이었다.

해병들은 조립교를 공수받아 설치해야만 했다. 그들은 최단시간 내에 정확하게 그 일을 해냈다. 여덟 뼘 너비의 디딤판식 조립교가 공군 대형수송기의 커다란 복부에서 밀려나와 밑에서 대기하고 있는 해병대 공병들에게 전달됐다. 낙하산에 매달려 있었지만, 땅에 떨어지자 지표를 깊숙이 파고들었다. 그러나 손상되지는 않았다. 임시교량 설치 계획은 이렇게 추진될 수 있었다.

해병 제7연대는 고토리와 산기슭 사이의 협곡 도로가 내려다보이는 산등성이 요지를 장악하라는 지시를 받았다. 동시에 해병 제1사단 소속 제1대대가 남쪽으로부터 전투를 벌이며 북쪽의 해병 제7연대를 향해 진격할 계획이었다. 또한 특수임무부대인 태스크 포스 도그(Task Force Dog)는 신속한 퇴각이 가능하도록 진흥리부터 해안까지의 도로 경비 임무를 부여받았다.

해병들은 산등성이 거점 고지 점령을 목표로 전투하기 위해서는 이튿날 밀집 공중엄호가 필요했으나, 공중엄호를 받지 못했다.

12월 8일, 안개와 폭설이 고토리와 주변의 빽빽한 산봉우리들을 두텁게 뒤덮었다. '신천옹'이란 별명의 군용기 한 대가 아득히 멀리서 신기한 듯이 탐사하고 지나간 것이 전부였다. 친숙했던 비행기의 윙윙 소리도 이상할 정도로 들을 수 없었다. 고토리 평원에 점점이 흩어져 있는 수백 개의 막사 위로는 태고적 빙하시대의 적막이 감돌았다.

사단 장교들은 공중엄호 없이 산등성이 고지 거점들을 공격하고 있는 해병들의 소식을 극도로 긴장한 채 기다리고 있었다. 중공군의 저항이 거칠어 그날 늦게까지도 당초의 목표지점들을 점령했다는 보고는 없었다. 결국 산등성이 고지를 완전히 점령 못하고, 철군행렬이 산등성이의 아래 길을 지나가는 동안 내내 중공군과 소규모 접전을 벌였다. 그러나 이런 소규모 전투들이 중공군의 발을 묶어 놓아, 철군행렬에 대한 적의 대규모 공격을 막을 수 있었다.

다음날 12월 9일은 더한 행운이 따랐다. 안개가 밤새 걷혔다. 이날 조립교 건설작업을 하는 해병공병들을 엄호하기 위해 해병대 및 해군 장병들이 공수되어 왔다. 고토리에서는 교량이 완성되면 즉각 퇴각하기 위한 준비가 한창이었다. 막사들이 걷히고, 난방기들은 트럭에 차곡차곡 실렸으며, 남겨두고 갈 거대한 탄약더미에는 시한폭탄들이 설치되었다.

C-47 쌍발수송기들이 정기적으로 급히 오가며 오후까지 부상자들을 모두 공수했다. 그러나 사망자들을 항공기로 철수시키기에는 시간이 충분치 않았다. 그래서 언 땅에 다이너마이트를 터트려 3개의 대형 무덤을 만들고, 시신들을 수백 구씩 묻었다. 해병들은 판초에 싸여 묻혔다. 몇 명의 영국 해병대원은 베레모를 쓴 채 죽어있었다.

최후의 전우애를 표하고자 그들을 미 육군 보병사단의 장병들 곁에 묻었다.

첫 무덤에는 30구의 시체만 묻었다. 그래서 망자의 이름, 계급, 소속을 새긴 조그만 나무 십자가들을 세울 수 있었다. 그러나 나머지 두 개의 무덤에는 수백 명씩 묻어서 각각 1개의 적백색 나무 기둥을 세웠다. 묘지 기록 장교가 도보로 장소를 측량하고 우리가 다시 돌아올 것에 대비해서 지도를 그렸다. 군목이 얼마 안 되는 청중들 앞에서 "주는 나의 목자시니"라는 시편을 낭송했다. 청중이라고 해야 두 명의 사병, 2~3명의 기자, 4~5명의 장교가 고작이었다. 그러나 군목의 낭송은 눈썰매가 미끄러지듯 몰아치는 바람을 타고 멀리 퍼져 나갔다.

이날 아침 늦게 나는 전투지휘소에 있었다. 이때 신바람이 난 해병 소령이 얄팍한 나무문을 부수듯이 들어와 스미스 장군에게 교량 복구가 완료되었다고 흥분된 목소리로 보고했다. 이제 우리는 이동을 시작할 수 있었다.

인천상륙작전 당시 나와 함께 했던 해병 제5연대 소속 중대가 내게 함께 행군하지 않겠냐고 물어왔다. 나는 정말 그들과 동행하고 싶었다. 그러나 그날 오후, 스미스 장군은 기사도 정신을 십분 발휘하며 내게 걸어가는 것은 너무 위험하다고 말했다.

이날 나는 스미스 장군의 강력한 권고를 받아들여서 비행기를 타기는 했지만, 해병들이 산길을 따라 이동했던 거리의 최소한 반 이상은 걸었다. 그것은 거꾸로 된 도보여행이었다. 설명하자면 다음과 같다.

나는 고토리에서 함흥까지는 비행기로 이동했다. 함흥에 도착해서 무기수송차량을 타고 해병이 도착하는 산기슭으로 갔다. 그곳에서 바다로 끝없이 이어지는 차량행렬을 거슬러 산길을 따라 5마일쯤 걸어서 올라갔다. 가파른 도로와 계곡을 내려다 볼 수 있는 전망 좋은 곳에 이르러 다시 발길을 돌려 해병들과 함께 내려왔다. 발에 무리가 갔다. 그러나 험난하고 위험한 길을 걸어서 안전하게 도착하는 해병들과 어울렸다는 점에서 그만한 가치가 있는 도보여행이었다.

이동하는 동안 전투는 계속됐다. 두껍게 내려앉은 서리와 좁은 산길을 윙윙 짖으며 나는 바람은 적의 공격만큼이나 치명적이었다. 꽉 들어찬 차량들, 트럭들, 장갑차들, 불도저들이 미끄러지고 스치면서 간신히 산 아래로 내려갔다. 6대의 차량은 도로 옆으로 미끄러져 기울어졌다. 적의 박격포 공격은 계속되었고, 때때로 공병들이 도로의 구덩이들을 메우는 동안 행렬이 몇 시간 동안 멈춰야 했다. 이렇게 기다리는 동안에도 얼지 않기 위해서 투쟁해야 했다.

한번은 행렬이 중공군 병사들의 항복을 받아주기 위해서 정지했다. 전위부대를 지휘했던 소이어 소령은 당시 상황을 설명해 주었다.

"그들은 새벽에 참호에서 불쑥 나와 총기들을 우리에게 내주었습니다. 매우 기이한 일이었습니다. 그러나 그들은 비참한 몰골을 하고 있었고, 아마 전투에 진절머리가 났던 모양입니다."

해병들은 대부분 지치고 감각이 마비되어서 심지어 적의 간헐적인 기관총과 소총사격도 피하려 하지 않았다. 누군가 사살되어도 그들은 지겨운 듯 아무렇지도 않게 들어서 가까이 있는 트럭에 던져 넣었다.

라이프 잡지의 재치 있는 사진사 데이비드 던컨(David Duncan, 1916-2018, 역주: 20세기를 대표하는 미국 사진작가. 전쟁 사진뿐만 아니라, 화가 피카소 사진집으로도 유명)은 퇴각하는 첫날 아침, 노상에서 분주하게 사진촬영을 하고 있었다. 그는 아침 식사를 위해 얼어붙은 통조림을 인내심을 발휘하여 칼로 잘라내고 있는 해병을 찍었다. 통조림 속의 콩들은 크리스털 같은 얼음조각들에 싸여있었고, 잘게 쪼개진 얼음들이 해병의 얼굴에 튀어 턱수염을 만들었다.

그의 눈에서는 눈물이 흘러내렸고, 손가락들이 얼어서 숟가락을 거의 쓰지 못할 정도였다. 던컨은 크리스마스 특집을 생각하고 해병에게 물었다.

"내가 전지전능한 신이어서 당신이 원하는 것을 해줄 수 있다면, 무엇을 갖기를 희망합니까?"

"제게 내일을 주시오."

해병은 답변을 마치기가 무섭게 콩에서 얼음을 잘라내는 일을 계속했다.

약 25,000명의 해병이 크리스마스 선물로 '내일'을 받게 됐다. 행렬의 첫 번째 부대원들이 함정에서의 오싹한 악몽에서 벗어나 함흥으로 쏟아져 들어온 것은 일요일인 12월 10일 새벽 2시였다. 10마일을 행군하는 데 14시간이나 소요됐다. 이후 몇 번 적의 매복공격으로 행렬이 끊기기도 했지만, 이를 극복하고 계속 밀려들어 왔다. 그리고 그날 밤늦게 대부분의 해병이 안전하게 함흥에 도착하여 따뜻하게 잠잘 수 있었다.

많은 해병이 처음에는 너무 얼떨떨하여 그들의 시련이 실제로 끝났는지를 실감하지 못했다. 그러나 점차 해냈다는 자부심이 퍼져나갔다. 나는 헐 대위 얘기를 들려줬던 테로스 중위에게 다시 말을 걸었고, 그는 다음과 같이 얘기했다.

"우리는 이제 정말로 해냈습니다. 동료들이 어떤 느낌을 갖고 있는지 제가 얘기해드릴 수는 없습니다. 다만, 제 느낌은 이렇습니다. 숨을 장소를 찾으려고 하지 않아도 되는구나.......죄책감 없이 잠을 잘 수 있구나......따뜻한 음식을 먹을 수 있구나......단지 얼어 죽지 않기 위해 대부분의 시간을 허비할 필요가 없구나......뭐, 그리 대단한 것같이 들리지 않을 겁니다."

해병들은 질서정연하게 함흥에 도착했다. 12월 5일, 그 추운 날 아침, 머레이 중령이 하갈우리에서 비장한 각오로 훈시했던 대로 장비들, 부상병들, 오는 길에 죽은 동료들과 함께 왔다.

그들이 흥남부두에서 수송함에 승선했을 때, 그렇게 처절한 전투를 벌였던 곳들—유담리, 하갈우리, 고토리, 진흥리—은 이미 중공군의 수중에 놓여 있었다. 그러나 그로 인해서 미 해병대의 명성이 훼손되지는 않았다. 전투병으로서의 해병의 '확고한' 명성은 충분히 지켜졌다.

북한군 포로들

## 제13장
# 적

**소련의** 지시를 받는 동양인들은 1950년 6월부터 12월까지의 기간에 우리에게 그들의 실체에 관해서 많은 것을 가르쳐줬다. 그들은 우리에게 일련의 뼈아픈 패배를 안겨줌으로써 이것을 가르쳤다. 많은 전투에서 그들은 우리를 수적으로 압도했다. 그러나 적의 강점은 병력의 수만이 아니었다.

한국전쟁에서 동양의 농부는 중국인이든 북한인이든 매우 효율적으로 탱크를 운전하고, 박격포를 쏘며, 기관총을 발사할 수 있다는 것을 보여줬다. 나는 낙동강 전선에서 미 해병이 내게 들려준 얘기를 기억하고 있다.

"저 동양인들은 박격포탄을 당신 바지 뒤 호주머니에 정확히 쏘아 넣을 수 있습니다."

더구나 동양의 적은 미 육군이 현재 필요하다고 생각하는 물품의 5분의 1 정도만 가지고도 전투를 할 수 있다. 적군은 최소한의 생활용품과 병참 지원만 받는다. 전방에서는 맥주와 우편물을 수령하지 못한다. 군매점(Post Exchange; PX)에서 전선으로 사치스런 상품을 나르는 트럭들이 도로를 가로막는 일도 없다.

전투장교에 비해 행정장교의 비율도 낮다. 미군에 비해서 책상에서 사무보는 병사들은 적고, 사격에 필요한 병사들이 많다. 우리 기준으로 보면, 적의 의무부대는 원시적이다. 그러나 적은 궁핍과 불결함에 익숙해 있고, 놀랄만한 인내력을 가졌다. 중공군 장병의 슬로건이 이를 대변해준다.

"우리는 우선 고생하고, 나중에 즐긴다."

중공과 북한의 독재체제가 만들어낸 가장 큰 성과는 아마 장교들의 자질일 것이다. 그들에 대한 철저한 정치적 주입교육이 성과를 거뒀음에 틀림없다. 중공과 북한 장교들의 맹목적인 광신주의가 종종 예하 사병들이 항복하려는 상황에서도 전투를 계속하도록 이끌었다.

중공과 북한군 사이에 근본적인 차이는 거의 없었다. 북한군의 장병들이 중공 팔로군에서 훈련받았기 때문에 이는 놀라운 일이 아니다. 차이가 있다면, 중공군이 북한군보다 조금 더 빈틈없고 나은 훈련을 받았다는 점이다.

적은 거대한 인적자원의 이점을 우리 군을 포위하고 침투하는 데 최대한 활용했다. 그들은 게릴라 전술을 구사하면서도 현대 무기를 능란하게 사용했다. 심리전도 자신에게 유리하게 활용했다. 또한 대부분 야간공격을 감행했는데, 공격의 시작은 나팔소리에 맞춰 시작됐고, 분대들은 날카로운 호루라기 소리로 통제됐다.

놀라울 정도로 많은 수의 중공과 북한군이 간단한 영어를 구사했다. 이들은 사망한 우리 장병들의 외투나 파카를 빼앗아 입고, 마치 우리 동료인 것처럼 행세했다. 또 다른 적들은 우리에게 영어로 'medic(위생병), medic'이라고 소리쳐서 우리가 진지를 노출하게 만드는 술수도 배웠다.

캐롤 브뤼어(Carrol Brewer) 이등병은 우리 해병의 유담리 철수 전투에서 중공군이 사용했던 전술 하나를 소개했다.

"그들은 자기네 참호로 우리를 들어오도록 유인하고는 언덕 너머로 사라지더라구요. 그러다 밤에 수천 명이 떼거리로 몰려오곤 하는 거예요. 이렇게 상황이 실제로 그들에게 유리해질 때까지 기다렸다가 사격을 개시하기 것이 중공군의 전술 같았어요."

그들은 살려고 발버둥치는 것 같지 않았으며, 망설임 없이 죽으려 했다. 이는 자주 보는 현상이었다. 그들은 목표물을 향해 흐트러지지 않고 물밀듯이 계속 전진했다. 비록 그 과정에서 전우들이 파도처럼 포탄에 쓰러지더라도.

공산주의자들은 포위작전과 차단전술을 구사하여 미군의 장비를 포획하는 상당한 전과를 올렸다. 예를 들면, 적은 금강 지역의 아군 방어선을 뚫었을 때, 아군의 폭탄, 대포, 기관총, 무반동총, 박격포 등을 노획했다. 중공군의 겨울 공세도 그들에게 상당한 전리품을 제공했다.

적은 우리 무기들을 노획함으로써 전쟁 초기에 북한 기지들에 대한 아군의 엄청난 폭탄세례에도 불구하고 나름대로 버텨낼 수 있었다. 공산군은 본국으로부터의 보급품에 의존하지 않고, 우리에게서 노획한 물자를 사용하고 있었다.

중공군, 특히 북한군은 진군하면서 식량과 서비스 등 대부분의 필요한 물자를 현지에서 징발해서 썼다. 현지 주민에게 탄약을 운반시키고 요리도 시켰다. 미군들이 현지 주민을 탄약 운반에 활용하는 법을 배운 것은 1950년 늦은 여름이 되어서였다. 적은 상상할 수 있는 모든 짐승을 짐을 나르는 데 이용했으며, 심지어는 낙타도 그중 하나였다.

제2차 세계대전 당시 독일군 폰 만토이펠 장군이 러시아인들에게 퍼부은 불만이 한국전쟁에서 공산주의자들에게도 적용될 수 있었다. 폰 만토이펠은 러시아 육군을 다음과 같이 언급한 바 있다.

"러시아 군대를 흔히 다른 나라 군대를 저지하는 방법인 연락차단 방식으로는 저지할 수 없다. 왜냐하면 차단할 보급물품 행렬을 거의 찾아볼 수 없기 때문이다."

적과 비교해 볼 때 미 육군은 도로를 이용하는 방법에만 길들여져 있다. 미 육군 제24사단장 딘 장군의 발언은 이런 문제점을 잘 지적해주고 있다.

"내가 어떻게 장병들에게 모두가 지프차를 타고 전투할 수는 없다고 가르칠 수 있겠습니까?"

중공군은 전쟁 개입 초기에 중화기(重火器)가 상당히 부족했다. 비록 미제 소형 바주카포를 우리에게 발사하는 매우 효과적인 공격을 하기도 했지만, 중공군은 주로 기관총과 수류탄에 의존했다. 병력의 수가 거의 비슷했다면, 중공군으로서는 중화기가 없는 게 핸디캡이 될 수 있었다. 그러나 중형포가 부족한 중공군은 엄청난 병사들을 활용해서 밤에 총과 짐 보따리를 등에 메고 산길을 행군할 수 있었다. 그런 다음에 기습이라는 엄청난 이점을 이용해서 마음먹은 대로 우리 부대를 덮칠 수 있었다.

5년이라는 정치적인 세뇌교육은 북한군 장교들을 지적 판단 장애인으로 만드는 데 매우 효과적이었다. 나는 북한군 중위와 대화를 나누면서 깊은 인상을 받았다. 그는 전쟁포로였으며, 인터뷰는 부산의 미군기지에서 이뤄졌다.

"내가 이곳에 있는 단 하나의 이유는 생포되었을 때 의식이 없어서입니다. 나는 결코 내 의지로는 투항하지 않았을 것입니다. 나는 조국통일을 위해서 싸우는 정의로운 일을 하고 있다고 진심으로 믿었습니다. 그리고 남조선 인민이 핍박받고 있다고 믿었습니다."

기진맥진한 상태였고 상처투성이였던 그는 통역자인 미국인 선교사에게 얘기할 것이 더 있다는 의사표시를 했다. 내게 듣기 좋은 소리를 한다고 그랬는지 몰라도 그는 다음과 같이 덧붙였다.

"남조선 동무들과 대화를 해보니, 우리가 받은 교육은 모두 진실이 아니라고 믿게 됐습니다. 나는 아직 전투를 벌이고 있는 인민군들을 불쌍하게 생각합니다. 왜냐하면 그들은 진실을 모르기 때문입니다."

분명히 이런 세뇌는 북한군 일반 병사들에게까지 완전히 공유되지는 않았다. 많은 북한 병사가 투항했다. 또한 하갈우리에서 적에게 포위됐던 미 해병들은 200명의 중공군이 자발적으로 투항하러 미군 야영지로 들어왔을 때 뜻밖의 기쁨을 경험했다.

이 전쟁포로들은 적들도 단지 인간에 지나지 않는다는 것을 확인시켜주는 증거였다. 내가 고토리에 있을 때, 그곳에는 거의 300명이나 되는 중공군 포로가 임시 방책(防柵: 적을 막기 위한 울타리)에 수용되어 있었다. 그들이 끔찍한 추위를 우리보다 더 잘 이겨내는 것처럼 보여서, 나는 그 이유를 알고 싶었다. 답은 그들이 더 잘 버틴 게 없다는 것이었다. 동상으로 그들의 발은 검게 변했고, 수용소 안은 살 썩는 냄새가 진동했다.

수용소 방책 안에 있을 때, 중공군 부상병 한 명이 들것에 실려 들어왔다. 그의 양쪽 팔은 굽어져 팔꿈치가 펴지지 않았고, 양쪽 손과 발은 대리석처럼 단단히 얼어붙어 있었다. 그는 고통스런 신음소리를 리드미컬하게 내뿜고 있었다.

몹시 여윈 중공군 상병이 내 소매를 힘껏 잡아당기면서 신음하는 부상병을 가리키며 말했다.

"우리가 투항한 이유는 바로 저것입니다."

한반도 북동부 지역의 전선에서 생포된 중공군들은 일반적으로 테니스 신발과 몇 켤레의 양말을 신었을 뿐이었다. 자연히 그들의 발은 고통을 느꼈을 것이지만, 솜을 넣고 누빈 바지저고리 군복이 충분히 그들을 따뜻하게 해주었을 것으로 보였다.

그 지역에서 우리에게 투항한 중공군은 계급이 가장 낮은 병사들이었다. 우리식 계급으로 하자면, 상병 이상의 계급을 가진 자는 단 한 명도 없었다는 것이 특이했다. 그들은 하나같이 강제로 전쟁터에 나왔다고 진술했다.

그러나 이 같은 주장은 진실이라기보다는 중국인에 내재하는 대표적인 처세술인지 모른다. 나는 한국인 통역 폴 김(Paul Y Kim)을 통해서 중공으로 돌아가기를 희망하는 사람이 있느냐고 물었다.

포로들은 모두 "희망하지 않는다"는 몸짓을 했다. 그들 중 가장 나이가 많고 대변인 역할을 하는 상병이 벌써 많이 들어서 내 귀에 친숙한 이유를 암송하듯 말했다.

"우리는 장개석이 통치할 때 가난했습니다. 그러나 지금은 가난한 데다가 우리가 원하는 것을 할 수 없습니다. 이 마을에서 저 마을로 자유롭게 이사할 수도 없습니다. 많은 사람이 체포됐습니다. 우리는 공산주의자들을 위해서 싸우고 싶지 않습니다."

이들 중공군 포로들은 배우지 못했지만, 중국과 소련과의 관계에 대해서 매우 분명한 견해를 갖고 있었다. 나이 많은 상병은 괴로운 듯 손을 휙 저으며 말했다.

"중국의 어디서나 소련인들을 볼 수 있습니다. 그러나 특히 비행장에 많습니다. 그리고 정책을 결정하는 사람은 그들입니다."

1950년 6월 25일 남침을 감행했던 최초의 북한 육군은 대략 15만 명 정도였다. 그들은 공군이나 해군 없이도 인천상륙작전 때까지 우리에게 막대한 타격을 가했다.

다음으로 중공군이 끼어들었다. 중국 인민해방군은 500만 명으로 구성됐다. 그러나 극동전문가들은 이들 중 전선에 투입되는 1급 부대 병력은 200만 명 정도라고 말한다. 이들은 5개의 야전군으로 편성되었다.

중공군은 최고의 훈련을 받았음은 물론이고 최고의 장비를 갖추고 있었다. 아이러니컬하게도 이들이 보유한 많은 군 장비는 미국제품이었다. 그들은 만주에서 미제 바주카포, 지프차, 트럭, 야포 등 많은 무기를 노획했고, 중국 국민당 군대로부터도 많은 미국 무기를 약탈했다.

그들은 또한 제2차 세계대전 이후 만주에 남겨진 일본의 군수물자를 접수했다. 더구나 소련은 그들에게 탱크를 지원했다. 1951년 1월 현재 중공 공군은 대략 500대 규모의 비행기를 보유했지만, 조만간 이 수치는 급속히 증가할 것이다.

우리는 북한군과의 전투에서 발견했던 것을 중공군으로부터 다시 알게 됐다. 산악지대에서 병력의 수에서 크게 밀리면, 공군력과 야포로는 충분하지 않다는 사실이다. 심지어 공군의 충분한 지원을 받고 미국 최고의 장비로 무장한 미 해병들도 나팔 불고 울부짖으며 죽기 아니면 살기로 덤벼드는 엄청난 규모의 중공군을 어떻게 해볼 도리가 없었다.

한반도 동북부의 산악지대에서 장비라고 해야 보잘것없는 중공군은 미 해병들을 순전히 숫자의 힘으로 밀어붙여 버렸다. 미 해병 전투기들이 때로는 전선의 35피트 상공을 저공 비행하며 지원사격을 가해 수천 명의 생명을 구하고 많은 소규모 접전에서 승리했다. 그러나 비행기들이 전쟁을 승리로 이끌지는 못했다.

중공군 '8개 전투수행규칙'의 하나는 포로를 잘 대우해주라는 것이다. 이렇게 함으로써 승리하는 데 기여할 수 있다는 것이 공산주의 이론이다. 때때로 중공군은 아군포로들을 상징적으로 석방했다. 이로써 그들이 기대했던 것은 아군포로들이 돌아와서 대우를 잘 받았다고 보고함으로써 우리 장병들의 항복을 조장하기 위해서였다. 이러한 중공군의 포로에 대한 태도는 북한군의 태도보다 올바른 것이었다. 그러나 이는 남한과 북한 사람들이 모두 잔인하기로 악명이 높았기 때문에 그리 놀라운 일이 아니다.

나는 중공군의 포로에 대한 대우가 중국인들이 천성적으로 온화한 마음씨를 가졌다는 것을 반영하는 것은 아니라고 본다. 이는 하나의 전술이다. 야수적인 행동이 목적에 더 도움이 되었을 때, 중공군은 주저 없이 그렇게 행동했다. 그들은 구급차에 수류탄을 던지는 비인간적인 행동으로 고통을 야기하고, 한번은 미군 부상병을 가득 싣고 달리는 휘발유로 흠뻑 젖은 트럭을 방화하는 만행을 저질렀다.

북한인들은 점령지역 주민들을 완전히 공산주의식으로 통치했다. 그들의 경찰국가적 통치기술은 내가 폴란드에서 본 것보다 훨씬 잔혹했다. 북한군은 한국에서 크게 서두르는 것처럼 보였다. 아마 그들은 한국인들이 개인적 자유를 경험한 기간이 짧았기 때문에 독재로 회귀하더라도 그다지 큰 저항이 없을 것으로 판단했을 것이다.

서울에서 북한인들은 방 파트리오(Patrick J. Byrne) 주교 등 핵심 성직자들을 투옥했다. 신부 한 명은 사살되었고, 나머지 성직자는 대부분 납북됐다. 이런 대담한 박해가 가능했던 이유는 당시 기독교도가 100만 명 정도의 소수 종교여서 교세가 그다지 크지 않았기 때문이다. 따라서 북한 공산주의자들은 대중적인 큰 분노를 유발하지 않고 교회를 철저하게 공격할 수 있다고 느꼈음에 틀림없다.

공산주의자들은 식량을 정치적인 무기로 사용하는 데도 능수능란했다. 그들은 모든 비축미를 탈취했다. 그리고 자녀가 공산주의 청년동맹에 가입한 가정에는 쌀 특별배급표를 주었고, 공산주의 노동자연합에 가입한 노동자들에게도 마찬가지였다.

침략자들은 과거 미국과 협력했던 모든 인사들에 대한 체계적인 테러를 감행했다. '친미주의자'로 분류된 수천 명의 인사들이 투옥되었고, 그들의 전 재산은 몰수됐다. 서울의 신문들은 친미적이라고 낙인찍혔고, 그 시설은 공산주의자들이 사용했다.

한국의 주요 도시들의 지방정부 인수방식도 어디나 같았다. 시 행정조직은 평양에서 미리 구성하여, 점령 즉시 시장 등 중요 간부를 포함한 모든 요직을 북한으로부터 신임받는 밀사들로 채웠다. 때로는 지방선거가 실시되었으나, 이는 점령지역을 북한의 완전한 일부로 만들기 위해 세심하게 계획된 것이었다.

　북한 공산주의자들은 일부 지역에서 특별히 규정된 면적 이상의 토지를 보유하고 있는 지주들의 소유권을 박탈하는 포고령을 발표했다. 그들은 점령 초기의 짧았던 기간에 이런 일을 완벽하게 해낼 수는 없었다. 포고령들은 호응을 거의 얻지 못했는데, 그 이유는 박탈한 토지에서 나오는 수확물에 대해 너무 과도한 현물세를 징수하려고 했기 때문이다.

　북한 공산주의자들을 결정적으로 인기 없게 만든 하나의 행위는 젊은이들을 북한군에 강제 징집하는 조치를 도입한 것이다. 그들은 한밤중에 총을 겨누고 일반가옥이나 농가에 들어가서 한국의 젊은이들을 강제로 공산군 훈련소로 연행했다.

　하갈우리에서 우리는 중공군의 침략에 대해서 북한 주민들이 적대감을 보인 사례를 알게 됐다. 미 해병 제1사단 정보장교 뱅크슨 홀콤(Bankson Holcomb) 대령이 내게 들려준 얘기는 다음과 같다:

　어느 날 마을 사람 몇 명이 그에게 와서 그들의 집들을 태워달라고 부탁하기에 그 이유를 물었더니, 중공군에게 뺏기고 싶지 않아서 그렇다고 대답하더라는 것이다. 물론 대령은 그들의 요구를 들어주지 않았지만, 이 같은 사례는 북한 주민들의 중공군에 대한 감정의 깊이를 여실히 보여주는 흥미 있는 사례였다.

후퇴하는 미군을 따라서 남쪽으로 도망하는 가엾은 피란행렬은 북한 주민들이 얼마나 공산집단을 두려워했는지를 보여주는 명백한 증거였다. 그들은 집에 앉아서 공산주의자들을 대면하기보다는, 걸어서 얼어붙은 하천들을 건넜고 끊어진 능선들을 고통을 감내하며 기어서 건넜다.

북한에서의 철수 당시, 해안교두보 흥남에서 도일(James Henry Doyle, 1897-1981, 역주: 흥남철수작전을 지휘했던 인물) 제독은 도쿄로 무전을 쳤다.

"본직이 관찰한 바로는 태울 배만 있다면, 북한에서 모든 주민을 빼내올 수 있음. 그들은 거의 모두가 한국행을 원했음."

내가 한국전쟁이 발발하기 전인 1950년 5월 처음으로 한국을 방문했을 때, 다수의 한국 기자는 공산주의자들의 선전을 얼마쯤은 믿었다. 그들은 비록 공산주의자들의 주도하에 통일이 되더라도 2개의 적대적인 나라로 분열되는 것보다는 낫다고 느꼈다.

그런데 서울이 두 번째로 공산치하에 놓일 위협을 받고 있을 때, 나는 다시 이들 중 몇 명을 보고 싶었으나 만날 수 없었다. 그들은 이미 남쪽으로의 피란대열에 끼어 제일 먼저 서울을 떠나버렸기 때문이다. 이들에게 공산치하에서의 체험은 1950년 6월부터 9월까지의 기간으로 충분했던 것 같았다.

물론 중국 공산혁명 투쟁의 초창기에 토지개혁이 폭넓은 대중적인 지지를 받았던 것은 사실이다. 아마 중국인들은 수확량에 대한 강제 현물세 요구가 틀림없이 비교적 관대했다. 그들은 설득을 통해서 중국 인민의 민심을 얻으려 했다. 그러나 북한 공산주의자들은 애초부터 소련의 후원을 받았다. 그들은 절대적인 권력을 가졌으며 설득이 필요 없었다.

어쨌든 내가 원산 근처와 함흥평야에서 만난 북한 농부들은 북한 당국의 스타일에 대해 크게 괴로워했다. 그들은 현물세 부담이 너무 커서 가계에 남는 몫이 없다고 주장했다. 우리가 1950년 12월 북한에서 철수한 후, 수천 명의 북한 농민이 그들의 토지를 포기하고 한국으로 넘어와 재산 없는 피란민이 되었다.

지금이야말로 최근 몇 달 동안 한반도의 사태가 우리에게 가르쳐 준 것이 무엇인지를 평가해 볼 좋은 때이다. 한반도는 동양의 농부가 능숙한 전투병이며, 중공이 최근 군사화를 통해 1급 군대를 배출했다는 사실을 전 세계에 확실히 증명했다.

지금까지 자유민주세계는 동양세계와의 전투에서 승리하기 위해 기술적인 우위와 우수한 무기의 보유에 의존해왔다. 그러나 이제 동양세계는 이런 무기를 대부분 가졌고, 게다가 병력까지도 갖췄다. 그리고 중국 공산주의자들은 소련의 막강한 도구가 되어 대담하게도 미국과 유엔에 대한 공격을 감행했다.

바야흐로 적은 우리에게 무력으로 도전함으로써 자유세계로 하여금 일련의 불유쾌한 선택을 하도록 만들었다.

제14장
# 한국전쟁의 교훈과 전망

**만일 우리가** 전투도 해보지 않고 아시아 본토를 공산주의자들에게 넘겨준다면, 이는 적의 힘을 엄청나게 강화시켜 줄 것이다. 즉, 중국 군부독재자들에게 더욱 강력하고 질적으로 우수한 군대를 양성할 시간을 제공하게 될 것이다. 또한 그들에게 동남아시아와 태국을 '해방시키는' 풍부한 전리품들을 챙길 기회를 줄 것이다.

그러나 우리가 그들에게 제공하는 것은 병력과 원자재만이 아니다. 그들에게 전략적으로 매우 중요한 무엇인가를 주게 될 것이다. 다시 말해서, 우리가 아시아에서 발을 뺀다면, 소비에트 공산세계에 대해 다음과 같이 말하는 셈이다.

"당신네의 동쪽 측면 보루는 이제 비교적 안정되었소. 자, 이제 서둘러 유럽에 집중하시오."

소비에트 공산세계에게 이런 호의를 베풀면, 유럽은 결국 망하게 될 것이다. 이런 일이 벌어질지 모르는데도, 미국이 순진하게 소비에트 독재정권들이 내부적으로 붕괴될 것이라고 수수방관한 채 기다린다면, 전 세계가 소비에트 사회주의 독재체제로 되는 것은 시간문제다.

이런 모든 일이 벌어지는 데는 20년에서 50년이 소요될 것이다. 그러나 이는 힘의 균형이라고 알려진 낡은 인식 때문에 결국 일어나게 될 것이다. 소비에트 공산주의자들이 우리보다 더 많은 인구와 자원을 보유하게 됨으로써, 우리를 공격하여 승리할 수 있다는 것이다. 물론 그것도 하나의 세계다.

그러나 그것은 웬델 윌키(Wendell Willkie, 1892-1944, 역주: 미 공화당 대통령 후보로 1940년 루스벨트에게 참패함. 그가 1943년 발간한 『One World』라는 책은 제2차 세계대전 후 세계 협력의 비전을 제시하고, 미 공화당이 전통적인 고립주의에서 벗어나게 하는데 기여함)가 생각했던 방식의 세계는 아니다. 소비에트 공산주의 독재자들이 말하는 세계는 우리의 세계이거나 그들의 세계로 나누는 이분법적인 세계다. 그들은 이 지구라는 특별한 행성이 너무 좁아져서 반은 노예 상태로, 반은 자유 상태로 존재할 수 없다는 것을 보여줬다.

나는 현대 경찰국가 7개 나라가 통치하는 것을 관찰했다. 그런데 그 독재정권들은 내부에서 붕괴될 가망이 없어 보인다. 현대 독재정권은 매스커뮤니케이션을 독점하고, 인간의 마음을 거의 완전히 통제한다. 히틀러 제국이 붕괴한 것은 오로지 전쟁에서 패배했기 때문이다. 저항운동은 그곳에 자유화(해방)의 희망이 보일 때까지는 싹트지 않는 법이다. 유럽은 미국이 북아프리카를 침공하기 전까지는 히틀러의 손아귀에 꼼짝없이 놓여 있었다.

옛날에 독재자들은 종속국가들과의 거리가 멀어서 이동하는 데 며칠씩 걸렸다. 따라서 신민들에게 어느 정도 개인적인 창의력을 허용해 주어야만 했고, 이렇게 조그만 자유라도 있었기에 반란이 가능했다. 그러나 오늘의 세계는 다르다. 모스크바 당국은 장거리 전화로 동독을 통제하고 있다. 아무리 미미한 공산 통치로부터의 이탈이라도 즉각 보고되고, 같은 속도로 신속하게 처벌이 가해진다.

아시아에서의 유화정책에 대한 대안은 공산주의자들의 지구전(持久戰, 역주: 적을 지치고 소모시킬 목적으로 오래 지속하는 전투)에 맞서 싸우는 것이다. 동시에 우리에게 치명적으로 부족한 훈련 병력과 무기들을 증강시키는 일에 박차를 가해야 한다. 우리는 극동에서 적에 대한 공격을 계속함으로써 반공국가들에게 희망을 심어주어야 할 것이다.

우리가 힘을 신속하고도 충분히 증강시킬 경우, 불가피한 최후의 결전을 어쩌면 외교적으로 해결할 수도 있다. 그러나 우리는 최악의 상황에도 대비해야만 한다.

우리의 준비는 정치적일 뿐만 아니라 군사적이어야 한다. 다른 나라들을 도와서 그들 스스로가 반공주의적인 삶의 방식이 투쟁해서 얻을 만큼 가치 있는 것임을 느끼도록 해줘야 한다. 그리고 세계 어디에서나 식민주의에 반대하고 독재에 대항하는 투쟁에 공동으로 나서야 하며, 모든 동반자에게 고귀한 지위를 부여해야 한다.

이는 특히 극동지역에서 중요하다. 이곳에는 바로 민족주의 정신이 파도처럼 밀려들고 있으며, 공산주의자들은 이에 편승해서 세력을 확장해왔다. 구제국주의에 반기를 드는 국가들이 공산주의자들의 손아귀에 놓이도록 해서는 안 된다. 미국은 굳은 의지로 민족적 독립과 자치를 요구하는 국가들의 편에 서야 하며, 이들에게 경제지원을 하는 데 최선을 다해야 한다.

정치적으로 말하자면, 시간은 우리 편이 되기 시작했다. 아시아의 공산주의자들은 스스로 체면을 깎아내리기 시작했다. 예컨대 중공의 인민들은 위대한 새로운 '해방'이란 이름으로 중국의 요직에 소련과 관련이 있는 인물들이 전례 없이 대거 유입되는 것을 분명히 보았다. 박해받는 중국인들은 공산주의자들(모택동의 공산당)이 이전의 통치자들(장개석의 국민당)보다 훨씬 더 악랄한 짓을 할 수도 있다는 것을 당연히 생각하게 되었다.

정치에 대해 무감각하게 된 박해받는 사람들은 두 종류의 거대한 악당 중에서 공산주의자들을 더 큰 악당으로 간주하기 시작했다.
국민이 굶어 죽는 곳에서는 민주주의가 제대로 작동될 수 없다. 기아는 절망을 낳고, 절망은 폭력을 낳고, 폭력은 경찰국가를 낳는다.

미국인은 그 누구도 다른 세계를 위해서 하는 일을 그저 자선을 베푸는 것쯤으로 생각해서는 안 된다. 우리에게는 가능한 많은 세계인이 우리 편에 서도록 하는 게 절실히 필요하다. 우리는 독재국가가 아니므로 그들을 협박하기보다는 설득해야 한다. 미국은 세계인들에게 우리와 함께하는 것이 소련과 그 위성국들의 새로운 독재체제와 함께하는 것보다 얻는 게 많다는 사실을 구체적인 행위들로 증명해주어야 한다.

한국전쟁은 또 다른 매우 중요한 교훈을 우리에게 주었다. 그것은 기계로 사람을 더 이상 대체할 수 없다는 사실을 우리가 깨닫게 된 것이다. 전방에서 전투에 임하고 있는 우리 장교들은 본국에 있는 사람들이 이러한 사실을 파악하지 못하는 것을 심각하게 우려하고 있다. 마이캘리스 대령, 스티븐스 대령, 처치 장군과 같은 장교들은 우리가 한국전쟁에서 배운 점을 잘 활용한다면, 앞으로 많은 지구전에서 성공적인 전투를 수행할 수 있을 것으로 믿고 있다. 그러나 개개인의 인내심과 의지가 매우 중요하다.

어느 독일군 장성은 1870년 독불전쟁에서 프랑스가 패배한 이유를 설명하면서 우리가 반드시 피해야 할 것을 정확하게 지적했다.

"사람들은 항상 물질적인 문제에 몰두해왔다. 그들은 적의 공격을 가공할 만한 새로운 무기로 방어한다면 분쇄할 수 있다고 생각했다. 그들의 이런 사고방식이 우리 군의 정신상태를 망쳐놓았다."

미국이 대량생산해야 할 가장 중요한 덕목은 용기이다. 우리는 로버트 워드(Robert Ward) 해병대 하사와 같은 정신이 필요하다. 그가 책상머리에서의 안전한 일에서 벗어나 소대로 돌아가 전투하고 싶으니 허락해달라고 어머니에게 쓴 편지를 읽어보자.

"어머니, 저는 영웅이 아닙니다. 그러나 우리가 적을 그들의 땅에서 저지하지 못한다면, 수많은 선배가 목숨을 바쳐 막으려 했던 모습—우리의 사랑스런 부녀자와 아이들이 적의 희생양이 되는 광경—을 우리 땅에서 목격하게 될 수도 있습니다. 저는 우리 국민의 자유와 자존심을 지키기 위해 제 몫을 다하겠다는 명분을 갖고 전쟁터에 왔습니다. 그러나 지금은 아무짝에도 쓸모없는 사무 보는 일에 매달려 있습니다.

어머니께 제가 부탁드릴 일이 있습니다. 저를 자유롭게 해주시어 제가 다시 후배 병사들을 도울 수 있도록 허락해주시기 바랍니다. 그들은 저를 신뢰하고 있습니다. 저는 그들을 지휘할 때마다 모두를 무사하게 데리고 돌아왔습니다. 지금 누군가 그들을 지휘하고 있지만, 그들은 저를 필요로 합니다. 어느 의미에서 제가 그들을 필요로 하는지도 모르겠습니다. 불결하고, 악취는 나지만 충성스런 소대가 그립습니다."

더 많은 미국인이 이처럼 더럽고 악취 나는 전쟁터에서 기꺼이 싸우겠다는 용감하고 투철한 정신을 가져야만 한다. 우리는 일종의 국제적인 인내심 경연대회에 참가하고 있다. 그리고 공산주의자들은 이를 누구보다도 잘 알고 있다. 그들은 우리가 자본주의적인 삶의 방식에 안주하며 온순하고 자기수양이 부족하게 되었으므로 패배시킬 수 있다고 믿고 있다. 미국에서 얼마간 체류했던 북한군 대령은 우리 사회의 전형적인 타락을 한마디 말로 잘 표현했다.

"당신네 장병들은 따뜻한 물에 샤워하기를 갈망하고 있으니 패배하게 될 것입니다."

모택동은 『중국혁명전쟁의 전략문제』란 저술에서 비공산군의 지구력을 다음과 같이 경멸했다.

"위대한 군의 육성이 지형, 도로, 보급물자, 막사의 시설에 따라 제약을 받는다는 이론을 그대로 받아들이지 말고 매우 신중히 수용해야 한다. 이러한 제약들은 공산군에 있어서는 비공산군과는 다르게 적용되어야 한다. 공산군은 비공산군보다도 더 큰 역경을 이겨낼 수 있다."

나아가 그는 우리가 꼭 기억해둬야 할 논평을 덧붙이고 있다.

"10년이 걸린 소련 혁명전쟁을 다른 나라들에서는 어찌 그리 오래 걸렸냐고 놀라워할지 모르지만, 우리에게 그 정도의 기간은 서론에 지나지 않는다."

확실히 미국인들은 안락함을 사랑한다. 그리고 너무도 많은 장병이 응석받이로 키워졌다. 따라서 그들은 미국위문협회(USO; United Service Organizations)가 전투력에 필수적인 것으로 믿고 있다. 그러나 하갈우리에서 우리 해병과 다른 부대의 수많은 장병은 용맹성을 잘 보여줬다. 이는 우리 장병들도 훈련을 잘 받고, 지휘관들을 신뢰하며, 많은 사람이 죽어야 하는 잔혹한 현실에 직면했을 때는 잘 싸울 수 있다는 사실을 증명해준 것이다.

마이캘리스 대령은 선데이 이브닝 포스트(Sunday Evening Post)의 해롤드 마틴(Harold Martin) 기자와의 인터뷰를 통해 한국전쟁에서 미군 장병들의 문제가 무엇이었는지를 다음과 같이 요약했다.

"내가 부산에서 연대의 지휘를 맡았을 때 착잡했습니다. 나는 연대장으로 신임이었습니다. 부관도 마찬가지로 신임이었습니다. 극히 소수였지만, 몇몇 장교는 미숙한 신병들을 인솔해서 전쟁터로 갈 생각을 하는 것조차 몹시 불안해했습니다. 이런 장교들을 색출하여 사무직으로 보내야 했습니다.

부대원들은 풋내기였습니다. 그들은 대부분 고작 8개월간 복무한 후 가득 채운 군용 백을 들고 와서 신고했습니다. 장교들은 소형 사물 트렁크를 가지고 왔습니다. 낙하산 부대원이었을 때 나는 전투를 제대로 하려면, 행군하거나 교전할 때 장비를 간편하게 하라고 배웠으며, 철저한 몸수색을 받았었습니다.

그런데 우리 장병들은 한국전쟁에 참전하면서 별의별 것들을 다 가지고 왔습니다. 바이올린, 반조 같은 악기도 있었으니까요. 아무튼 얼마나 많던지 하느님께서만 아실 것입니다. 북진을 시작하기 전에 우리 연대에서 나온 잡동사니가 트럭 8대 분량이나 되었으니 그 규모를 짐작하실 겁니다. 그러나 우리가 출발할 때는 전투병과 같은 차림으로 행군을 시작했습니다. 개개의 장병은 무기, 탄약, 담요, 2인용 천막의 절반, 휴대용 식기세트, 면도칼, 비누, 수건, 한 켤레의 여분 양말만 지참했습니다. 그것이 전부였고 그것으로 충분했습니다.

한국에 파병되는 미군 병사들

평시 훈련에서 우리는 아무짝에도 쓸모없는 일에 열중했습니다. 정보와 교육은 강조했으나, 소총사격술, 정찰, 순찰, 방어진지 구축 등은 소홀히 했습니다. 나의 연대원들의 배짱은 세계가 알아줍니다. 그래서 나는 그들의 전투력을 믿었구요. 그런데 막상 전투가 시작되니 사격을 못하는 겁니다.

그들은 무기에 대해서도 잘 알지 못했고, 평범한 구식 소총사격술도 제대로 훈련받지 못했습니다. 그리고 공산주의와 미국식 자본주의 간의 차이에 대한 강의를 듣는 데 많은 시간을 허비했습니다. 반면에 실탄이 머리 위로 씽씽 날아다니는 가운데 실제 상황과 같이 배를 깔고 기는 포복훈련을 충분히 받지 못했습니다.

누군가 그들에게 기관총이 작동하지 않을 때 수리하는 방법을 가르쳐야만 했습니다. 그런데 그때 그들은 귀한 대접을 받으면서 안전하게 운전하는 방법, 전시채권 구입방법, 집에서 기다리는 어머니에게 편지 쓰고 부치는 방법에 관한 얘기를 들었습니다. 그들은 결국 전투 중에야 적을 조우할 때 알아야만 할 기본사항에 대해서 며칠간 훈련받았습니다. 그나마 그들 중 일부는 단기간 내에 충분히 습득하지도 못했습니다."

경험이 부족한 병사들에게 만연되었던 풍기문란 행위는 너무 귀한 대우를 해주고 강인한 훈련을 충분히 실시하지 않은 결과이다. 전쟁터에서 강인함은 그들의 생명을 구해주기 때문에 중요하다. 그래서 국내에서도 전쟁터와 똑같은 강인함을 갖도록 훈련시키는 것이 필요하다.

우리는 전쟁이 10년 이상 지속될 가능성에 대비해야 한다. 모택동에게는 10년이 서론에 지나지 않는다는 사실을 기억해야 한다. 그리고 우리는 10년간의 전시 재정긴축정책의 가능성을 대비해야 한다. 이러한 시기에는 우리 경제가 얼마나 버틸 수 있는지가 아니라, 생존하기 위해서 얼마만큼의 재원이 필요한지가 문제이다.

우리는 필요한 것을 무엇이든 확실히 생산할 수 있을 것이다. 나는 미국인들이 너무 타락해서 한밤중에 비밀경찰의 노크소리, 강제수용소, 노예노동으로부터 보호해주는 생활방식보다, 매년 그들에게 자동차 한 대씩을 제공해주는 생활방식을 더 선호할 정도가 되었다는 생각에 동의하지 않는다.

'경고하는 사람'이란 단어는 미국에서 좋은 의미로 인식되지 않게 됐다. 아마 이는 우리가 현재에 안주하고 싶고, 경계해야 할 것을 믿고 싶지 않기 때문일 것이다. 그런데 나는 이 말이 좋은 의미로 되돌아와야 한다고 생각한다. 우리는 경고하는 사람들을 더 많이 필요로 한다. 나의 큰 걱정은 경고음이 제시간에 울리지 않을지 모른다는 사실이다.

나는 1948년 소련이 베를린 장벽을 설치한 순간, 미국의 지도자들이 가상의 전쟁을 위한 준비를 시작했어야 한다고 본다. 소련은 그때 힘을 사용할 준비가 되어있다는 것을 보여줬다. 트루먼 대통령이 350만 명의 병력으로 미국을 방어할 수 있다고 언급한 것은 웃음거리이다. 모든 책임 있는 장교는 우리가 승리하기를 바란다면, 1,400만 명에 근접해야 한다고 보고 있다.

미국인이라면 다 같겠지만, 나도 전면전을 준비하여 긴장상태를 조성하는 것은 자유를 위협하는 것임을 잘 안다. 그러나 이러한 위협은 우리가 대처할 수 있을 것으로 생각한다. 우리의 자유로운 발언과 자유로운 언론의 관행은 그 뿌리가 충분히 깊다. 따라서 우리는 군사독재체제가 되지 않고도 소련에 대항하는 군사력을 정비할 수 있다.

지금까지 두 개의 대양이 미국의 보호막이 되어줬다. 그 때문에 우리는 미국 본토에서 전쟁을 치르는 위험에서 보호받을 수 있었다. 그러나 이제는 세계에 안전한 곳은 없다. 몇 분 내에 뉴욕이 전방의 연대 전투지휘소보다도 더 무시무시한 죽음의 함정이 될 수 있다.

한국전쟁에서 공산주의자들은 비공산세계에 손쉬운 표적이 있다고 생각하면, 언제 어디라도 군사력에 호소할 것이라는 점을 분명히 했다. 이제 우리는 그들의 침략을 막을 수 있도록 압도적인 힘으로 무장해야만 한다.

한반도에서 우리는 준비하지 않은 전쟁을 치름으로써 값비싼 대가를 치렀다. 또한 승리는 더 많은 비용을 요구할 것이다. 그러나 그것은 패배할 때 치러야 할 비용보다는 훨씬 저렴할 것이다.

미군 병사와 한국 고아

제 **2** 부

# 한국에 가혹했던 휴전

## 제2부 한국에 가혹했던 휴전

마거리트 히긴스의 『War in Korea』(자유를 위한 희생)는 한국전쟁 초기 6개월(1950년 6~12월) 동안의 전장 르포다. 3년 1개월 동안의 전투 중에서 6분의 1도 되지 않는 기간이어서 한국전쟁을 전부 아우르기에는 모자랐다. 그런데 뜻밖에도 단편적이고 분량은 많지 않지만, 히긴스 기자가 한국전쟁의 휴전에 관해서 기록한 매우 소중한 자료를 발견했다.

그 귀중한 자료를 소개하기 전에 히긴스가 1951년 1월 1일 『War in Korea』의 원고를 출판사에 넘긴 후부터 한국전쟁 휴전(1953년 7월 27일) 이후인 1954년까지 7차례나 한국을 방문했다는 사실을 언급하고자 한다. 도대체 왜 그랬을까?

히긴스는 제2차 세계대전 종전 후, 폴란드·체코 등 동유럽 국가의 국민이 자유를 열망하다가 무참히 죽어가고, 소비에트 공산 체제에서 질식하는 모습을 생생하게 목격한 산증인이다.

그런 그녀가 한국전쟁 발발 이틀 후 비에 젖은 서울 거리를 군용차로 달리는데, 짐보따리를 머리에 이고 갓난아이를 등에 업은 채 피란하는 수백 명의 여인이 손을 흔들며 환호하는 것을 본다. 그때 히긴스의 머릿속에는 간절한 소망이 자리 잡는다.

"제발, 우리가 저 사람들을 낙담시키지 않았으면 좋겠어!"

동유럽에서의 경험보다도 훨씬 더 애처로운 한국인의 모습을 목격한 히긴스는 그 후에도 자주 같은 생각을 했고, 어느 종군기자도 감히 범접하지 못할 용기와 사명감으로 무장한 채 전선을 누비며, 죽을 고비도 여러 번 넘겼다. 또한 종군기자로서의 임무를 끝내고도 한국인을 낙담시키지 않았으면 좋겠다는 소망의 실현을 위해 나름대로 헌신했다.

히긴스의 소망이란 미국을 위시한 유엔이 한국인의 자유를 말살하기 위한 침략전쟁을 도발한 스탈린과 그 꼭두각시인 모택동·김일성으로부터 항복을 받아내서 한반도에 자유 통일국가가 건설되는 것이었다. 그 때문에 히긴스는 종군기자로 활약한 후에도 일곱 차례나 한국을 방문하여 인터뷰를 통해서 전황(戰況)을 확인하고, 미국에서도 저명인사들을 만났다.

히긴스가 만난 인사는 나이순으로 맥아더 장군, 트루먼 대통령, 아이젠하워 장군, 밴 플리트 대장, 리지웨이 대장, 클라크 대장 등 미국 지도급 인사는 물론, 영국군 대령, 심지어 중공군 장교 등이다.

그들과의 인터뷰는 1955년에 출간된 『NEWS IS A SINGULAR THING』이라는 히긴스의 저서에 실렸다.

『자유를 위한 희생』에 없는 내용과 휴전에 관한 소회가 담긴 히긴스의 이 기록은 "역사적으로 매우 중요한 의미"를 가지므로, 인물 별로 7개의 장으로 나눠서 『한국에 가혹했던 휴전』이라는 제목으로 제2부에 역주(譯註)와 함께 소개한다.

인천상륙작전에 성공한 맥아더 장군에게 훈장을 달아주는 트루먼 대통령

제1장
# 서울수복 기념식장에서
# 만난 맥아더 장군

**나는 베를린에서** 오랫동안 군관계자들과 좋은 관계를 유지하며 특파원으로 활동했다. 그런데 1950년 5월 뉴욕 헤럴드 트리뷴 극동지국장으로 도쿄에 부임하자마자 충격적인 일을 경험했다. 대다수의 도쿄 특파원이 더글러스 맥아더(Douglas MacArthur, 1880-1964) 장군과 그 참모들에 대해 극도의 반감을 보였고, 반대로 맥아더 사령부도 특파원들에 대한 반감이 극에 달해 있었다.

맥아더와 언론 간에 적대감이 생기게 된 가장 중요한 이유는 맥아더가 특파원들을 거의 만나지 않았기 때문이다. 특파원들은 오만방자한 맥아더로부터 무시당하고 있다며 분개했고, 그들의 적개심은 알게 모르게 본국의 편집자들에게도 전달되었다.

내가 미국에서 만나본 언론사 편집자들은 맥아더를 알지도 못하고, 그와 얘기를 나눠보지도 않았음에도 불구하고 그를 '극도의 이기주의자', '독재자', '비인간적이고 고리타분한 군인' 등으로 묘사했다.

그러나 맥아더 장군에 대한 나의 판단은 그들과 전혀 다르다. 나는 도쿄에 부임 직후, 맥아더와 처음 인터뷰했다. 그리고 본사로 전문을 보냈다.

"오늘 나는 맥아더 장군과 2시간에 걸쳐 너무도 인상적인 대화를 나눴음. 그는 내가 만나본 인물 중에서 군사 분야는 물론 국제정치 분야에도 가장 명석하고 가장 박식한 군인이었음. 그는 솔직했고, 매력적이었으며, 잘난 체하고 거드름 피우는 것과는 거리가 먼 인물이었음."

한국전쟁 발발 4일 후인 1950년 6월 29일, 맥아더 장군은 나를 수원에서 도쿄로 가는 그의 전용기에 태워 준 적이 있다. 그렇지 않아도 맥아더와의 관계가 불편했던 도쿄 특파원들에게는 입방아 찧을 좋은 기회였다. 그래서 나는 맥아더에게 간단한 메모를 보냈다.

"나와 사진기자 데이비드 던컨을 전용기에 탑승시켜 주신 것이 다른 특파원들의 분노를 촉발하지 않았으면 좋겠습니다."

맥아더는 즉시 메시지를 보내왔다.

"당신을 시기하는 남성 특파원들이 당신에게 뭐라고 하든지 신경을 쓰지 말아요. 나는 당신보다 그들에 관해서 더 많이 알고 있어요. 그들은 4년 반이나 나를 괴롭혔답니다."

내가 맥아더 장군과 처음부터 좋은 관계를 유지할 수 있었던 것은 1) 미국 전쟁부(The United States Department of War) 차관이 나에 대한 훌륭한 소개서를 맥아더에게 보내준 덕분이고, 2) 그와 인터뷰한 후 내가 송고한 일련의 기사들이 그의 입장과 견해를 제대로 반영했기 때문이었다.

맥아더는 인터뷰 도중에 "이 점을 확실히 이해하고 있어요?", "내가 말하려는 것을 제대로 알아들었나요?"라고 여러 차례 확인하는 자상하고도 철저한 성격의 소유자였다.

맥아더 장군이 뻣뻣하고 잘난 체한다는 세간의 평을 가장 잘 보여주는 사건의 하나를 소개하고자 한다. 1950년 9월 29일 서울에서 개최된 기념행사가 그것이다. 행사는 성공적인 인천상륙작전과 서울수복을 기념하기 위하여 거대한 중앙청 건물에서 개최되었다.

나는 평생 한 장소에 그렇게 많은 장성이 운집한 것을 본 적이 없다. 행사장은 눈부시게 번쩍이는 별들의 잔치였다. 이 행사에 참석하기 위해서 미국, 한국, 영국, 프랑스의 장성들이 도쿄, 오키나와, 호놀룰루, 심지어 워싱턴에서 날아왔다.

이날 기념행사에서 실제로 전투에 참전했던 미 해병대 제1사단 장병들과 종군기자들은 본부석과는 멀리 떨어져 있었고, 가능하면 눈에 띄지 않으려고 했다. 왜냐하면 우리는 바로 하룻밤 전에 끝난 치열했던 전투에 지쳐있었고, 입고 있던 옷이 몹시 더러웠기 때문이다.

기념행사는 이승만 대통령이 서울시 기념 열쇠를 맥아더 장군에게 증정하고, 주기도문을 읽었을 때 최고조에 달했다. 그리고 의기양양한 맥아더 장군은 별들이 반짝이는 제복을 입은 수많은 고위 장교와 단상을 내려와서 가운데 통로를 따라 우리에게 다가오고 있었다.

제1장_ 서울수복 기념식장에서 만난 맥아더 장군

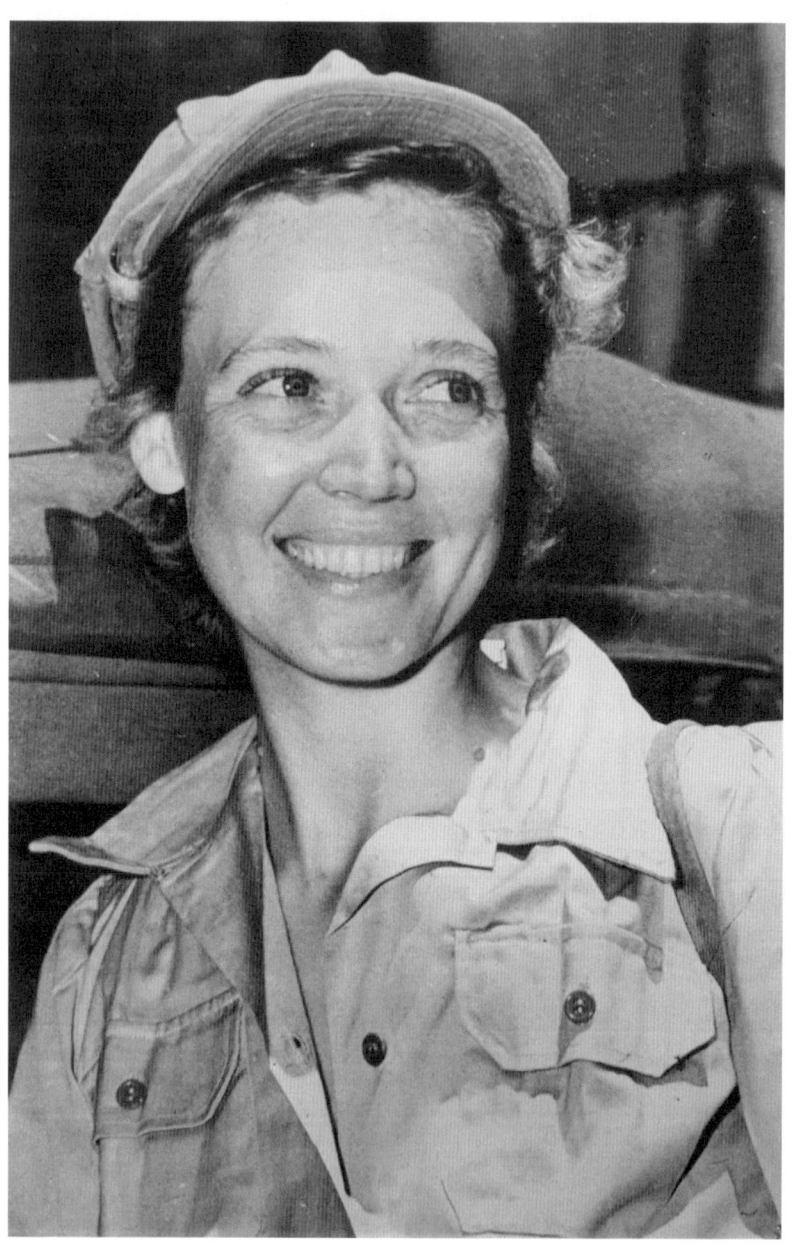

나는 내 몰골이 너무 형편없음을 알고 행사 중 내내 그를 피하고 싶었다. 그러나 그가 가까이 오는 순간 나도 모르게 그를 축하해줘야겠다는 마음이 생겼다. 그래서 그에게 외쳤다.

"헤이, 장군님, 승리를 축하해요."

맥아더 장군은 군중들 사이에서 나를 발견하고는 대꾸했다.

"이 봐요! 키 크고, 금발의 못생긴 아가씨, 언제 한번 봅시다."

그러자 각국의 장군들, 특히 맥아더 주변의 미군 장성들의 얼굴에는 내가 전에는 전혀 보지 못했던 놀라움과 즐거움이 교차했다. 그 순간 나는 영사기를 갖고 있었다면 얼마나 좋았을까 하는 생각을 했다.

한 달 후, 나는 뉴욕 헤럴드 트리뷴 연례 포럼의 초청을 받았다. 한국전쟁과 동북아정세에 관한 연설을 해달라는 것이었다. 연설을 준비하면서 나는 맥아더 장군의 "언제 한번 봅시다"라는 말을 떠올렸다. 포럼 연사로서 영웅과의 인터뷰가 대단히 유용할 것 같아서였다.

나는 뉴욕으로 출발하기 전에 맥아더 사령관을 만나려고 여섯 차례나 인터뷰를 요청했다. 그러나 그의 부관(副官)은 매번 거절했다. 내가 맥아더의 블랙리스트에 포함된 것 아닌가 하는 생각과 함께, 화가 치민 나는 부관에게 전화로 쏘아붙였다.

"맥아더 장군에게 내 말을 있는 그대로 전해주세요. 히긴스 기자가 장군님이 한 달 전에 서울에서 지시한 군사 명령을 따르려 한다고 말입니다. 그 명령은 '언제 한번 봅시다'라는 지시였습니다."

아니나 다를까, 내가 메시지를 전해달라는 통화를 끝낸 게 그날 오후 3시 반이었는데, 5분도 안 되어 부관이 허겁지겁 내게 연락을 해왔다.

"장군님이 아무 때라도 기꺼이 기자님을 만나시겠답니다."

나는 맥아더 장군과 인터뷰했고, 연례 포럼에도 성공적으로 참가할 수 있었다.

사실 그때는 우리 미군이 38선을 넘어 북진하고 있었으며, 맥아더 장군도 미 합참도 중국 공산주의자들을 두려워하지 않고 있었다. 만약 중공군이 개입하는 사태가 벌어지면, 우리는 공군력을 이용하여 만주에 대한 전면 폭격을 감행함으로써 적의 전투력을 잃게 한다는 계획을 수립해 놓고 있었다.

그러나 안타깝게도 그 계획들은 트루먼 대통령이 1951년 4월 11일 더글러스 맥아더 장군을 해임하는 정치적인 결정을 함으로써 최후의 순간에 무산되었다.

## :: 역주

마거리트 히긴스의 『자유를 위한 희생』은—조금 과장해서 말하자면—맥아더에서 시작해서 맥아더로 끝나는 책이라고 해도 무방할 정도이다. 마치 마거리트 히긴스가 더글러스 맥아더 장군과 공동으로 집필한 한국전쟁 르포가 아닐까 하는 의구심을 갖게 한다. 그만큼 이 책에는 맥아더라는 이름이 다른 수많은 인명과는 비교가 안 될 정도로 많이 등장한다.

1950년 6월 27일 김포공항에 도착한 히긴스는 서울의 미 군사고문단을 찾아가 맥아더가 미군에게 보낸 격려 전보를 읽는다. 그리고 이틀 후인 6월 29일 수원 비행장에서 맥아더 장군을 만나며, 그의 전용기를 타고 함께 도쿄로 가는 중에 단독 인터뷰해서 미 지상군 한국전 참전에 관한 특종을 건진다.

더구나 제8군 사령관 워커 중장이 히긴스를 여성이라는 이유로 한국 전선에서 쫓아내지만, 맥아더의 도움으로 계속 전선을 취재할 수 있었으며, 여성의 탑승이 불가능했던 전함을 타고 인천상륙작전과 서울수복 전투를 독자들에게 생생하게 전달함으로써 1951년 여성 최초로 퓰리처상 수상자가 되었다.

그런 은인을 잊지 못하는 히긴스는 『NEWS IS A SINGULAR THING』에서 맥아더가 군사 전략가로서 최고로 명성이 높아졌던 5년 전 서울수복 기념행사에서의 극적인 만남을 회고했다. 서울수복 기념식은 유엔군이 1950년 9월 15일 인천상륙작전에서 대성공을 거둔 후 3개월 동안 적에게 점령되었던 서울을 9월 28일 수복한 것을 기념하는 행사였다.

서울수복 기념행사 이승만과 맥아더(1950년 9월 29일)

『자유를 위한 희생』을 번역하는 과정에서 역자(譯者)에게 가장 의미심장하고 인상적이었던 부분은 히긴스가 미 해병대의 서울수복 작전을 취재하면서 직접 목격하고 기록해 놓은 명동성당의 참상(慘狀: 끔찍하고 비참한 광경)이었다.

"성당은 아수라장이었다. 십자가는 제단에서 떼어졌으며, 모든 종교적인 상징들은 건물에서 제거되어 있었다. 그 대신 사방의 벽에서 스탈린과 김일성의 초상을 그린 대형 포스터들이 우리를 비웃듯이 내려보았고, 미군을 죄 없는 한국 부녀자와 어린이를 살해하는 인면수심의 괴물로 풍자한 포스터들도 벽에 붙어있었다. 성당은 공산당 본부로 사용된 것이 분명했다."

히긴스는 제2차 세계대전 후에 폴란드, 체코 등 동유럽이 공산화되는 과정에서 지겹게 보았던 스탈린과 그 꼭두각시들의 초상화를 서울 명동성당에서 다시 목격하고, 스탈린의 세계 적화야욕을 한국에서 기필코 분쇄하지 않으면 미국이 위태롭게 된다는 사실을 통감(痛感)했다.

1945년 8월 15일 일제가 패망하고, 미군과 소련군은 일본군 무장해제를 위해 38선을 경계로 한반도를 나누어 점령했다. 그런데 스탈린은 이를 악용해서 겉으로는 해방과 평화를 표방하고, 실제로는 한반도 적화에 착수했다. 곧 북한 전역에 스탈린과 김일성 초상화가 걸리고, 북한 공산화와 남조선 적화를 위한 병영화가 진행되었다.

이 과정에서 소련군의 약탈은 북한 주민의 원성을 샀으며, 많은 주민이 고향을 등지고 탈북하도록 만들었다. '영원한 대학인(大學人)'으로 존경받았던 전 고려대학교 김성식(金成植, 1908-1986) 교수는 '다시 보는 태극기—8.15

해방'(1971)이란 제목의 글에서 소련군의 약탈행위를 다음과 같이 적나라하게 소개했다.

"소련군은 북한의 산업시설을 철거해 가져갔고, 각 공장의 기계와 부속품을 뜯어갔으며, 자동차들도 실어 갔다. 소련군 병사 약 3,000명은 수많은 트럭을 동원해서 수풍댐의 발전기 3, 4, 5기를 해체하여 가져갔다. 또한 소련군은 일본인, 조선인 할 것 없이 부녀자들을 겁탈했다. 북한에 있던 사람들은 돈이나 집이나 기타 재산보다도 부녀자의 겁탈을 제일 무서워했다."

그러한 인적·물적인 약탈도 심각했지만, 소련군이 북한에서 태극기와 애국가를 폐지함으로써 한민족의 정체성을 약탈한 건 가장 악랄한 만행이었다. 해방 이후 북한 주민들은 남한과 마찬가지로 태극기와 애국가를 공유했다. 그러나 소련군의 지시로 북한은 1948년 7월 8일 태극기를 폐지하고, 7월 24일부터 소련이 디자인한 인공기를 시범 게양했다.

그리고 1948년 9월 9일 정권 수립과 동시에 인공기와 새로운 국가(國歌)를 채택함으로써 민족을 배신하고 소련의 위성국가가 되었다. 그것도 모자라 북한은 중공을 등에 업고 소련의 군비지원과 조종을 받아 1950년 6월 25일 대한민국의 적화를 위한 반민족적 침략전쟁을 감행한 것이다. 스탈린과 김일성의 초상화를 앞세우고 인공기를 휘날리며!

1955년에 히긴스가 5년 전의 인천상륙작전과 서울수복 에피소드를 회고했듯이, 이승만 대통령도 북한괴뢰군을 완전히 궤멸시킨 인천상륙작전 5주년을 기념하여 맥아더에게 감사의 메시지를 보냈다. 맥아더 장군의 핵심 참모였던 위트니(Courtney Whitney) 장군이 집필한 『MacArthur: His Rendezvous with History』(1968, 맥아더: 역사와 그의 만남)에 실린 이승만과 맥아더의 메시지는 다음과 같다.

### 이승만 대통령의 전보

"한국 정부와 국민은 인천상륙작전(1950년 9월 15일) 제5주년을 맞이하여 귀하의 위대한 지휘에 영원한 감사를 표합니다. 1759년 같은 날 감행되었던 영국군 울프(James Wolfe, 1727-1759) 장군의 퀘벡 공략(프랑스군과의 전투에서 적이 예상치 못한 절벽으로 공략하여 캐나다 퀘벡 지역을 점령함)과 흡사한 인천상륙작전은 대한민국과 한반도의 자유를 구출하였습니다.

만약 그 후에 귀하의 현명한 충고가 그대로 실행에 옮겨졌더라면, 한국전쟁을 승리로 종결했을 뿐만 아니라, 아시아에서의 공산주의 진출을 저지할 수 있었을 것입니다. 인천상륙작전은 전쟁 역사상 위대한 승리의 기록이며, 귀하의 천재적 군사전략 역량이 발휘된 것으로 영원히 기억될 것입니다.

모든 자유 한국인은 귀하가 아무 탈 없이 건강하고 지칠 줄 모르는 정력을 유지하기를 기원하면서, 공산주의를 타도하고 민주주의와 자유를 수호하기 위한 투쟁을 계속할 것입니다.

공산집단의 재침략 위협에 대비하고 있는 우리는 귀하가 보여준 담대한 용기와 인류의 자유를 위한 헌신, 그리고 누구도 감히 범접할 수 없는 군사적·정치적 지혜에 의해 격려받고 힘이 하늘을 찌를 듯합니다.

우리는 인천상륙작전의 정신이 영원히 사라지지 않으리라는 것을 단언하는 바입니다. 이승만."

### 맥아더의 답신

"나는 귀하의 메시지에 깊은 감동을 받았으며, 한국 정부와 국민에게 진심으로 감사한 마음을 전합니다. 한국인의 자유를 향한 불굴의 의지는 극동에서 자유라는 영감을 불러일으키는 신호등이 되었습니다.

독재적인 지배를 수용하기보다는 죽음을 감수하겠다는 각오는 어디서나 자유의 탄생을 연상하게 만듭니다. 사실 그러한 각오야말로 모든 문명이 힘들여 건설해 온 사회 구조의 정신적인 기반 중에서 으뜸가는 덕목입니다.

귀하는 국제사회로부터 자유 통일 한국의 성취를 약속받았습니다. 그 약속이 실현되지 않으면, 자유의 빛은 사라지기 시작할 것이며, 집단 안보의 개념도 산산이 부서지고 말 것입니다. 한국은 바로 그 시금석이며, 우리는 숨을 죽이고 조마조마한 마음으로 최종 결과를 지켜볼 것입니다.

신(神)이 귀하와 용감한 한국인들을 보호해 주시길 기원하오며, 귀하와 다시 만날 수 있게 되기를 소망합니다. 맥아더 드림."

제2장
# 맥아더를 젠체한다고 해임했던 트루먼 대통령

**나는 기자로서** 수많은 정치인과 관료를 접촉해봤지만, 언론과의 관계에서 트루먼 대통령처럼 둔감한 인물을 만나본 적이 없다. 1951년 7월, 나는 백악관에서 그와 대화를 나눌 수 있었다. 맥아더 장군은 내가 트루먼과 인터뷰를 갖기 3개월 전인 1951년 4월 11일 이미 해고됐다.

나를 만난 트루먼은 자신이 해고한 맥아더에 대한 속마음을 주저하지 않고 드러냈다. 트루먼의 맥아더 장군에 대한 발언은 한국전쟁에서 맥아더의 군사전략이 옳았다는 나의 말이 떨어지기가 무섭게 나왔다. 트루먼은 짜증 섞인 목소리로 말했다.

"자, 보세요. 내가 맥아더, 그 사람에 대해서 얘기 좀 해야겠어요. 그는 그저 허영심으로 가득 찬 인간이에요. 그게 전부입니다. 항상 거들먹거려요. 늘 폼만 잡는 인간이라고요! 나는 맥아더가 그렇게 많은 시간 동안 거들먹거리지 않고, 본업에만 조금 더 충실했어도 그를 해고하지 않았을 겁니다."

나는 트루먼 대통령에게 한국에 병력증원이 예정되어 있는지 물었다. 그는 휴전을 처음으로 제안했던 러시아 외교관 야콥 말리크(Jacob Malik, 1906-1980, 역주: 1948-1952, 1968-1972 기간 두 차례 유엔주재 소련대사 역임)를 '노회(老獪)한 사기꾼'이라고 생각한다고 말꼬리를 돌렸다. 그러더니 중공군의 개입에 대응해서 우리가 새로운 공세에 나서는 것은 미국 국민의 정서에 맞지 않는다고 분명히 말했다.

이와 관련, 나는 트루먼뿐만 아니라 미 국무부와 국방부에서도 다양한 채널을 통해서 실질적인 병력증원이 고려되고 있지 않다는 답변을 들었다.

"미국 국민이 그것에 찬성하지 않을 것입니다."
"우리 동맹국들이 그것을 지지하지 않습니다."
"미국 경제가 그것을 감당할 수 없습니다."

나는 고위정책결정자들이 이런 이유를 들어 한국에 대한 병력증원을 반대하는 것을 알고 실망했으며, 동시에 무언가에 홀린 듯한 느낌을 받았다. 트루먼 대통령을 비롯한 백악관과 국무부의 모든 관리, 국방을 책임지는 국방부장관, 차관, 국장이 언제부터 '미국 국민의 지지'라는 주제에 관한 전문가가 되었는지 그저 신비로울 따름이었다.

나는 스스로에게 물어보았다. 도대체 미국 지도부는 국민에게 국가안보의 긴급성을 명백하고 설득력 있게 설명하고, 국민이 병력증원에 찬성하도록 할 수는 없다는 말인가? 병력보강을 하지 않는다면 국민에게 대안을 분명하게 제시했는가? 미국 지도부는 극동에서의 실패에 따른 위험을 예측이나 해보았는가? 그들은 과거에 전쟁이 정체상태가 됨으로써 초래되는 피비린내 났던 인명 희생을 생각이나 해보았는가?

그리고 말이 나왔으니 말이지, 갤럽 여론조사를 믿을 수 있는가? 1948년 대통령 선거에서 갤럽은 트루먼이 아니라 공화당의 토머스 듀이(Thomas Dewey, 1902-1971, 역주: 미국 여론조사의 허점을 얘기할 때 자주 등장하는 인물로 1943-1954 기간 뉴욕 주지사 역임) 대통령 후보가 당선된다고 예측하지 않았는가? 여론조사란 이렇게 국민의 맥박을 제대로 측정할 수 없는 것인데, 선거로 벼락감투를 쓴 정치인들이나 군인들이 전쟁에 관한 중요한 결정의 근거로 여론조사 결과를 들이대는 것이 말이나 되는가?

그리고 "미국 경제가 감당할 수 있어야 한다니!" 나는 도무지 산출 근거를 이해하기 힘들었다. 내가 경제학을 이해하는 수준은 그저 대학 교육을 이수한 평범한 학생 수준이다. 그러나 나는 한국전쟁이 발발하기 수개월 전인 1950년 초, 브래들리 합참의장이 의회에서 보고한 내용을 정확하게 기억하고 있다.

"미국 경제는 국방예산으로 매년 130억 달러 이상을 부담하기 힘들 것이다."

그런데 그의 발언 1년 후에 미국 경제는 600억 달러의 국방예산을 부담했다. 그 차이가 너무 크지 않은가? 1950년에는 130억 달러도 부담하기 어렵다던 미국 경제가 어떻게 1951년에는 600억 달러를 부담할 수 있었냐는 말이다! 아무튼 이렇게 엄청난 지출을 하고서도 미국 경제는 붕괴에 직면하지 않았다.

나는 언젠가 이런 수수께끼 같은 문제를 화두로 트루먼 대통령이 유엔핵에너지위원회 대표로 임명한 버나드 바루크(Bernard Baruch, 1870-1965)와 대담한 적이 있다. 재정전문가인 그는 우드로 윌슨 대통령과 프랭클린 루스벨트 대통령의 경제고문을 역임했던 저명인사다. 특히 그는 보통 사람의 다정한 친구였다. 나는 그를 만나 한국전쟁의 비용 문제를 물었다.

"제가 듣기로는 우리나라의 경제 형편이 한반도에서 우리가 승리하기에 필요한 비용을 부담할 수 없을 정도라고 합니다. 우리 경제가 파탄에 이르지 않고 한국전쟁에 쏟아부을 수 있는 군사비용 규모는 도대체 얼마나 됩니까?"

그의 대답은 단호했다.

"국가가 부담할 수 있다거나 없다는 논의는 모두 무의미합니다. 우리는 생존에 필요하다면, 그 비용을 부담할 수 있으며 부담해야만 합니다. 재정을 올바로 운용한다면, 우리 경제는 그에 필요한 비용을 얼마든 충당할 수 있습니다."

바루크는 이를 뒷받침하는 많은 이유를 열거했다. 예를 들면, 미국보다도 산업 잠재력이 턱없이 부족한 소련이 우리보다도 훨씬 더 많은 수천 대의 탱크, 포, 항공기를 매년 쏟아냈다는 사실도 포함되었다.

바루크는 당시 소련의 철강 생산력이 연간 3,500만 톤이었던 데 비해, 우리 미국은 1억 톤 이상이나 되었음을 지적했다. 그러면서 그는 총체적인 공업 생산력이 소련의 그것을 크게 앞지르고 있으므로, 미국은 시민들의 경제적인 희생을 염려하지 않고도 충분히 군사장비 생산에서 우위를 유지할 수 있다고 말했다.

재정전문가, 정치인, 금융인으로서의 자질을 갖췄으며 저명한 철학자로서도 손색없는 버나드 바루크의 충고를 트루먼 정부는 번번이 무시했다. 바루크와 같은 전문가들이 말하는 최선의 판단은 전혀 고려치 않고, 워싱턴 당국이 하달한 명령들은 결국 극동지역 공산주의자들과의 협상에서 우리가 양보하는 결과를 낳았다.

이와 관련해서 나는 극동군 총사령관 리지웨이(Matthew B. Ridgway, 1895-1993) 장군과 인터뷰한 것이 기억에 남는다. 리지웨이는 1950년 12월 워커 미 제8군 사령관이 자동차 사고로 사망하자, 그의 후임으로 한국에 부임했으며, 1951년 맥아더 장군이 해임되자 4성 장군으로 승진과 동시에 극동군 총사령관이 되었다. 인터뷰는 그가 극동군 총사령관이 된 후에 이뤄졌다. 나는 휴전회담의 구체적인 사항에 관해 물었다.

"장군님, 휴전회담이 어떻게 진행되어 갑니까? 제가 이해하기로는 우리가 북한 내 비행장 문제에 대해서 양보하라는 압력을 받는다고 합니다. 맞는 얘기입니까?"

리지웨이는 우려 섞인 어조로 답변했다.

"우리가 그러한 양보를 한다는 것을 믿을 수가 없습니다. 그 이유는 잘 아실 것입니다. 만일 공산주의자들이 북한에 제트기가 착륙할 수 있는 비행장들을 복구하고 개발한다면, 나로서는 일본의 안전을 책임질 수 없다, 그 말입니다!"

그는 현대 군용기의 운항 속도와 지리적 위치 덕분에 북한에서 출격한 항공기가 일본을 폭격하거나 기총소사하는 등 끔찍한 위험이 있다는 사실을 상세하게 설명했다.

그러나 당초 북한 내 비행장 복구와 건설에 반대했던 유엔군 측은 공산군 측에게 결국 양보했다. 이로써 오늘날 중국 공산주의자들은 북한의 10여 개 이상 비행장에서 군용기를 가동할 수 있게 되었다.

## :: 역주

트루먼 대통령이 유엔군 사령관 맥아더 장군을 해임한 후 전격 소환하고, 제8군 사령관 리지웨이 장군을 진급시켜 유엔군 사령관으로 임명한 것을 강력하게 비난한 미국 종군기자가 있었다. 바로 오에치피 킹(O.H.P. King, 1902~1996) 기자다. 그는 미국 포모나의 지방지에서 20년 동안 기자로 일하다가 1945년 AP통신사에 입사했고, 1948년 46세의 나이로 꿈의 직장인 AP통신 도쿄 특파원으로 발령받았다.

한국전쟁 발발 당시 한국에는 3명의 외국 특파원이 있었는데, 킹은 그 중 한 사람이었다. 이후 그는 휴전에 이르기까지 종군기자로서 한국전쟁을 목격한 증인이 됐다.

킹은 "한국전쟁은 한반도가 아니라, 게으른 제2 전선인 미국에서 패하거나 승리하지 못한 전쟁이다", "한반도에서의 '평화'는 인도차이나에서의 새로운 열전(熱戰: hot war)을 초래했다"는 말로 한국과 공산권에 대한 미국의 정책을 혹평했다.

또한 1961년 미국이 나약해서 한반도 문제를 잘못 처리했음을 신랄하게 비난하는 『Tail of the Paper Tiger』(종이호랑이 꼬리)라는 책을 발간하여 1951년 상반기 한국전쟁 상황을 다음과 같이 증언했다.

"트루먼 대통령이 맥아더를 본국으로 소환한 것은 공산주의자들에게 한국전선에서 얻은 그 어느 것보다도 더 거창한 승리였다. 이는 미국이 전 세계에 한국전쟁에 관해 두려움을 갖고 있음을 천명한 것이었다. 제3차 세계대전에 연루되지 않을까 하는 두려움, 소련이 공개적으로 총공세로 나오지 않을까 하는 두려움, 명분이 있는 전쟁이라도 전투를 계속하는 경우 국내 정치적으로 역효과가 발생하지 않을까 하는 두려움 말이다.

맥아더의 후임인 리지웨이 장군이 워싱턴 당국의 세부적인 지시까지 고분고분하게 복종한 것은 대부분 그의 전임자 맥아더에게 벌어졌던 사례를 타산지석으로 삼았기 때문이다. 승인받지 않고 공격하거나, 적극적인 제안으로 미국 정부를 불쾌하게 만드는 모험은 하지 않음으로써, 그는 계속 좋은 보직을 유지할 수 있었다.

그러나 리지웨이의 그런 태도는 자유와 정의라는 유엔의 대의를 위해서 싸우는 군인의 자세가 아니었다. 한마디로 그는 비판을 피하기 위해서 복지부동하고 있었다."

이와 관련, 킹 기자는 도쿄에서 리지웨이 장군과의 인터뷰도 공개했다.

"나는 그와 도쿄 다이이치 빌딩의 호화로운 그의 사무실에서 비공개를 전제로 단독회견을 한 적이 있다. 당시 그의 답변은 다음과 같이 구역질 나는 것이었다.

질문 : 장군, 승리의 소임을 부여받은 군인으로서 목표가 결코 승리가 아닌 제한전쟁 수행을 강요받고 있는 데 대해서 일말의 후회도 없습니까?
답변 : 나는 미 국방부의 지시에 따라 행동할 뿐입니다.

질문 : 나도 그 점은 잘 압니다. 그러나 내가 말하고자 하는 것은 개인적으로 장군이 워싱턴으로부터 속박 대신에 전투의 승리를 위한 명령, 병력, 군수물자를 절실하게 바라지 않느냐는 말입니다. 보도를 위해서가 아니라 은밀하게 장군의 속마음이 어떤지 알고 싶어서 질문하는 것입니다.
답변 : 나는 미 국방부의 명령에 의문을 갖지 않습니다."

트루먼의 맥아더 해임과 소환은 전격적이었다. 맥아더는 해임 통보를 받고 3일 만에 미국행 군용기에 몸을 실었는데, 전쟁사에 그토록 비정한 인사조치는 찾기 힘들 것이다.

그러나 트루먼은 능히 그런 명령을 할 만한 인물이었다. 그는 제2차 세계대전이 거의 끝나갈 무렵 프랭클린 루스벨트의 갑작스러운 사망으로 1945년 4월 12일 대통령이 되었다. 부통령으로 채 3개월도 근무하지 않았을 때이니, 천운을 타고난 사람이었다.

트루먼은 20세기 이후 미국 대통령 중에서 유일하게 고졸 출신이었으며, 언행이 거칠기로 유명했다. 오죽하면 소프라노 가수인 딸을 혹평한 평론가에게 입에 담기도 힘든 편지를 보냈을까? 한국전쟁에서 북한지역을 거의 점령했던 유엔군이 중공군의 개입으로 본격적인 후퇴를 시작하던 1950년 12월 6일, 워싱턴포스트에 공연평이 실렸다.

마거리트 트루먼(Marguerite Truman)의 콘서트를 관람한 평론가 폴 흄(Paul Hume)은 "트루먼 양이 아주 매력적이지만, 가창력이 개선되지 않았으니 앞으로도 노래를 잘하지 못할 것"이라고 혹평한 것이다. 자기 딸에 관한 그 평론을 읽고 격분한 66세의 트루먼 대통령은 34살인 폴 흄에게 격한 분노가 고스란히 담긴 서한을 보냈다.

"언젠가 당신을 만나게 되기를 희망합니다. 내 희망이 이뤄져서 우리가 만나게 되면, 당신은 코와 눈을 얻어터질 테니, 뼈가 으스러진 코를 대체할 새로운 코와 검게 피멍이 든 눈 부위를 마사지할 소고기 스테이크를 충분히 가져와야 할 거요. 그리고 아마 고환(睾丸) 보호를 위해 고무로 만든 보호대도 필요할 테니, 그리 아시오!"

이런 대통령이었기에 트루먼은 원자폭탄 2개로 일제의 항복을 받아냈고, 한국전쟁이 발발하자 미군 파병이라는 단호한 결단을 내림으로써 한반도의 적화를 막고 대한민국의 오늘이 있게 해 준 은인이다. 아쉬운 것은 트루먼이 군사작전 면에서 탁월하고 4살이나 연상인 맥아더를 평론가 폴 흄처럼 다루지 않고 존중했다면 세계의 오늘이 크게 달라지지 않았을까?

맥아더 장군은 해임 통보를 받은 지 8일 후인 1951년 4월 19일 미국 상하원 합동회의에서 고별연설을 하고 52년의 군 생활을 마무리했다. 흔히 맥아더 장군 하면 "노병은 죽지 않고, 다만 사라질 뿐이다"를 연상하지만, 그 고별연설은 한반도에 자유 통일국가의 건설을 도모했던 노병의 한 맺힌 외침이었다. 긴 연설의 핵심을 추려서 소개한다.

### ··· 맥아더 장군 미 의회 고별 연설 ···

상원의장, 하원의장, 그리고 저명한 상하 양원 의원 여러분,

나는 매우 겸허한 마음과 벅찬 자긍심을 갖고 이 연단에 서 있습니다. 겸허한 마음이란 나보다 먼저 이곳에 서서 우리 미국의 역사를 설계한 분들에 대한 존경심이며, 자긍심이란 입법을 위한 이 토론의 장이 여태껏 고안된 가장 순수한 형태로 인간의 자유를 대표하고 있다는 사실을 생각하며 느끼는 뿌듯함입니다.

이곳은 전 인류의 희망과 열망 그리고 믿음이 집중된 곳입니다. 지금 나는 그 어떤 정파적(政派的) 입장을 옹호하기 위해서 여기 서 있는 게 아닙니다. 그렇게 하기에는 우리가 당면한 현안들이 너무 중요하며, 정파적 고려의 범위를 훨씬 뛰어넘는 것들입니다.

한국전쟁이 발발했을 때, 나는 처음부터 중국 공산주의자들이 북한인들을 지원할 것이라는 사실을 십중팔구는 짐작하고 있었습니다. 현재 중공의 북한에 대한 이해관계는 소련의 그것과 상당히 흡사합니다. 그러나 최근 중공은 대한민국, 인도차이나, 티베트 침략에 이어 잠재적으로 남아시아로 향할 가능성이 있는데, 이는 공산주의자들의 세력 팽창에 관한 야욕을 여실히 보여주는 것이라고 나는 믿습니다.

맥아더 의회 연설

트루먼 대통령이 북한 공산군의 침략을 당한 대한민국의 지원을 결정한 것은 군사적인 관점에서 시의적절했습니다. 그 덕분에 우리는 침략자들을 격퇴하고 적의 병력을 궤멸시켰습니다. 그러나 우리가 완전한 승리를 앞두고 목표 달성이 가시화되었을 때, 중공이 수적으로 우세한 지상군을 동원하여 전쟁에 개입했습니다.

중공군의 개입은 새로운 전쟁을 촉발했고, 완전히 새로운 상황이 조성되었습니다. 그것은 우리 군이 북한의 침략자들을 막기 위해 참전했을 때는 예상치 못한 상황이었습니다. 그러므로 기존의 군사전략을 현실적으로 조정하여 새로운 상황에 대처하기 위한 외교적 차원에서의 새로운 결정들이 필요했으나, 워싱턴은 그런 결정들은 아직도 내리지 않았습니다.

올바른 사고방식을 가진 사람이라면 그 누구도 우리 지상군을 중국 본토에 파병하라고 주장할 리가 없어서, 예전에는 그런 생각조차 못 했습니다. 그러나 지금은 새로운 상황 변화로 긴급하고도 과감하게 전략을 수정할 필요가 생겼습니다. 즉, 전에는 북한군의 패퇴가 우리의 목표여서 이를 달성했는데, 이제 우리의 목표가 새로운 중공군을 패배시키기 위한 것이 되었기 때문에 그렇습니다.

이와 관련, 나는 압록강 북쪽의 적에게 허용된 은신처 보호를 무력화하기 위한 군사작전이 필요하다는 생각과는 별도로, 다음과 같은 군사전략도 필요하다고 보았습니다.

첫째, 중공에 대한 경제 봉쇄의 강화

둘째, 중국 해안에 대한 해상 봉쇄 실시

셋째, 중공 해안지역과 만주의 공중 정찰에 대한 제한의 해제

넷째, 자유중국군에 대한 제한 해제 및 그들에게 병참 지원을 제공하여 공동의 적에 대한 작전을 효율적으로 수행

이러한 나의 견해들은 한국에 파견된 우리 군을 지원하여 최단기간 내에 중공군의 적대행위를 분쇄함으로써 미군과 유엔군의 생명을 구하기 위한 군사 전문가적 관점에서 고안된 것입니다. 그러나 나는 이런 의견을 가졌다는 이유로 국내의 비전문가들과 주로 해외의 문외한들로부터 매도당했습니다. 군사적인 관점에서 보면, 위에 언급한 나의 견해들은 미국 합동참모본부를 비롯한 한국전쟁에 관여했던 거의 모든 군사 지도자와 이미 충분한 공감이 이뤄진 것인데도 불구하고 말입니다.

나는 병력증원을 요청했으나 불가하다는 통보를 받고 나서, 사령관으로서의 입장을 분명히 밝혔습니다.

1) 압록강 북쪽의 적 보급기지를 파괴하는 것이 허용되지 않으면, 2) 60만 명 내외의 자유중국군을 활용하는 것이 허용되지 않으면, 3) 중공이 외부의 원조를 얻지 못하도록 중국 해안을 봉쇄하는 조치가 허용되지 않으면, 4) 대규모 병력증원의 희망이 무산되면, 군사적 관점에서 볼 때 우리가 승리하기 힘들다고 말입니다.

우리는 한국에서 보급로 확보가 우리에게는 유리하고, 적에게는 불리한 지역적인 이점을 살리고 지속적인 기동작전을 전개하여 계속 버틸 수 있었습니다. 그러나 우리가 그곳에서 바랄 수 있는 것은 기껏해야 결말이 없는 전투뿐이며, 적이 군사적인 잠재력을 충분히 활용할 경우, 우리 군의 저항력은 시간이 갈수록 끔찍하게 저하될 것입니다.

그래서 나는 이러한 문제의 해결에 필수적인 새로운 정치적 결단을 계속 촉구해 왔습니다. 그러나 그 결과는 나의 입장을 왜곡하려는 자들의 비판이었으며, 실제로 나를 전쟁광이라고 비난하는 말들이 나돌았습니다. 진실이 이보다 더 심각하게 왜곡될 수는 없었습니다.

나는 지금 살아있는 그 누구보다도 전쟁에 대해서 잘 알고 있다고 자부합니다. 또한 나보다도 더 전쟁을 혐오하는 사람도 없을 것입니다. 오래전부터 나는 전쟁의 완전한 폐지를 주창해왔습니다. 전쟁이란 아군이나 적군 모두에게 똑같이 파괴적이어서 국제분쟁을 해결하는 수단으로는 무용지물이기 때문입니다.

그러나 우리가 적의 도발로 어쩔 수 없이 전쟁을 벌여야만 한다면, 가능한 모든 수단을 동원해서 신속하게 전쟁을 끝내는 방법밖에 다른 대안은 없습니다. 전쟁의 최종목표는 승리입니다―결판내지 않고 질질 끌어서는 절대 안 됩니다. 전쟁에서 승리를 대체할 것은 전무(全無)합니다.

일부 사람들은 여러 가지 이유를 들어서 중공에 대한 유화정책(宥和政策)을 주장합니다. 그러나 그들은 역사적인 교훈을 깨닫지 못하고 있는 것입니다. 왜냐하면 역사는 우리에게 유화정책이 더 피비린내 나는 새로운 전쟁을 낳는다는 사실을 특별히 강조해서 가르치고 있기 때문입니다.

인류의 역사에서 목적이 수단을 정당화시켜주었던 사례는 단 하나도 없으며, 유화정책은 위장(僞裝: 목적이 드러나지 않게 거짓으로 꾸밈) 평화를 초래했을 뿐입니다. 유화정책은—협박과 마찬가지로—상대에게 새롭고 더 큰 대가를 계속해서 요구하도록 만들 뿐이며, 결국 폭력이 유일한 대안이 되고 맙니다.

우리 장병들은 내게 물었습니다. 왜 우리가 전쟁터에서 우세한 군사적인 이점을 갖고 있으면서도 적에게 양보하느냐고 말입니다. 나는 대답할 수가 없었습니다. 그런데 어떤 사람들은 분쟁이 중국과의 전면전으로 확대되는 것을 피하기 위해서라고 말하고, 다른 사람들은 소련의 개입을 피하기 위해서라고 말합니다. 그러나 두 설명은 모두 설득력이 없습니다. 왜냐하면 중국은 이미 최대한의 전력(戰力)으로 우리와 전투 중이고, 소련은 반드시 우리의 움직임에 맞춰서 행동하지는 않을 것이기 때문입니다.

새로운 적은 누구든—코브라처럼—자기네가 우리보다 군사력과 다른 잠재적인 역량이 세계적인 기준에서 볼 때 상대적으로 유리하다고 느끼는 경우에만 우리를 공격할 개연성이 높습니다.

한국에서는 군사행동이 자국의 영토 안으로 제한되어 있어서 슬프고 비참한 상황이 더욱 고조되고 있습니다. 지금 우리가 구원해줘야 할 한국의 영토는 적의 전면적 함포사격과 공중폭격으로 완전히 폐허가 되어 고통을 겪고 있는데, 적의 영토는 마치 성지(聖地)처럼 우리의 폭격과 참화로부터 완전히 보호받고 있습니다. 이는 비난받아 마땅합니다.

세계의 모든 나라 중에서 오로지 한국만이 지금까지 공산주의에 맞서서 온갖 위험을 무릅쓰고 전력을 다해 싸우고 있습니다. 한국 국민의 용기, 그리고 역경을 이겨내려는 불굴의 투지는 말로 표현하기 힘들 정도로 대단합니다. 그들은 노예로 사느니 차라리 죽음을 택했습니다. 내가 떠나올 때 그들에게 들은 마지막 말은 다음과 같이 애절한 것이었습니다.

'제발, 태평양을 포기하지 마시오!'

나는 지금 전투 중인 여러분의 수많은 아들을 한국에 남겨두고 왔습니다. 그렇지만 나는 갖은 시련을 극복해온 그들이 모든 면에서 훌륭하게 맡은 바 임무를 수행하고 있다는 사실을 기탄없이(마음에 걸리는 것 없이) 여러분께 보고드릴 수 있습니다.

나는 여러분의 그 많은 아들을 보호하고, 이 야만적인 전쟁을 최소한의 시간과 인적 희생으로 명예롭게 끝내기 위해서 끊임없이 노력해왔습니다. 그런데 그 전쟁의 유혈사태가 점차 증폭되고 있으니 더할 나위 없는 비통함과 걱정이 나를 짓누르고 있습니다. 한국에서 전투 중인 여러분의 용맹스러운 자제분들은 한시도 내 머릿속을 떠나지 않을 것이며, 나는 그들이 안전하게 여러분 곁으로 돌아오도록 늘 기도할 것입니다.

바야흐로 나는 52년간의 군 복무를 마치려 합니다. 20세기가 도래하기 전에 육군에 입대했을 때, 내 청춘은 희망과 꿈으로 충만했습니다. 1899년, 내가 미 육군사관학교(West Point)의 퍼레이드 필드(The Plain)에서 입교식 선서를 한 후, 세상은 여러 번 흥망성쇠가 있었고, 내 청춘의 희망과 꿈도 사라진 지 오래입니다.

그러나 내 뇌리를 떠나지 않는 게 하나 있습니다. 그것은 바로 당시 병영에서 가장 유행하던 발라드의 후렴입니다. 그 후렴구는 다음과 같이 아주 자랑스럽게 선언하는 내용입니다.

"노병은 죽지 않고, 다만 사라질 뿐이다."

이제 나는 그 발라드의 노병처럼 군 생활을 마감하고, 그저 사라지려고 합니다. 신(神)이 내려주신 군인으로서의 책무를 다하라는 계시를 받들어, 맡은 바 임무를 다하려고 노력했던 노병으로서 말입니다.

여러분, 안녕히 계십시오.

제3장
# 중공군의 항복을 받아내려고 싸웠던
# 밴 플리트 대장

**나는 미국** 역사상 가장 유능한 야전 지휘관 중의 한 사람이며, 인간미 넘치고 정력적인 제임스 밴 플리트(James Van Fleet, 1892-1992) 장군과의 대화를 잊을 수 없다. 인터뷰는 밴 플리트 장군이 한국에서 미 제8군 사령관으로 근무 중일 때 이뤄졌다.

인터뷰가 시작되자마자, 밴 플리트는 브래들리 합참의장의 발언을 거론했다. 즉, 브래들리가 한국전쟁을 '잘못된 장소에서, 잘못된 시기에 벌어진, 잘못된 전쟁'으로 규정했는데, 자기는 그 발언에 동의하지 않는다고 말했다. 당시 나는 브래들리의 발언에 대해서 극동군사령부의 여러 고위 장교와 대화를 나눴으나, 그 누구도 밴 플리트 장군처럼 강한 반론을 펴지 않았다.

이 인터뷰에서 밴 플리트 사령관은 한국전쟁을 결정적으로 종식시킬 수 있는 방법에 관한 자신의 견해를 피력했다. 그는 다음과 같이 말문을 열었다.

"자, 물어봅시다. 도대체 민주주의 국가가 전쟁에 적합한 장소를 선택한다는 것이 말이나 됩니까? 민주국가란 항상 잘못된 곳에서 전쟁하는 법입니다. 자유민주국가들은 결코 그들이 선택하는 곳에서 전투를 개시할 수 없습니다. 그들은 세계를 떠들썩하게 만드는 전쟁을 절대로 시작하지 않습니다. 그러니 우리의 유일한 선택이란 공격을 받았을 때, 공격을 받은 곳에서 적을 물리치는 것입니다."

밴 플리트 장군은 말을 이어갔다.

"어쨌든 우리의 선택은 적을 반격하는 것이었습니다. 중국인들은 휴전회담 진행 중에 대규모 공세를 시작할 수도, 실제로 하기도 했지만, 당시 우리 군은 일정한 지리적인 거점들을 벗어나는 것이 금지되었습니다. 이는 지휘를 어렵게 만들고, 장병들의 사기를 위축시키는 일이었습니다.

지상전에서 가장 힘들고 잔혹한 과제는 적을 그들이 준비해 놓은 위치에서 쫓아내는 것입니다. 예컨대, 산허리에 깊게 참호를 파놓은 중공군을 몰아내듯이 말입니다. 우리 장병들은 피나는 전투를 벌여 중공군을 산마루에서 몰아내는 데는 성공했지만, 거점 이동금지 때문에 적을 계속 추격할 수 없었습니다.

지상전에서 가장 중요한 전술은 기총소사와 포격을 가해서 적을 파멸에 이르게 할 정도로 취약하게 만들어 도주하게 만들고, 추격해서 소탕하는 것입니다. 도망가는 동안에는 적이 새로운 공세를 위한 참호를 팔 수 없거든요.

그런데 한국전쟁에서 우리 군대는 이러한 중대한 국면에서 중공군을 추격하는 것이 실질적으로 금지되었습니다. 우리 젊은 장교들은 '중요한 순간에 두 손을 뒤로 묶고 싸우는 형국'이라며 불평이 이만저만이 아닙니다."

밴 플리트 장군은 전쟁 종식의 방법을 언급했다.

"지금과 같은 상황에서 시간은 공산주의자들의 편입니다. 지금의 정체상태는 중공군에게 현대전을 교육해주고 있는 것입니다. 우리가 그들의 교수라는 말입니다. 그들은 우리를 관찰하고 있으며, 우리 기술들을 모방하고 있습니다. 그들은 심지어 우리 무기들을 복제하고 있습니다. 그들은 벌써 우리의 155밀리 곡사포를 포획해서 복제했답니다.

군사적 결정을 성공시키는 비용은 매일 증가합니다. 우리는 내일보다는 오늘 훨씬 적은 비용으로 이길 수 있습니다. 모레는 다시 비용이 두 배로 뛰게 될 것입니다. 나는 이 점을 확신합니다. 만일 워싱턴 당국이 내가 요청한 얼마 안 되는 추가 병력을 보내주면, 우리는 훨씬 적은 비용으로 이 전쟁을 종식시킬 수 있습니다."

결국 미국 정부는 밴 플리트의 병력증원 요청을 수용하지 않고, 휴전 때까지 어정쩡한 전투를 치름으로써 그 대가를 치러야 했다. 즉, 1951년 여름 밴 플리트가 한반도에서 중공군을 패배시키는 데 추가로 필요하다고 요청했던 병력의 2배 이상의 유엔군 사상자가 발생한 것이다.

중공군은 몇 번이나 도주했고, 밴 플리트 장군은 우리의 이점을 적절하게 이용해서 전쟁을 비교적 빨리 끝낼 수 있다고 느꼈다. 그의 주장은 적군이 패배해야만 하고, 스스로 패배했다는 것을 알아야 한다는 것이었다. 그러나 개탄스럽게도 휴전협정 과정에서 중공군의 무조건 항복이라는 얘기는 일절 나오지 않았다. 미국이 바랐던 것은 휴전을 빨리 합리적으로 도출하는 데 필요한 군사적인 결정뿐이었다.

밴 플리트 장군은 적에 대한 공격을 촉구하면서 다음과 같이 말했다. "전쟁은 만주 지역의 중공군 기지를 폭격하지 않고도 성공적으로 끝낼 수 있습니다. 그러나 공군력의 전략적 이점을 활용하지 않고 작전을 수행하는 군대는 공군의 지원을 받는 군대보다도 공격하는 동안 훨씬 더 많은 사상자를 각오해야만 합니다."

나는 밴 플리트 장군에게 도쿄의 고위 외교관 입에서 나온 말에 관해 물었다. 즉, "우리가 단지 제한적인 공격, 아니 단 몇 미터만이라도 진군한다면, 영국과 프랑스로부터 시끄러운 불평의 소리가 나올 것"이라는 언급에 대한 밴 플리트의 의견을 듣고 싶었다.

밴 플리트는 그의 견해를 자세하게 피력했다.
"맞습니다. 나도 우리 동맹국들이 이 문제(유엔군의 적극적인 공격)에 대해서 끈질기게 반대하는 것을 잘 알고 있습니다. 그 동기에 대해서도 얼마만큼은 알고 있구요. 그러나 내 생각에는 그들이 너무 근시안적이 아닌가 합니다. 영국인이나 프랑스인은 우리가 자기네에게 제공하기로 약속했던 탱크, 총기, 비행기 중의 일부가 한국에 지원되지 않을까 우려하는 것입니다.

그런데 영국인과 프랑스인은 물론, 다른 유럽인이 한반도에서 유엔군의 승리가 우리보다도 그들에게 여러 면에서 훨씬 더 많은 이득이 된다는 사실을 인식하지 못하는 것이 안타깝습니다. 지리적으로 공산주의자들은 아시아와 유럽이라는 2개의 중요한 전선을 갖고 있습니다.

공산주의자들은 역사적인 교훈을 배워서 한 번에 한 전선에 집중합니다. 만일 이제 중국인들이 한반도 침공에 대한 벌을 받지 않고 교묘히 빠져나가고, 공업증진과 군사적 팽창 계획을 실행에 옮길 수 있는 시간을 번다고 생각해보세요. 공산 제국은 엄청나게 강화될 것이며, 아시아 전선이 공고해짐으로써 공산주의자들은 갑절의 힘으로 유럽을 위태롭게 할 수 있는 것 아닙니까?

우리가 한반도에서 유리한 군사적 결정을 밀고 나가지 않으면, 민주국가들, 특히 미국은 수 세기 동안 악몽에 시달리게 될 겁니다. 만일 공산주의자들이 이번에 대가를 치르지 않은 채 전투가 교착상태로 되면, 중국 공산주의자들은 대만, 태국, 미얀마 등 인도차이나로 향할 용기를 얻을 것입니다.

그리고 동남아 지역이 공산화되면, 일본은 공산주의자들과의 밀월관계를 시작하게 될 것입니다. 일본은 자국의 최대 고객이자, 원료 공급국들이 공산주의의 통제하에 빠지게 되면 자포자기해 버릴지도 모릅니다. 나는 언젠가 우리가 한국전쟁을 회고하면서 '그때 공산주의를 저지했어야만 했는데'라고 때늦은 후회를 하지 않기를 바랍니다."

밴 플리트 장군과 그의 외아들 (1952년 4월 5일, 북한에서 야간 비행작전 중 실종)

:: **역주**

밴 플리트 장군에게 매료된 종군기자는 마거리트 히긴스만이 아니었다. 앞서 리지웨이를 신랄하게 비판했던 킹(O.H.P. King) 기자는 『Tail of the Paper Tiger』에서 밴 플리트 장군을 다음과 같이 극찬했다.

"리지웨이 장군 밑에는 자기의 호불호를 드러내기를 주저하지 않고 강인하게 싸우는 제임스 밴 플리트라는 아주 훌륭한 장군이 있었다. 제8군사령관 밴 플리트는 정직하고, 무뚝뚝하며, 거친 다이아몬드 같은 인물이었다. 그는 12개 이상의 나라에서 전투를 경험했으며, 부하들로부터 헌신과 충성을 얻는 능력도 겸비했다. 그러나 종군기자들로부터 좋은 평판을 얻는 데는 실패했다.

밴 플리트 장군에 대해 비판적인 사람들은 그를 머리와 체력이 함께 하지 않다는 것을 보여주는 전형적인 군인이라고 폄훼했다. 그러나 나는 마치 승리를 위해 전력을 다해서 경쟁하는 운동선수처럼 한국 전선에서 싸우는 그를 좋아했다.

밴 플리트 장군은 쓸데없는 말로 속마음을 숨기지 않았다. 그는 느끼는 대로 말했고, 말하는 대로 행동했다. 그는 내가 대학교 때 알았던 몇몇 위대한 풋볼선수들을 연상시켰다. 모두가 경기에 패할 것으로 생각할 때, 터치다운을 위해서 최선을 다하는 선수들 말이다.

그는 천부적인 리더처럼 보였다. 나는 왜 장병들이 그를 좋아하고, 신뢰하며, 그의 명령에 충심으로 복종하면서 싸우는지를 알 수 있었.

그러나 밴 플리트 장군이 미 국방부에 전쟁을 승리로 이끌 수 있는 공세를 시작해야 한다고 적극적으로 건의하는 동안, 미 국방부는 전쟁을 포기하도록 더 큰 압력을 행사하고 있었다."

1951년 4월 11일 맥아더 장군이 보직 해임되던 바로 그날, 플로리다에서 휴가 중이던 제임스 밴 플리트는 콜린스 미 육군참모총장의 전화를 받는다. 즉시 한국전선으로 떠날 준비를 하라는 것이었고, 즉시란 다음 날을 의미했다. 4월 12일 밤, 밴 플리트는 한국행 비행기에 몸을 실었다. 언제 다시 보게 될지 모르는 아내와 작별하는 키스를 하고!

참고로, 독자 여러분께서는 밴 플리트 장군의 외아들인 미 공군 대위 "짐"(James Alward "Jim" Van Fleet Jr. 1925-1952)이 1952년 4월 5일 북한지역에서 항공작전 수행 중 실종되었음을 기억해 주셨으면 한다.

1951년 4월 14일, 대구 공항에 도착한 밴 플리트는 오후에 미 제8군사령부에서 유엔군 사령관으로 승진해서 도쿄로 가는 미 육군사관학교 2년 후배인 리지웨이 대장과 업무를 인수인계하고, 이·취임식을 했다.

이튿날 밴 플리트는 이승만 대통령을 예방하고, 한국군 지휘권과 전쟁 자원 사용에 관한 권한을 부여받았다. 그는 자기보다 17살 위인 이 대통령과의 첫 만남에서 존경심을 갖게 되었다고 나중에 술회했다. 공산주의자들을 한반도에서 반드시 몰아내겠다는 이 대통령의 강인한 정신력에 탄복했기 때문이다. 이후 두 사람의 형제보다 친밀한 우정은 오늘의 대한민국을 있게 만든 동력(動力) 중의 하나였다.

맥아더의 해임과 유엔군 사령관 및 제8군 사령관의 교체는 공산군에게 절호의 공격 기회였다. 1951년 4월 22일 밤, 중공군은 대공세를 개시했다. 1951년 3월 14일 빼앗긴 서울을 다시 점령하기 위한 이 공격으로 한국군 제6사단과 영국군 1개 대대가 큰 손실을 입었다.

그러나 밴 플리트 장군이 지휘하는 제8군은 서울을 사수했을 뿐만이 아니라 공산군에게 엄청난 타격을 줬다. 적 사상자는 약 70,000명이었던 반면, 아측은 그 10분의 1인 약 7,000명이었다는 사실로 증명된다. 시사주간지 TIME은 1951월 5월 14일 밴 플리트를 표지 인물로 다뤘다.

중공군은 5월 16일 또다시 춘천 동쪽의 소양강을 넘어 서남쪽으로 제2차 대규모 공격을 감행했다. 이 공격으로 한국군 제3군단이 와해되는 등 피해를 입었으나, 결국 중공군은 9만 명의 사상자를 내고 다시 후퇴했다. 이 숫자는 전방에 투입된 중공군 전체 병력의 거의 3분의 1에 해당하는 규모였다.

5월 20일, 밴 플리트는 대반격을 개시했다. 철의 삼각지대인 문산과 철원 지역 일대를 공격한 것이다. 미 제1군단은 철원과 금화를 점령하고 철의 삼각지대를 공격해서 도로 입구를 봉쇄했으며, 제9군단은 5월 28일 화천을 점령했고, 제10군단은 능선을 차례로 공격해 '펀치볼'이라고 불리는 계곡 일대를 점령했다.

한편, 한국군 제1군단(군단장: 백선엽 장군)은 미 해군 화력의 도움으로 동부 연안도로를 따라 북으로 진격하여, 간성을 점령함으로써 6만 명 이상의 공산군 퇴로를 막았다. 이들의 대다수는 한국군에 투항했고, 나머지는 개별적으로 혹은 소규모로 무기를 버리고 그 지역을 탈출했다.

전승에 고무된 밴 플리트 제8군 사령관은 도쿄의 리지웨이 유엔군 사령관에게 동부 연안도로를 따라 대규모 공격을 건의했으나, 리지웨이는 부랴부랴 방한하여 북진을 막았다. 당시는 누구도 깨닫지 못했지만, 결국 이때 한국전쟁의 전선(戰線)은 거의 고착되었다.

1951년 두 차례 춘계 대공세의 실패로 전력에 심각한 타격을 입은 공산주의자들은 휴전을 제안했는데, 제안자는 중공과 북한이 아닌 공산주의 종주국이자 한국전쟁을 조종한 소련이었다. 1951년 6월 23일, 말리크 주유엔소련대사는 유엔에서 휴전을 제안했고, 1951년 7월 10일, 개성에서 첫 휴전회담이 열렸다.

중공군에게 두 차례나 끔찍한 패배를 안겨준 밴 플리트 장군은 한국전쟁 참전 3개월 반 후인 1951년 7월 31일 중장에서 대장으로 승진했다. 밴 플리트는 중공군의 대공세를 성공적으로 물리친 후, 대구의 제8군사령부가 아니라, 주로 서울의 제8군 전방지휘소에서 근무했다.

참고로, 서울은 한국전쟁 발발 직후 공산군의 수중에 놓였다가 1950년 9월 28일 3개월 만에 수복되었다. 그런데 그해 말 중공군이 개입함으로써 1951년 1월 4일 다시 공산군에게 점령되었으나, 2개월 10일 후인 3월 14일 맥아더 장군이 지휘하는 유엔군이 서울을 수복한 상태였다.

밴 플리트 장군은 퇴임 후인 1953년 5월 11일과 18일 주간화보지 라이프(LIFE)에 '한국에 관한 진실'이라는 제목으로 제8군 사령관 재임시 하지 못했던 말을 솔직히 쏟아냈다. 1) '양심상 나는 더 이상 침묵할 수 없다' 2)

'한국에서 승리할 수 있는 방법'이란 소제목으로 구성된 총 2부 21쪽 분량의 밴 플리트 기고문은 한국 사랑이 넘치는 명문(名文)이다. 그는 글의 서두에 다음과 같이 적었다.

"1951년 봄, 내가 제8군 사령관으로 한국에 부임한 후 6주일은 미 육군 역사상 가장 위대한 시기였으며, 한국전쟁 중에 최고로 우리 군의 사기가 하늘을 찌를 듯했던 시기였다. 그때 우리 정부의 고위정책결정자들이 개입해서 우리에게 더 이상 전진하지 말라고 명령함으로써, 전투는 정체상태가 되었으며, 길고 지루한 휴전협상이 시작됐다.

1951년 5월 이후, 우리 정부의 정책을 추적해보면, 우리가 한반도에서 끔찍한 실수를 저질렀다는 서글픈 감정을 감출 수 없다. 왜 우리는 중공군보다도 압도적으로 우세했는데, 한반도에 진정한 평화를 가져다주지 못할 휴전을 택했는가? 완전히 적을 섬멸할 수 있는데, 왜 우리는 무슨 수를 써서라도 휴전으로 평화를 이뤄야 한다고 극성스레 고집하는가?"

그리고 휴전협정 조인을 앞둔 미 육군사관학교 동기인 아이젠하워 대통령(밴 플리트 장군보다 나이는 2살이 많았음)에게 휴전이 아니라, 군사적인 승리를 강력히 촉구하면서 글을 맺었다.

"우리는 침략자들에게 군사적인 승리를 거둘 수 있다. 장기적인 안목에서 이것이 우리 손자들을 전투와 그로 인한 패배로부터 구할 수 있는 유일한 길이다. 승리는 대가가 따른다. 전쟁은 항상 희생이 따르는 것이며, 질질 끄는 것보다는 빨리 끝낼수록 더 낫다. 우리가 아시아에서 공산주의자들에게 밀려 후퇴하면, 결국 모든 것을 잃는 패배자가 된다. 도대체 우리는 무엇을 두려워하는가?"

특히 이 기고문에서 밴 플리트는 군사적인 승리를 촉구하는 이유가 자유를 위한 한국인의 투쟁 의지에 감동했기 때문임을 명백히 밝히고, 그의 마음을 움직인 세 가지 사례를 다음과 같은 차례로 언급했다.

1) 파괴와 잿더미 속에서 일하는 노점상 할머니

"나는 70세가량의 얼굴에 깊은 주름이 새겨지고, 체격이 작으며 허약해 보였던 노점상 할머니를 잊을 수 없다. 포탄 상자 위에 앉은 그녀의 무릎 위 쟁반에는 특별히 눈에 띄는 것은 없었으나, 장사를 벌려놓은 장소가 특이했다. 서울의 아주 외딴 지역 골목이었고, 주변에는 부서진 벽돌들뿐이었다.

이곳에서 장사하는 것은 좋지 않다는 통역 장교에게 그녀가 던진 말이 너무 인상적이었다. '지금은 여러 날 손님이 없어요. 그러나 전쟁 전, 이곳에 있을 때는 손님이 많았어요. 그들이 돌아올 겁니다.' 그날부터 내 마음속에는 서울이 살기 시작했고, 이후 나는 대구가 아니라 서울에서 작전을 지휘했다."

2) 제6사단을 비롯한 한국군 장병의 불타는 불굴의 투지

"한국에 부임한 지 8일째 되던 날, 중공군의 춘계 대공세가 개시됐다. 당시 미 군단의 사이에 위치했던 한국군 제6사단이 중공군의 공격을 받고 후퇴하자, 미군은 한국군에게 저주를 퍼부었다. 그러나 이는 너무 성급한 결론이었다. 당시 경무장한 한국군 제6사단이 공산군 4개 군(軍: 2개 이상의 군단 편제)의 집중공격을 받았다. 그 결과, 한국군은 1만 명의 장병 중 6,000명의 사상자가 발생해서, 잔여 병력은 도주할 수밖에 없었다. 나는 제6사단의 패배를 치욕스러운 것으로 보지 않았다.

전투가 잠시 중단되었을 때, 나는 제6사단의 병력을 충원해주고 중화기도 제공했다. 또한 추후 알게 된 사실이지만, 장도영(1923-2012) 제6사단장은 패배의 수모를 만회하고자 휘하의 장교 몇 명과 황호(黃虎, Yellow Tigers)라는 비밀결사대를 조직했다. 그들은 단 한 치의 땅도 포기하지 않겠다고 엄숙히 서약하고, 명예 회복을 결심했으며 실제 행동으로 옮겼다.

한 달 후인 1951년 5월, 우리가 반격을 개시했을 때, 한국군 제6사단은 미군 제7사단과 제24사단의 사이에서 전투를 벌였는데, 거친 산악지형에서 중부 전선의 그 어느 부대보다도 적에게 더 큰 패배를 안겨줬다.

여러분이 한국군에 관해서 무엇을 들었는지 모르지만, 나는 한국군을 위대하고 훌륭한 동맹이라고 믿는다. 그들에게 충분한 훈련을 시키고, 전투에서 버틸 수 있는 만큼의 충분한 화력을 제공해줄 때까지는 그들의 전투역량에 대해서 왈가왈부하지 말았으면 좋겠다."

밴 플리트 장군과 장도영 국군 제6사단장

이승만 대통령과 밴 플리트 장군

### 3) 개인의 안락보다는 자유 통일국가를 염원하는 이승만 대통령

"2년 동안 나는 이승만 대통령과 1주일에 한 번씩 전선을 시찰하고 군 훈련소를 방문했다. 추운 겨울에 지프차로 이동하면서 내가 죄송하다고 하면, 그는 손사래 치며 늘 웃음으로 화답했다. 이승만 박사는 일제 때 지어진 부산의 허름한 집에 살며, 개인의 안락을 위해서는 절대로 국고를 낭비하지 않았다. 한국 관리들이 대통령 전용기 구입을 건의하자, 그는 그런 돈이 있으면 적에게 퍼부을 포탄이나 사라고 호통쳤다.

지난 9년간 여러 나라 지도자들을 만나보았지만, 이승만 박사가 단연 최고였음을 솔직히 고백하고 싶다. 한국인들은 일제의 침탈로 충분한 교육을 받지 못하고, 지독히 가난한 삶을 누리다가 이승만 정부에서 민주주의를 처음 경험했다. 그러나 미국을 증오하고, 부자와 토지소유자들을 살해하여 전리품을 함께 나눠 갖자고 종용하는 공산주의자들의 선전에 직면하게 되었다.

이승만 대통령은 국민에게 공산주의 위협의 본질을 이해시키고, 용기와 인내심을 고취했다. 이를 통해서 그는 충분한 교육의 기회가 없었던 한국 국민과 사회적 규율이 부족했던 한국을 공산 침략에 대항할 수 있는 세계 최강의 나라로 만들었다."

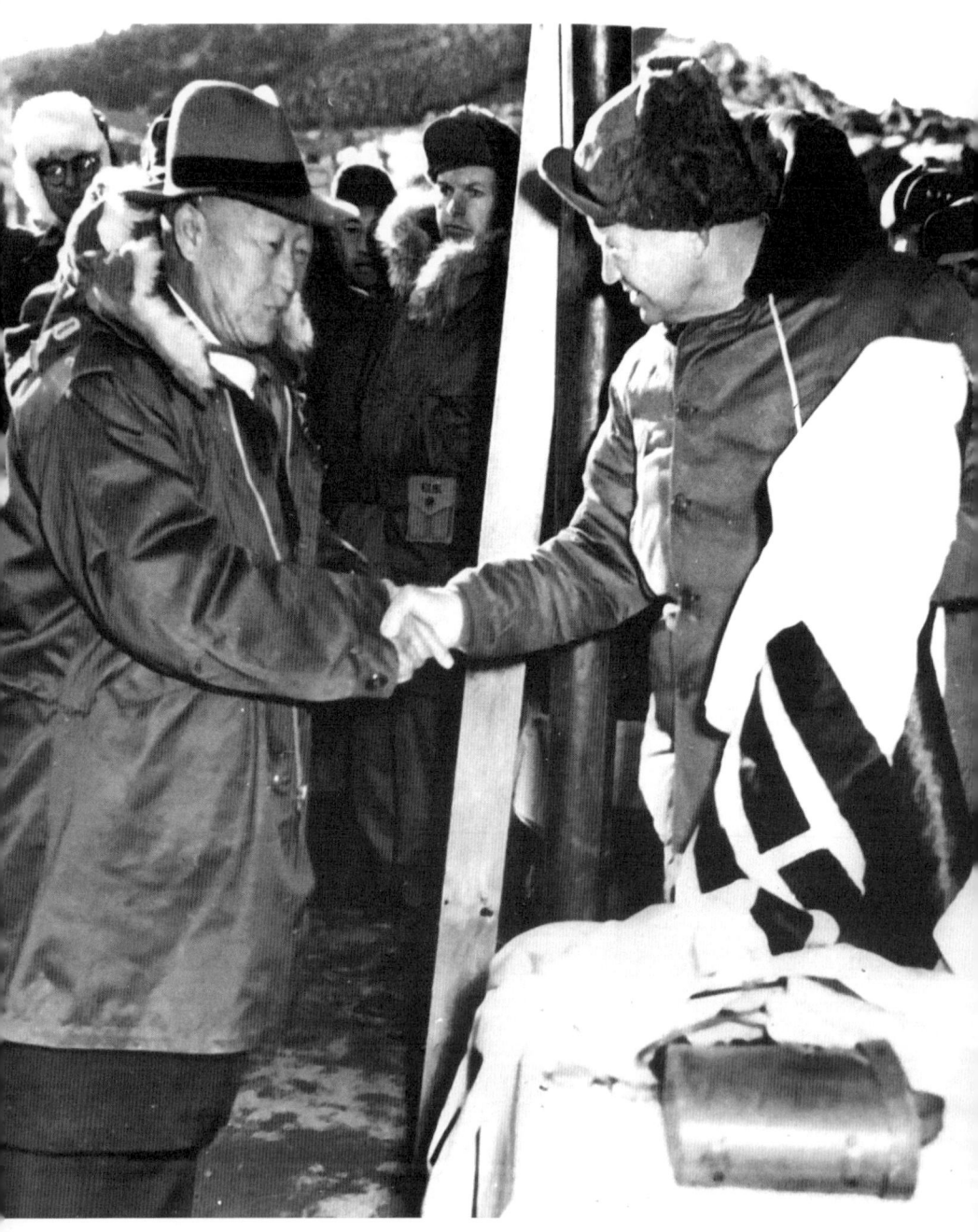

제4장
# 휴전을 선택한 군 출신 대통령 아이젠하워

**미국 국민**은 본능적으로 가장 치명적인 파괴 무기, 즉 핵무기에 대해서 극단적인 혐오감을 가지고 있다. 다른 나라 사람들도 핵무기를 혐오하기는 마찬가지이므로, 이는 이해할만하다. 그러나 나는 한반도에서 이런 끔찍한 무기를 사용하지 않고 차선책을 택함으로써 인간에게 어떠한 고통을 주는지를 목격했다.

그 장면을 경험한 것은 1952년 8월 미 해병대가 중공군과 벙커힐 전투(Korea's Battle of Bunker Hill)를 치르는 과정에서 사상자들이 너무 많아서 해병 증원 병력을 항공기로 투입하기 시작했을 때였다.

이 목격담을 얘기하기 전에 언급해 둘 것이 있다. 사람들은 한국전쟁이 교착상태일 때 얼마나 많은 사상자가 발생했는지를 잊고 있다. 그 많은 사상자가 발생한 이유는 중공군이 아주 잘 준비된 진지들에서 공격을 시작하는 이점을 갖고 있었기 때문이다.

휴전이 서명되기 바로 1개월 전인 1953년 6월에만 유엔군측 사상자가 18,000명 이상이나 되었다. 이는 중공군이 한국전쟁에 최초로 개입해서 우리가 북한지역으로부터 철수했을 때의 사상자 수보다 많은 수치다.

이제 이야기를 나의 목격담으로 돌려보자. 나를 태운 지프차가 벙커힐 고지의 관측소로 향하는 길로 들어서기 위해서 커브를 도는데, 미 해병 대령이 포탄으로 파괴된 길가에 무릎을 꿇고 있었다. 그는 극악무도한 공산군의 지뢰를 밟은 병사를 양팔로 껴안고 있었다.

그 끔찍한 광경은 차마 눈뜨고는 못볼 지경이었다. 부상병의 두 다리는 무릎 아래가 날아갔다. 뾰쪽뾰쪽한 금속들이 그의 얼굴, 머리, 팔, 몸통을 뚫고 들어갔다. 그의 몸은 온통 피투성이였고, 그의 몸에서 성한 부분이 어디인지를 도무지 찾기 힘들었다. 부상병이 죽고 그의 몸에 판초가 씌워지자, 대령은 나를 보고 울부짖으며 쓴소리를 쏟아냈다. 내가 기억하는 그의 절규는 다음과 같다.

"당신이 마침 미국에서 한국으로 돌아오셨다니 묻고 싶습니다. 제발 제게 말씀 좀 해주세요. 미국인들은 도대체 우리가 어떻게 싸우기를 기대하는 것입니까? 저기 산등성이가 보이지요! 그 뒤에 중공군이 진지를 구축하고 포상(砲床: 적의 사격이나 폭격으로부터 화기·장비·인명을 방호하고, 포사격을 할 수 있도록 마련해 놓은 시설)을 설치해 놓았습니다. 적의 포탄들 때문에 우리는 지옥에 살고 있습니다.

우리는 적을 몇 개의 전술핵무기로 쓸어버릴 수 있습니다. 나는 압니다. 전술핵무기 사용에 관한 교육을 받기 위해 특수학교에 다녔거든요. 사용하지도 않을 무기를 만들기 위해 도대체 왜 돈을 낭비합니까?

흔히 우리는 인간적이어야 한다고 얘기하고 또 듣습니다. 그런데 대체 누구에게 인간적이어야 한다는 것입니까? 지난밤에 벙커힐 고지를 사수하기 위해서 우리 해병대 제1사단에서는 100명 이상의 사상자가 발생했습니다. 물론 오늘 밤에도 100명 이상의 사상자가 또 나올 겁니다.

만일 전쟁이 인간에게 죽음을 요구할 정도로 중요하다면, 마땅히 그들에게 최선을 다해서 싸울 기회를 충분히 주어야 합니다. 그리고 최선을 다해서 싸운다는 것은 최선 무기들을 가지고 무장하는 것을 의미합니다.

제3자로부터 압력을 받은 일부 정치인들이 장병들의 생명을 구해줄 수 있는 무기들을 사용하지 못하도록 결정함으로써, 수많은 장병에게 죽을 것을 뻔히 알면서도 고지를 점령하라고 불필요한 명령을 내리는 우리 지휘관들의 마음이 어떤지를 생각해보셨습니까?

이곳에서 빌(Bill, 지뢰를 밟아 사망한 해병의 이름)이 어떻게 죽었는지를 생생하게 지켜본 당신은 내게 어떤 무기가 다른 무기보다 더 끔찍하다고 말하지는 못할 것입니다. 이 빌어먹을 놈의 지뢰는 핵폭탄만큼이나 치명적으로 당신을 살해합니다. 단지 죽는 데 걸리는 시간이 일반적으로 오래 지속될 뿐입니다."

이 말을 하는 동안 해병 대령의 뺨에는 눈물이 하염없이 흘러내렸다.

1952년 12월 드와이트 아이젠하워(Dwight Eisenhower, 1890-1969) 미국 대통령 당선인이 한국을 방문했을 때, 중공군에 대한 대응 공격이 곧 이뤄질 것이라는 단편적인 소문들이 나돌았다. 밴 플리트 미 제8군 사령관도 줄곧 얘기했다.

"아이젠하워 장군은 군인입니다. 그는 무엇이 필요한지를 알게 될 것입니다."

내가 아이젠하워와 마지막으로 인터뷰한 것은 그가 1952년 대통령에 출마하기 바로 전, 초대 북대서양조약기구(NATO) 총사령관으로 재직하던 때다. 나는 그와 국제문제에 관해서 장시간 대화를 나눌 수 있었다.

그는 소문대로였다. 천진난만해 보이는 그의 웃음 뒤에서 나는 철과 같이 단단한 모습을 보았다. 그는 인터뷰 내내 긴장감과 때로는 엄격함, 그리고 학자와 같은 인상을 풍겼다. 혹자는 그에게서 지적인 분위기를 느낄 수 없다고 하지만, 내가 본 그는 기말시험을 앞두고 열심히 공부하는 학생처럼 책에 심취한 인물이었다.

그는 내게 에릭 호퍼(Eric Hoffer, 1902-1983, 역주: 뜨내기 노동자 생활을 하며, 독자적인 철학 세계를 구현한 인물)가 집필한 "The True Believer"(국내에 "대중운동론"이란 제목으로 번역본이 나왔음)를 선물했다. 그는 단순히 그 책을 선물한 것이 아니라, 중요한 부분의 여백에 직접 주석을 달아놓고, 친필 서명까지 해주었다.

내가 특히 잊지 못하는 것이 있다. 에릭 호퍼의 책 중에 나오는 "모든 형태의 헌신, 헌납, 충성, 자기 포기는 본질적으로 우리의 헛되고 퇴락한 삶에 가치와 의미를 주는 무엇인가에 필사적으로 매달리는 것이다"라는 구절에 달아놓은 아이젠하워의 주석이다. 그는 호퍼의 의견에 동의하지 않는다면서 파란색 잉크로 다음과 같은 주석을 달아놓았다.

"내 생각에 이 구절은 명백히 틀린 것이다. 예컨대 국가에 대한 헌신에서 우리는 그것이 사실이 아님을 아주 명확하게 깨달을 수 있다. 국가에서는 집단 과제들이 너무 중요해져서 우리는 각자의 과제들을 헌신적으로 떠맡아야만 하는 것이다."

이런 경험을 했던 나는 밴 플리트 장군의 말처럼 아이젠하워가 중공군에 대해서 필요한 조치를 할 것으로 생각했다. 그러나 다른 사람들은 아이젠하워가 중공군을 반격하기에는 시기적으로 너무 늦었다고들 얘기했다. 그래서 나는 대통령 당선인으로 1952년 12월 방한하는 아이젠하워를 직접 만나 물어보고 싶었으나, 아쉽게도 뜻을 이룰 수 없었다.

그 대신 나는 아이젠하워의 오랜 친구를 만났다. 대통령 선거에서 아이젠하워를 위해 발 벗고 뛰었던 그는 내게 아이젠하워가 군인 출신 대통령이므로 군사 명령을 내리는 것이 민간인 대통령보다도 심리적으로나 정치적으로 더욱 힘들 것이라면서 다음과 같이 귀띔해줬다.

"내가 아이젠하워에 대해서 우려하는 게 하나 있습니다. 그가 '군사적 마인드'를 가졌다고 일컬어지는 것에 대해 매우 민감해서 오히

밴 플리트 대장에게 훈장을 달아주는 아이젠하워 대통령

려 반대 방향으로 기울지 않을까 우려됩니다. 즉, 군국주의자라고 비난받을 수 있는 약점을 갖고 있어서, 아주 오래 결정적인 조치를 하지 못할지도 모릅니다. 민간인 출신이라면 두려움 없이 적시에 강력한 조치를 할 수 있을지도 모르는데 말입니다."

오른쪽부터 밴 플리트 대장, 마크 클라크 대장, 아이젠하워 대통령 당선인

:: **역주**

"아이젠하워의 천진난만해 보이는 웃음 뒤에서 강철과 같이 단단한 모습을 보았다"는 히긴스의 표현은 옳았다. 아이젠하워는 유연하고 친화력이 있어 보이지만, 일단 결심하면 결코 바꾸는 인물이 아니었다. 그러나 군사전략이나 국제정세를 파악하는 식견에 있어서 맥아더와 아이젠하워는 비교 대상이 못됐다.

맥아더는 아이젠하워보다 나이가 10살이나 많고, 미 육군사관학교 12년 선배이며, 군 경력도 하늘과 땅 차이였다. 맥아더가 육군참모총장(대장)을 할 때 아이젠하워는 소령이었고, 1935년 맥아더가 필리핀에 군사고문으로 갈 때도, 아이젠하워는 소령으로 따라갔고 그곳에서 겨우 중령으로 진급했다. 그런데 17년 후인 1952년 아이젠하워는 대통령에 당선되었고, 맥아더는 72세의 노인으로 야인이나 다름없었다.

아이젠하워는 1952년 12월 2일부터 4일까지 미국 대통령 당선인 신분으로 한국을 방문했다. 휴전을 극렬하게 반대해온 이승만 대통령은 어떻게든 아이젠하워를 설득해서 중공군을 북한에서 몰아내고 한반도에 자유 통일국가를 건설하고 싶어했다.
하지만 아이젠하워는 이미 휴전으로 마음을 굳히고, 이승만과의 대면 자체를 탐탁지 않게 여겼다. 결국 두 사람이 만나기는 했으나, 이승만은 실망할 수밖에 없었다. 더구나 아이젠하워는 밴 플리트 장군의 전황 보고를 듣는 데도 관심이 없었다. 낮에는 한국전쟁에 참전 중인 아들을 만나고 미군 부대를 시찰했으며, 밤에는 포커 놀이를 즐겼다.

그때 미국에서 이승만 대통령처럼 아이젠하워에게 한국전쟁을 휴전이 아니라 군사적인 승리를 통해서 공산군의 항복을 받아내야 한다고 나선 사람이 있었다. 그는 바로 본국으로 소환되어 20개월 동안 침묵하며 한국전쟁의 추이를 관망해왔던 맥아더 장군이었다. 그는 과거의 부하였던 아이젠하워라면 자신의 건의를 수용할 수 있을 것으로 믿었다. 이와 관련, 맥아더가 사망하던 해 출간된 『DOUGLAS MacArthur Reminiscences』(1964)라는 회고록에는 다음과 같이 우리로서는 한탄할 만한 내용이 실렸다.

아이젠하워가 한국방문을 마치고 귀국 중이던 1952년 12월 5일, 맥아더는 미국 제조업자협의회 연례 만찬회 연설에서 아이젠하워에게 한국전쟁을 군사적인 승리로 끝낼 수 있는 토론을 제안했다. 즉, 미국이 서유럽에서는 집단방위를 강조하지만, 한국에서는 집단방위에 대해 미온적 혹은 반대한다면서, 한국전쟁 종식을 위한 결정적 방안이 있다고 말했다.

맥아더는 이틀 뒤(12월 7일) 아이젠하워로부터 가까운 시일 내에 토론하자는 연락을 받았고, 12월 17일 맥아더, 아이젠하워, 그리고 차기 국무부장관으로 내정된 존 덜레스(John F. Dulles, 1888-1959)가 덜레스 자택에서 회동한다. 맥아더는 자신의 의견을 비망록(memorandum: 잊지 않으려고 기록해 둠)으로 만들어 아이젠하워에게 전달했다.

비망록의 내용은 한국전쟁이 미국과 소련의 전쟁으로 확대되었으므로 미국과 소련이 회의를 개최해서 한반도 통일을 남북한 주민의 결정에 맡기는 등 여러 현안을 논의하자는 것이었다. 특히 미국은 중공의 공업기지 폭파와 소련의 보급로 차단의 역량이 있고, 핵무기도 소련보다 우세하다는 점을 최대한 이용해서 소련에게 회의가 결렬되면 무력을 행사하겠다고 으름장을 놓는 게 필요하다는 것이었다.

이 비망록에 대해서 아이젠하워는 묵묵부답이었고, 덜레스가 아이젠하워의 입이 되어 맥아더에게 입에 발린 칭찬과 함께 비망록의 비현실성을 지적했다.

"트루먼 대통령이 장군님을 너무 일찍 해임함으로써 자유세계에 큰 비극이 초래됐습니다. 다만, 장군님의 매우 의욕적인 계획은 아이젠하워 대통령 취임 후 1년 이내에는 실행하기 힘들 것입니다."

까마득한 선배이자 상관이었던 맥아더에게 이렇게 묵묵부답으로 무안을 준 아이젠하워가 휴전에 극렬하게 반대하면서 자기의 비위를 건드리는 약소국의 대통령 이승만을 얼마나 가소롭게 보았겠는가? 그러나 이승만은 맥아더처럼 아이젠하워 같은 안하무인에게 무방비 상태로 당할 위인이 아니었다.

휴전 협상이 점차 무르익어 가던 중에 뜻밖에도 1953년 3월 5일 스탈린이 사망하자, 이승만은 북한에서 중공군을 몰아내고 한반도 통일을 이룰 수 있는 절호의 찬스라고 판단했다. 그래서 이승만은 아이젠하워에게 더 이상 휴전에 매달리지 말자고 몇 차례 서신을 보냈으나, 까마득한 선배 맥아더도 우롱한 철인(鐵人) 아이젠하워는 요지부동이었다.

더구나 15살이나 아래인 아이젠하워가 고압적인 태도를 보이며 휴전의 조인을 서두르자, 이승만은 1953년 6월 17일 아이젠하워에게 무시무시한 서한을 전송(電送)했다. 무시무시하다는 건 서한 전송 다음 날(6월 18일 0시) 이승만이 부산·대구·광주·마산·영천·논산·부평 등 7개 포로수용소의 포로 37,000명 중 반공포로 27,092명을 석방해버렸기 때문이다.

당시 반공포로 석방은 대의를 위해서 죽음을 각오했거나 미치지 않고는 감히 상상도 하기 힘든 결정이었다. 어쨌든 이승만의 반공포로 석방 뉴스는 전 세계를 경악하게 만들었다. 더구나 이미 포로가 석방된 후 이승만의 서한을 읽어보았을 아이젠하워가 얼마나 격노했을까?

1954년 5월에 대한민국 공보처가 발간한 『KOREA FLAMING HIGH』(높게 불타오르는 한국)라는 제목의 이승만 대통령 영문 서한집에 실린 아이젠하워에게 보낸 이승만의 서한 전문(全文)을 번역해서 소개한다.

## 아이젠하워 대통령에게 보낸
# 이승만 대통령 서신

친애하는 아이젠하워 대통령 귀하,

우선 1953년 6월 6일 귀하가 보내온 친절한 서한에 대한 회답이 늦어져서 미안합니다. 솔직히 말하자면, 편지 초안을 잡은 것이 한두 번이 아닙니다. 논쟁을 피하고 싶었지만 논쟁하지 않고는 내 생각을 명백하게 표현할 수가 없었기 때문에 늦어지고 말았습니다. 부디 귀하가 나의 우정이 담긴 이 서한을 내가 귀하에게 가진 것과 같은 우정을 가지고 읽어 주기 바랍니다.

처음부터 우리는 중공 침략자들의 한반도 잔류를 허용하는 휴전이 이뤄지면 우리의 생존이 불가능할 것이라고 우방들에게 누차 밝혀 왔습니다. 그런데 이 같은 우리의 불안감은 조금도 누그러지지 않고 있습니다.

우리 우방들은 휴전 후로 예정된 정치회담에서 중국 공산주의자들이 한반도에서 철수하고, 이어서 한반도 통일이 성취될 것이라고 철석같이 믿고 있는 것 같습니다. 나는 이런 점에 대해서 구체적인 논쟁을 하고 싶지는 않지만, 적어도 우리는 그것이 가능하리라고 믿지 않는다는 사실을 분명히 밝혀둬야만 할 것 같습니다.

이는 확실히 의견이 다를 수 있는 문제입니다. 그러나 우리의 의견은 결코 묵과할 수 없고 잊을 수도 없는 사실들에 의하여 뒷받침되고 있습니다. 우리가 몸소 겪은 이 경험들은 그에 상반되는 납득할 만한 다른 사실이 나타날 때까지는 우리에게 판단 형성의 지표가 되는 요인들로 계속 남을 것입니다.

지금 유엔은 한반도에서 어떤 일이 일어날지를 염두에 두지 않고, 공산 침략자들과 휴전협정을 체결하려고 합니다. 이는 실제로 우리가 국가로서 생존할 수 있느냐 하는 한없이 괴로운 의문을 제기하게 만듭니다. 내가 지적하는 다음 구절들을 통해서 귀하가 현재 상황에 대한 우리의 반발을 어느 정도 짐작할 수 있기를 기대합니다.

우리는 세계적인 공산 침략과 투쟁하는 과정에서 미국이 군사적·경제적으로 우리를 위해 행한 일들을 회상하면서 최후까지 미국의 우방으로 남기를 갈망합니다.

만약 임박한 휴전협정이 타결된 후에 미군이 어떤 이유로 더 이상의 전투 참여를 중단하거나, 완전히 한반도에서 철수하여 방관자적 입장을 취한다고 해도 우리로서는 할 말이 없습니다.

미군이 한반도를 떠나는 것이 필요하거나 바람직하다고 생각한다면, 우리가 미군의 친구로 남으려고 노력하는 것처럼 미군도 우리에게 우호적 감정을 가지고 이 땅을 떠날 수 있습니다. 피차 상대방의 계획을 방해만 하지 않는다면, 쌍방은 상호 친선 관계를 유지할 수 있을 것입니다.

3년간 지속된 이 전쟁의 첫해에 미국과 유엔은 상호 번갈아 가며 반복적으로 그들의 전쟁 목표가 통일·독립·민주적인 한국의 건설과 침략자들에 대한 응징이라고 공표했습니다. 그들이 이런 공식적인 언급을 한 시점은 바로 유엔군이 압록강까지 진격했을 때이므로 우리는 당연히 그 공식 언급을 바로 그들의 전쟁 목표로 인식했습니다.

그러나 후에 공산군이 예상보다 강하다는 사실이 입증되자, 유엔의 정치가들은 전쟁에 의한 한반도 통일 의도가 전혀 없었다고 말을 바꾸기 시작했습니다. 그러나 이는 우리가 약하다는 사실을 공공연히 고백한 것이었으므로 이를 액면 그대로 받아들인 사람은 극히 드물었습니다.

그런데 요즈음 우리는 마치 그 같은 목표들을 이미 달성했거나 아니면 이제는 포기한 것처럼, 한반도 통일이나 침략자에 대한 처벌에 관한 얘기는 더 이상 듣지 못하게 되었습니다. 들리는 말들은 모두 휴전에 관한 얘기 뿐입니다.

하지만 이러한 유화적인 분위기 속에서 이뤄지는 휴전이 우리에게 명예롭고, 바람직하며, 항구적인 평화를 가져다줄지 우리는 심각한 의문을 느끼지 않을 수 없습니다. 개인적으로 나는 공산주의자들이 싸움터에서 동의하지 않은 일을 협상의 테이블에서 동의할 것이라고 믿지 않습니다.

경제원조와 한국군 증강에 관한 귀하의 관대한 제안들은 우리에게 긴급히 필요한 것이므로 한민족 전체가 감사해 마지않습니다. 그러나 그러한 것들이 우리가 이해하는 휴전을 수락하는 대가라면, 우리는 이 제안들에 그다지 마음이 끌리지 않습니다.

왜냐하면 이미 언급한 바와 같이 이러한 휴전의 수락은 사형선고의 수락이나 다름없기 때문입니다. 그 같은 치명적인 타격을 입은 후에는 그 어느 것도 한국에게 소용이 없다는 우리의 말은 그냥 하는 헛소리가 아닙니다.

휴전이 타결된 후 양국 간에 상호방위조약이 성사되도록 권한을 행사하겠다는 귀하의 친절한 약속이 진심에서 우러나온 것임을 우리는 믿어 의심치 않습니다. 사실 상호방위조약이야말로 우리가 항상 추구해 오던 것으로, 우리는 이를 마음속 깊이 지지합니다. 그러나 그것이 휴전과 연계돼 있다면, 그 효력은 거의 전무할 정도로 떨어질 것입니다.

귀하는 우리가 직면하고 있는 어려운 상황을 쉽게 상상할 수 있을 것입니다. 국군장병을 포함해 한반도에서의 모든 일을 유엔의 처분에 맡긴 결과로 우리는 끔찍한 인적 손실과 물질적 파괴를 감수해야 했습니다. 우리가 그렇게 한 이유는 우리와 우방들이 분단된 한반도를 통일하고 공산 침략자들을 응징한다는 공동의 목표를 가졌다는 단 하나의 믿음 때문이었습니다.

그런데 이제 유엔은 이 본래의 목표를 갑자기 팽개치고, 우리로서는 수용할 수 없는 타협을 침략자들과 하려는 것처럼 보입니다. 우리가 이 협상을 받아들일 수 없는 것은 협상에 관한 협의에서 배제되었기 때문이 아니라, 타협의 조건들이 한민족의 죽음을 의미하기 때문입니다. 더욱이 유엔은 지금 우리더러 그 같은 유엔의 노력에 협력하라고 압력을 가하고 있으며, 휴전 조건에 관해서는 적과 손을 잡은 것처럼 보입니다.

우리는 유화주의자들의 주장이 미국의 휴전에 대한 태도를 바꾸는 데 주효했다는 냉혹한 현실을 외면하려고 해도 결코 그럴 수가 없습니다. 한반도에서의 치명적인 휴전으로 이러한 위험한 경향이 항구화된다면, 결국 미국을 포함한 나머지 자유세계가 궁극적으로 위험하게 될 것이라는 게 우리의 견해입니다.

수백만의 자유인이나 자유를 잃은 사람이 모두 뼈에 사무치게 기도하고 희망하는 것은 바로 미국이 철의 장막 뒤에서 사슬에 묶여 사는 이들을 자유롭게 해방시키는 데 앞장서 달라는 것입니다.

휴전협상이 양측 간에 서명만을 남겨 놓고 있는 것과 다름없는 바로 이 순간, 공산주의자들은 대규모 공세를 시작하고 있습니다. 이것이야말로 가까운 장래에 대한 경고가 아닐 수 없습니다.

현재의 휴전 조건대로라면, 공산주의자들은 아무런 장애도 받지 않고 병력을 증강해서 필경 저들이 선택한 시간에 대한민국을 일거에 삼켜 버릴 수 있을 것입니다. 그 후에 극동의 나머지 지역은 어떻게 되겠습니까? 아시아의 나머지 지역은 어떻게 되겠습니까? 그리고 자유세계의 나머지 지역은 어떻게 되겠습니까?

이 위기의 시간을 맞아 귀하가 현명한 리더십을 발휘하여 필요한 대책을 강구하기를 여전히 기대하면서, 이만 줄입니다.

귀하의 매우 진실한 벗으로부터,

이승만

제5장

# 침통한 심정으로 휴전에 서명한 클라크 대장

**역사적으로** 우연히 그렇게 되었든, 아니면 계획적이든 간에 공산주의자들은 한반도에서의 군사 카드놀이에서 그들의 손을 기막히게 잘 놀렸다. 우리가 가진 군사 카드들은 기동력, 질적으로 나은 공군력, 핵무기를 포함해서 질적으로 우수한 무기 등이었다. 적이 가진 강력한 에이스는 병력이었다.

그런데 우리 동맹국들은 여론에 촉각을 세우고 정치적인 고려도 해야 하는 심리적인 전투를 벌여야 했다. 그 때문에 우리는 어쩔 수 없이 적의 에이스가 힘을 발휘하는 전쟁을 치르지 않을 수 없었다. 즉, 대부분의 전쟁기간 동안 우리의 최상의 카드들은 효과적으로 사용될 수 없었다.

첫째, 기동력은 증원 병력 부족과 적을 완전하게 소탕하는 작전을 금지하는 정책 때문에 무용지물이 되었다.

둘째, 전략폭격은 압록강 너머의 적의 주요 기지들에 대한 타격이 허용되지 않은 이후 전혀 시도해보지 못했다. 전술비행은 목표물들에 대한 제한으로 방해받았다. 그러한 제한이 해제된 것은 중공군이 한반도 상공에 상당한 숫자의 제트기를 불러들여서 그 목표물들을 보호할 수 있게 된 이후였다.

셋째, 중공군이 핵무기 공격으로부터 안전한 것은 물론이었다.

그뿐만 아니라, 판문점에서 중국 공산주의자들은 강요받지 않고 휴전협상을 했으며, 휴전이 서명된 후 몇 시간 내에 그 조항들을 조롱하듯 무시하기 시작했다.

공산주의자들의 협상 기술을 뻔히 꿰뚫고 있는 전문가는 단연 마크 클라크(Mark Clark, 1896-1994, 역주: 미 육군 역사상 최연소 중장 기록. 아들이 육군 대위로 참전했다가 중상을 입고 그 후유증으로 사망) 장군이다. 마침 그는 리지웨이 장군의 후임으로 1952년 5월 극동군 총사령관으로 부임했다.

클라크 장군은 극동에 부임하기 전부터 공산주의자들의 전술을 잘 알고 있었다. 그는 제2차 세계대전 후, 오스트리아 주둔군 사령관(대장)으로 오스트리아 처리 문제에 관해서 소련인들과 길고 지루한 협상을 해본 경험이 있는 인물이다. 클라크는 이러한 경험을 한국전쟁 휴전협상에서 잘 활용할 수 있었지만, 그의 상관들은 클라크의 충고를 새겨듣지 않았다. 클라크 장군은 내게 공산주의자들의 협상 방식을 아주 단순하고 알기 쉽게 설명해 주었다.

"공산주의자들은 협상에서 거의 똑같은 기본 패턴을 따랐습니다. 미국과 공산주의자들이 엔젤 케이크(달걀흰자로 만드는 고리 모양의 케이크) 하나를 놓고 논쟁을 벌인다고 가정합시다. 문제의 케이크는 양측이 갑론을박하는 원형 테이블의 정확히 한가운데에 놓여있습니다. 여러 날이 가고, 여러 주일이 흘러갑니다.

어느 날 협상테이블에 나온 미국인들은 밤새 케이크의 반쪽이 쥐도 새도 모르게 사라진 것을 알고 기겁합니다. 사라진 이유는 분명합니다. 소련인들이 케이크를 싹뚝 잘라서 그 반쪽을 공산주의자들의 방으로 가져다 놓은 것입니다.

미국의 항의가 공산주의자들에게 전달됩니다. 세계는 소련인들이 상품을 얻기 위해서 또다시 힘에 호소했다는 사실을 알아차리지만, 놀란 우리 동맹국들은 워싱턴 당국에게 도발적 혹은 성급한 보복을 하지 말아 달라고 주문합니다.

대화는 계속되고, 시간은 소련의 도둑질을 기억 속에서 희미하게 만듭니다. 즉, 세계 여론은 소련이 케이크의 절반을 가져갔다는 사실을 잊어버립니다. 결국 반쪽의 케이크는 소련 것으로 기정사실화됩니다.

그리고 어느 날 평소에는 무뚝뚝하던 소련 대표단이 만면에 함박웃음을 띠고 회의장으로 들어옵니다. 그리고 반대편에 앉아있는 미국 대표들에게 말을 건넵니다. '자 보세요. 우리 이성을 차립시다. 당신들이 타협을 원하면 우리는 기꺼이 타협할 자세가 되어있소.'

미국 대표단은 적어도 소련 대표단이 케이크의 반쪽을 불법적으로 가져갔다는 사실을 기억하고 있으므로 '정말이오?'라고 반문합니다. 그러면 소련 대표단의 답변이 걸작입니다. '그럼요, 정말입니다. 국제적 긴장을 완화하고, 세계평화를 위한 우리의 소망의 표시로 우리는 당신들과 타협하려는 것이오.'

그다음에 소련 대표단은 아직 회의장에 남아있는 반쪽의 엔젤 케이크를 가리키며 말합니다. '우리는 당신들이 없어진 반쪽 부분을 포기하면, 여기 남은 케이크의 반에 대한 당신들의 권리를 인정해줄 수 있소.'

결론적으로 소련인들은 이렇게 가당치도 않은 권리를 주장하는 술수를 부려서 케이크의 4분의 3을 차지하려고 합니다."

어쨌든 동유럽, 중국, 티베트, 외몽고, 북한에 이어 가장 최근에는 북부 인도차이나의 비옥한 논과 광물들이 '케이크 조각'이 되어 공산주의자들의 수중으로 들어갔다. 이러한 일련의 공산화 과정에서 내가 체험한 사실은 공산주의자들의 침략에 대처하는 방법은 워싱턴에서 표명된 견해보다도 전투 지휘관 등 현지 의견이 정확했다는 사실이 시간이 흐르면서 밝혀진다는 것이다.

미국의 여당은 대중의 표를 의식하여 강렬한 어조로 평화를 위한 활발한 활동을 얘기하는 경향이 있는데, 이는 나름대로 이해할만하다. 한국전쟁이 발발하기 1개월 전, 트루먼 대통령은 중대 성명을 통해서 대중들에게 "평화를 얻을 기회가 지금보다 더 좋을 때는 없었다"고 천명했다. 아이젠하워 행정부도 때때로 미래에 대해 그런 장밋빛 환상에 빠졌다.

그러나 이러한 정치적 기술은 문제가 있어 보인다. 즉, 평화와 장밋빛 미래에 관한 정치적 발언이 우리 국민을 바보로 만드는 국가적 풍조에 기여한다면, 그 진정성은 의심받아 마땅하다. 나는 미국 국민이 평화의 꽃들을 잡아 뜯으려는 위험한 쐐기풀들에 대한 경계심을 늦추지 말아야 한다고 생각한다.

## :: 역주

마크 클라크 장군은 1953년 7월 27일 오후 1시, 문산의 유엔기지 내 극장의 무대 위에서 유엔참전국 대표들과 기자들이 지켜보는 가운데 휴전협정에 서명했다. 그는 『From the Danube to the Yalu』(1954년, 다뉴브강에서 압록강까지)라는 제목의 회고록에서 그날의 감회를 다음과 같이 적었다.

"나는 1953년 5월 25일 이후 휴전회담을 보이코트 해온 한국의 최덕신 소장이 참석한 것을 보고 기쁨을 감출 수 없었다. 서명을 위해 마련된 무대 위에는 동영상 뉴스와 TV 카메라를 위해서 설치된 조명 때문에 찌는 듯이 더웠다. 파카 회사에서 보내준 만년필로 18차례 휴전 문서에 서명을 마친 후에 나는 짤막한 성명서를 읽었다.

'이 시간에 나는 마음속으로 승리의 기쁨을 누릴 수 없습니다. 오히려, 앞으로 이 휴전을 인류에게 유익하게 만들기 위한 우리의 힘든 노력이 성공하기를 기도해야 할 시간입니다. 우리는 오늘 휴전협정 조인을 통해서 희망을 얻기보다는, 자유세계를 구제하기 위한 경계와 노력을 늦추지 않는 것이 필요하다는 인식을 가져야 합니다.'

우리는 공산주의가 다른 나라를 직접 무력으로 침략하는 데 실패했다는 점에서 한국전쟁에서 승리했다고 할 수 있으나, 적이 패하지 않은 채 전보다 더욱 강력하고 위협적인 존재로 남아있다는 점에서 아쉬움이 남는다. 적이 강해졌다는 의미는 아시아 공산군이 현대 지상전의 방법을 배웠다는 사실이다. 전투에서 우리는 그들이 몰랐던 것을 가르쳐줬으며, 그들이 대

휴전 문서에 서명하는 마크 클라크 대장

아이젠하워에게 휴전 서명 문서를 보이는 마크 클라크 대장

가로 지불한 것은 그들의 가치 척도에서는 하찮은 인간의 생명이었다."

위의 회고에서 눈여겨볼 대목은 최덕신 장군의 참석에 관한 언급이다. 이승만 대통령은 휴전회담 개시부터 조인에 이르기까지 줄곧 반대해왔다. 그 때문에 공산측에서는 휴전 성립 후 한국군의 공격을 두려워했으며, 미국 정부는 한국에 대한 전폭적인 경제 및 군사원조, 안전보장 등을 조건으로 최종순간에 이 대통령의 동의를 얻어낼 수 있었다. 또한 클라크 장군은 이 책에서 한국전쟁이 휴전에 이르게 한 미국 정부의 정책을 비판했다.

"미국과 자유세계의 가장 중요한 결단은 중공군이 1950년 11월 전투에 뛰어들었을 때 취해졌어야만 했다. 세계전쟁으로의 확산 위험을 무릅쓰고 중공군에게 즉각 철수하지 않으면, 핵심 시설을 공격하겠다고 경고하지 않은 것을 이해할 수가 없다. 이런 생각은 1952년 5월 유엔군 사령관으로 부임 후에도 마찬가지였다.

우리에게 단호한 결의만 있었다면, 중공군을 응징하고 승리할 수 있었는데, 정부가 그런 결정을 하지 않은 데 대해서 나는 개인적으로 실망했다. 그러나 아이젠하워 대통령이 휴전을 결정한 이상, 그의 결정을 전폭적으로 따랐다.

휴전협정이 마무리되고, 협정에 조인하면서 솔직히 마음이 무거웠다. 당분간 살인 행위가 중지된 것은 고마운 일이었지만, 한반도에서 공산 침략자들을 완전히 패퇴시킨다는 결정을 한 경우보다 더 값비싼 피의 희생을 훗날에 우리 국민이 치르게 될지도 모른다는 심각한 불안감 때문이었다.

그러나 탄환은 공산주의자들을 살해할 수 있지만, 탄환만으로 공산주의를 죽일 수는 없다. 공산주의는 빈곤과 불만이 있는 곳에 번식하는 암(癌)적인 존재며, 우리는 바로 두 종류의 적과 싸워서 이들을 패퇴시켜야만 한다.

공산주의자들은 직접 침략으로 성공하지 못했던 것을 대한민국에 대한 간접 침략, 파괴, 악의적인 선전을 통해서 성취하려고 할 것이다. 이는 그들이 전쟁 전에도 시도했으나 실패했으며, 지금은 성공 가능성이 훨씬 희박하다. 다만, 공산주의에 대한 대한민국 국민의 반공정신을 강화하고, 굳건한 반공정신에 필요한 경제적 조건을 구비시켜주는 일은 미국의 몫이다.

미국은 경제지원을 통해 한국인의 생활 수준을 높여서 공산주의 유혹에 넘어가지 않도록 하고, 굶주리고 의기소침한 북한 주민들에게 부러움을 갖도록 해야 한다. 높은 생활 수준이야말로 자유세계가 공산주의자들의 모략, 선전 및 선동에 대항해 사용해야 할 중요한 무기다. 전쟁 중에 200만 명의 북한인이 남하했다는 사실이 이를 뒷받침해준다.

새로운 유형의 경제전쟁은 자유진영과 공산진영의 세계분쟁에서 최후의 모습이 될 것이다. 대량파괴수단을 보유한 양측은 아마 가공할 병기를 사용치 않을 것이며, 나는 그렇게 되기를 열렬히 염원한다.

그러나 평화는 1) 우리가 강하고, 2) 이 사실을 공산주의자들이 알며, 3) 만일 전쟁 발발 시 우리에게 막강한 힘을 사용할 결의와 용기가 있음을 공산주의자들이 확신하는 경우에만 보장될 수 있다."

끝으로 클라크 장군은 이 책에서 대한민국의 이승만 대통령에 대한 평가도 빼놓지 않았다.

이승만 대통령과 클라크 장군(1952년 광복절 기념식)

"이승만 대통령은 우리가 조인할 그 어떤 휴전도 파탄시키겠다는 위협을 반복했다. 지혜롭고 존경할 만한 애국자인 대한민국 국가원수와 나의 관계는 미국이 휴전 의도를 명백히 밝히기 전까지는 더할 나위 없이 좋았다. 그러나 미국이 휴전 의지를 굳힌 후, 나는 비통함과 좌절감에 빠진 그에게 매를 맞는 소년의 처지로 전락했다.

긴 안목으로 보면, 한반도에 승리의 깃발을 꽂을 때까지 미국이 한국과 함께 싸우도록 하겠다는 그의 외골수적인 결심이 정당했다고 증명될 날이 도래할 것이다. 그러나 그런 목표 달성을 위해서는 전쟁이 한반도 밖으로 확대돼야 했는데, 미국 정부나 유엔 연합국들은 그럴 준비를 하고 있지 않았다."

제6장
# 워싱턴의 정책에 불만을 토로한 유엔군 지휘관들

**미국은** 한국전쟁 기간 중 기본 정책들을 변경함으로써 전투하는 한국인은 물론, 군사적으로 책임 있는 지위에 있는 미군, 영국군 등을 혼란스럽게 만들었다. 내가 체험한 주목할 만한 사례들을 언급하고자 한다. 우리는 이를 새로운 미래를 위한 타산지석으로 삼아야 할 것이다.

1950년 9월 인천상륙작전이 개시되기 전의 일이다. 이미 고인이 된 포레스트 셔먼(Forrest Sherman, 1896-1951) 미 해군참모총장은 종군기자들과의 비공식 간담회에서 중공군이 무력 공격을 감행하면 어떻게 할 것이냐는 질문에 대해 다음과 같이 답변했다.

"물론 합참은 그 점을 심각하게 고려했습니다. 그러나 크게 걱정하지 않습니다. 우리는 극동군사령부의 공군을 신뢰합니다. 만약 중공군이 개입하면 우리는 만주의 중공군 보급기지를 타격하고, 중공군의 보급선을 집중적으로 공격함으로써 상황을 우리에게 유리하게 유지할 것입니다."

이후 의회 청문회에서 드러났듯이, 미 극동군사령부는 합참의 승인하에 중공군 개입을 가정한 전시작전계획을 가지고 있었다. 이에 따르면 중공군이 무력으로 공격해오면, 우리 공군은 그들의 병참 보급을 차단하고, 보급품 기지들을 폭파할 계획이었다.

그러나 실제로 중공군이 개입하자, 트루먼 대통령은 마음을 바꿔버렸다. 내가 트루먼 대통령이 마음을 바꾼 사실을 알게 된 것은 1950년 어느 추운 겨울밤, 함흥과 흥남의 북쪽에 있는 개마고원의 다 쓰러져가는 판잣집에 마련된 미 해병사령부에서다. 그때 미 제8군과 해병대는 중공군 개입으로 커다란 충격을 받았다.

당시 미 해병대 조종사들은 얼어붙은 장진호 인근에서 중공군의 함정에 빠진 미 제1사단 소속 해병대원들을 구출하기 위해 필사적으로 노력하고 있었다. 그곳에는 3만 명이 조금 안 되는 해병대원과 유엔군 잔여 병력이 10만 명 이상의 중공군에게 포위되어 있었다. 일부 비관론자들은 해병들을 살릴 가망이 없다고 단념할 정도로 상황은 최악이었다.

이렇게 위급한 때, 미 해병대 장성이 작전실로 걸어 들어오더니 해병대 조종사들에게 다음과 같은 충격적인 말을 했다. (역주: 여기서 장성은 미 해병 제1사단장 올리버 스미스 소장)

"매우 중요한 정보다. 우리(미 극동군사령부를 지칭)가 만주의 중공군 보급 기지들을 공격하는 것이 금지되었다. 그뿐만 아니라, 워싱턴은 방금

스트레이트마이어(George Stratemeyer, 1890-1969, 역주: 당시 미 극동군사령부 공군 사령관)의 압록강 다리 폭파계획도 허가하지 않았다. 우리 공군이 출격 준비를 완료하고 있었는데도 말이다."

방구석에서 누군가가 물었다.

"도대체 어떻게 싸우자는 것입니까?"

장군이 말했다.

"나도 모르겠다. 브래들리(Omar Bradley, 1893-1981, 역주: 당시 미 합참의장)가 무슨 생각을 하고 있는지 알 수가 없다."

비록 나중에 의회 청문회에서 백악관과 국무성의 주도로 그러한 결정이 내려진 것으로 밝혀졌지만, 당시에는 미 합참의장에 대한 상당한 반발이 있었다. 어느 육군 지휘관은 다음과 같이 말했다.

"브래들리 합참의장과 반덴버그(Hoyt Vandenberg, 1899-1954, 역주: 당시 미 공군 참모총장)가 왜 기본 정책들을 변경하는지 이해가 안 갑니다. 그들이 사태를 충분히 더 파악했어야 합니다. 맙소사, 같은 일이 유럽에서 일어났다고 상상해보세요.

라인강 건너편의 독일군 보급기지들과 증원 병력에게 타격을 줄 수 있는 공중폭격계획을 세웠다가, 발지전투(역주: 1944년 12월 시작된 독일군 최후의 대공세. 연합군이 독일군 보급기지를 공격하여 승리)가 한창 진행 중에 공격을 금지하고, 더구나 독일군 보급품과 병력이 건널 다리들을 그대로 두라고 공군에게 명령했다고 생각해보세요!"

중공군의 개입에도 불구하고, 워싱턴 당국은 나진과 같은 북한 내륙의 지리적 거점들에 대한 공격을 금지했다. 나진이라는 도시는 러시아인들이 블라디보스토크로부터 탱크와 다른 중장비들을 해상으로 수송할 수 있는 항구도시다. 나진에 대한 폭격이 허용된 것은 거의 1년이 지나서였다. 나진에 대한 폭격이 이루어지자, 이제 영국 의회에서 난리가 났다. 미국 지도부가 극동에서 무모하고 도발적이라고 비난하기 시작한 것이다.

미국의 국방일보 성조지(Stars and Stripes)는 영국 의회의 항의 뉴스를 보도했지만, 한국에 파병된 미군의 영국 의회에 대한 볼멘 논평들은 싣지 않았다. 사실 영국 의회의 비난을 이해 못하겠다는 반응은 한국 내 미군뿐만 아니라 영국군에게도 팽배해 있었다.

북한 나진지역 폭격에 대한 영국의 항의가 미국에 전달될 당시, 나는 한국에서 영국군 고위 장교와 이 문제에 관한 대화를 나눌 수 있었다. 그가 내게 들려준 매우 인상 깊었던 얘기를 여기서 소개한다.

"나는 보시다시피 군인입니다. 그래서 그런지 난 우리 정치인들과 항상 견해를 같이하지는 않습니다. 어쨌든 미 국무부는 동맹국들의 압력에 대해서 너무 민감하게 반응하는 경향이 있어요. 한국의 경우를 보세요. 태평양에 긴 경계선을 가진 미국으로서는 극동지역에 중대한 이해관계를 가지고 있어요. 이 점에서 영국과는 다릅니다. 강대국은 동맹국들이 100% 동의하지 않는다고 하더라도 국익을 위해서 조치해야만 할 때가 있습니다."

영국군 부산 도착(1950.8.29)

작전 지도를 보는 영국군 장병

영국군 고위 장교는 말을 이어갔다.

"보세요. 히틀러가 폴란드를 침공했을 때 어땠어요. 우리 영국은 미국이 나 몰라라 하고 있었지만, 전쟁에 뛰어든 것 아닙니까? 만약 그때 영국이 '미국이 우리와 함께하지 않는다면 이 문제에 끼어들지 않을 거야'라고 했다면 사태가 어찌 되었을지 궁금합니다.

내가 미국인이라면, 영국 정치인들이 미국인을 무모하다고 하거나, 도전적이라고 부르는 것에 대해서 흥분하지 않을 것입니다. 이러한 비난들은 지혜와 통찰과는 상관이 없다는 사실을 기억하세요. 그런 비난들은 대중의 표를 얻기 위한 것입니다.

우리 영국인은 폭탄이 떨어질 때까지 크리켓 게임을 즐기는 전통이 있답니다. 군사적인 관점에서 이러한 국민성은 문제가 많습니다. 나치가 독일을 지배하고 있을 때, 우리는 히틀러의 행동에 대해서 그리 놀라지 않았습니다. 당신도 기억하겠지만, 심지어 우리는 1935년에 영독해군협정을 맺음으로써, 나치가 잠수함을 다시 건조하도록 해서 거의 몰락의 단계까지 몰렸었습니다.

또한 미국인들은 뮌헨협정(역주: 1938년 9월 유럽 열강이 독일의 체코 영토 일부 편입을 승인)을 체결한 후, '우리 시대의 평화'를 예언했던 사람이 바로 영국 총리였다는 사실을 잊지 않으셨을 것입니다.

미국의 지성인들은 영국이 독특한 역사적인 상황에 있었다는 사실을 상기시켜줄 의무가 있습니다. 영국은 상대를 제압할 탱크도, 총기도, 항공기도 없는 상황에서 두 차례나 세계대전에 빠져들었습니다.

당시에는 궁극적으로 시간적 여유가 있었고, 미국의 지원을 받았기에 전쟁을 성공적으로 치렀습니다. 영국은 실수하고도 혹독한 대가를 치르지 않았습니다.

그러나 역사는 미국인들에게 우리가 누렸던 것과 같은 실수를 허락하지 않을 것입니다. 미국은 일단 위기에 처하면, 의지할 수 있는 또 다른 강대국이 없거든요."

제7장

# 미국을 '종이호랑이'라고 놀린 중공군 장교

**1950년 5월 30일** 한국에서 국회의원 선거가 치러졌다. 내가 뉴욕 헤럴드 트리뷴의 도쿄지국장으로 부임한 지 채 1주일도 안 되던 때였다. 이삿짐을 다 풀기도 전에 나는 낯선 나라로 취재 길에 올랐고, 개성에서 특파원으로서의 첫 기사를 송고했다. 개성은 당시 대한민국의 영토였으며, 간헐적으로 북한군의 박격포 공격을 받던 곳이다.

내가 개성에서 첫 기사를 송고한 날로부터 꼭 26일이 되는 1950년 6월 25일 새벽, 소비에트 공산군이 대한민국에 대한 야만적 침략을 감행했다.

전쟁 발발 소식을 접하고 나는 개인적으로 소련의 아시아 팽창정책을 매우 심각하게 받아들였다. 제2차 세계대전 직후 런던과 베를린 특파원으로 근무하면서 동유럽 국가들의 국민이 자유를 열망하다가 무참하게 죽어가고, 소비에트 공산주의 체제하에서 질식돼가는 모습을 생생하게 목격했기 때문이다.

그런데 다행스럽게도 미국이 대한민국을 구한다고 결정함으로써, 나는 말로 다 할 수 없는 안도감을 느꼈다. 한반도에서 공산주의 침략을 저지하지 않는다면, 전 아시아지역이 공산주의자들의 손아귀에 들어갈 위험이 컸으므로 미국의 한국전쟁 개입은 국제적으로 설득력이 있었다. 적어도 이번에는 우리가 그저 수수방관하고 있을 수는 없었고, 나는 미국이 대한민국과 그 국민을 지킬 것으로 믿었다.

그렇지만 3년간의 전쟁이 휴전으로 일단락됨으로써, 이러한 나의 신뢰는 부분적으로만 지켜졌다. 나는 휴전이 향후 가져오게 될 결과에 대한 불길한 예감을 결코 떨쳐버릴 수가 없다. 그것은 우리가 나머지 부분의 신뢰를 지킬 수 있을지에 관한 의구심에서 비롯된 것이다. 내 머릿속에는 그런 의구심을 정당화해주는 많은 기억이 자리 잡고 있다.

이와 관련, 나는 중공군 소령과의 단독 인터뷰를 소개하고자 한다. 이 인터뷰는 1953년 여름, 양측 간에 휴전이 서명되고, 대규모 포로 교환이 이루어지기 직전에 이뤄졌으며, 영어로 진행되었다.

인터뷰 중에 그 중공군 장교가 조롱하는 어조로 반복적으로 언급한 용어가 있다. 바로 한국전쟁에서 미국이 '종이호랑이'(paper tiger)라는 사실이 입증됐다는 것이었다. 나는 '종이호랑이'라는 용어를 정당화할 수 있는 근거가 뭐냐고 캐물었다. 그의 대답은 다음과 같았다.

"그 답은 매우 간단합니다. 세계가 다 아는 사실이 있어요. 이번에 우리가 미국인들을 바다로 밀어 넣지 않은 것은 우리 정부가 자제력을 발휘하고 평화를 사랑하기 때문이오."

내가 중공군이 미군을 바다로 밀어 넣지 못한 이유는 미군이 중공군을 패퇴시킬 잠재적인 군사력을 충분히 갖고 있기 때문이라고 반박하자, 그가 대꾸했다.

"그러면 우리(중공군)가 북한에서 미군을 아주 손쉽게 몰아낸 것을 어떻게 설명할 수 있겠소? 만일 미군이 '종이호랑이'가 아니었다면, 왜 미군은 우리를 저지하지 못했습니까? 왜 당신네는 지금 한반도와 만주에 가로 놓인 압록강에 서 있지 못하느냐는 말이오?"

나도 지지 않고 반박했다.

"거기에는 몇 가지 이유가 있어요. 첫째, 우리는 한반도에 대한 병력투입에 엄격한 제한을 두어서, 지상군의 경우 6개 사단 이하의 병력으로 전쟁을 치렀어요. 제2차 세계대전 당시 유럽에서만 600만의 병력을 동원했다는 사실을 감안하면, 얼마나 적은 병력인지 알 거예요. 둘째, 한반도에서 우리는 핵무기를 포함한 최신 무기를 사용하지 않았어요."

중공군 소령은 코웃음을 치더니 내게 되물었다.

"미국이 우리 중공군을 패퇴시킬 수 있는 역량이 충분히 있는데, 이번 전쟁에서 일부러 승리하지 않는 방법을 택했다는 말이오?"

중공군 장교의 이 같은 질문에 대해서 우리 미국 국민은 다음과 같은 답변이 가능할 것이다. 즉, 한국전쟁의 확산으로 국제사회에 위급한 상황이 야기될 수 있기 때문이라고 말이다. 그러나 동양인들에게는 그렇게 답변할 수 없다. 휴전으로 인해 한반도에서 정체상태가 야기됨으로써 충격을 받은 그들이 그러한 대답을 수긍하겠는가?

1950년 10월 6일, 유엔 총회는 유엔군이 38선을 넘을 수 있도록 표결로 승인해주었다. 이는 한반도 전체의 평화와 통일을 추구하기 위함이었다. 이 결의안에 따라 미 합동참모본부는 유엔군에게 그 임무를 수행하도록 명령을 하달했다. 그러나 이유가 무엇이든 간에 이 임무는 성공적으로 수행되지 못했다.

나는 한국전쟁 초기에 6개월 동안 한국에 체류한 이후 7번이나 한국을 방문했다. 게다가 홍콩, 인도차이나, 태국, 미얀마, 인도, 파키스탄 등 아시아 국가들을 방문했다. 이렇게 여러 차례 여행할 때마다 그 나라 국민은 내게 한반도에서 중공의 개입을 거론하며 거의 같은 질문을 던졌다. "왜 미국은 중공인들을 저지하지 못했습니까?"

동양인들의 기억 속에는 세계 최강의 국방력과 경제력을 지닌 미국이 아시아인들에 의해서 쫓겨났다는 사실이 입력되어 있었다. 동시에 그들은 한반도에서의 휴전이 아시아의 자부심을 지켜준 사건으로 느끼고 있었다. 그것도 한국전쟁이 발발하기 겨우 1년 전에 탄생한 중공이라는 신생국에 의해서 말이다!

맥아더 장군 포로수용소 시찰

**역자 후기**

# 마거리트 히긴스의
# 『한국에 가혹했던 전쟁과 휴전』

## :: 마거리트 히긴스와의 만남

역자(譯者)가 마거리트 히긴스(Marguerite Higgins, 1920-1966)를 처음 만난 것은 1999년 9월 어느 토요일 아침, 독일 베를린 브란덴부르크 문 근처의 유서 깊은 벼룩시장이다. 그곳의 어느 진열대 위에 데어 슈피겔(Der Spiegel)이라는 독일의 유명한 시사주간지가 수북이 쌓여있었다. 1950년대 초에 발간된 잡지들이라 구미가 당겼다. 잡지를 얼마간 들추다가 우연히 미군 모자에 군복을 입은 미모의 표지인물이 눈에 들어왔다.

그녀가 바로 마거리트 히긴스였다. 1951년 7월 11일자 데어 슈피겔은 커버스토리로 『Kriegsschauplatz Korea』(한국 전쟁터)라는 책자의 저자인 그녀를 다루고 있었다. 궁금했다. 도대체 그녀가 누구이길래 독일 최고 시사주간지 표지인물이 되었을까? 그런데 안타깝게도 역자가 히긴스의 이름과 얼굴을 알았을 때, 그녀는 벌써 이 세상 사람이 아니었다.

그러나 그녀가 남긴 한국전쟁에 관한 저술이 우리에게 대단히 중요하다는 것을 알게 됐다. 즉시 베를린의 고서점을 수소문하여, 독일어 번역본을 샀고, 미국의 고서점에 연락하여 영어로 된 원서도 구입했다. 당시 역자는 주독한국대사관 문화홍보원장이라는 직책을 갖고 있었다.

여담이지만, 해외에 우리나라를 소개하는 일이 본업이다 보니 한국과 관련된 영어, 독일어 등 외국어로 된 많은 서적과 음반 등 자료를 수집했다. 그런데 부끄럽게도 그때 처음 히긴스를 알았고, 그녀가 쓴 한국전쟁에 관한 책도 처음 보았다.

이러한 경험을 토대로 2000년 5월 28일 주독한국대사관 문화홍보원의 인터넷 웹진 'Koreaheute'(오늘의 한국)에 마거리트 히긴스에 관한 기사를 독일어와 한글로 실었다. 또한 2005년 2월 주미한국대사관 문화홍보원장으로 부임해서는 2005년 8월 14일 워싱턴의 케네디 센터에서 '히긴스의 눈에 비친 한국'이란 음악을 선보였다. 그리고 2006년 7월에는 '마거리트 히긴스에게 보내는 헌사'라는 DVD를 제작했다.

## :: 마거리트 히긴스의 마흔다섯 해 삶

누가 역자에게 히긴스가 누구냐고 물으면, 자신있게 이 책의 뒤표지에 실린 사진이라고 대답하고 싶다. 한국전쟁 발발 4일 후인 1950년 6월 29일, 대한민국 수원 비행장에서 오른팔을 허리에 얹고 70세의 맥아더 장군과 마주 서 있는 30세의 당돌한 여기자 말이다.

히긴스는 트루먼, 아이젠하워, 케네디, 존슨 등 당대의 모든 미국 대통령과 인터뷰했던 여류 언론인이다. 심지어 케네디 대통령과 그의 동생 로버트 케네디 미 법무부장관과는 가족처럼 지냈고, 존슨 대통령은 히긴스의 자택을 방문했을 정도라고 한다.

사정이 이러하니 그녀를 시기하고 험담하는 사람도 많았다. 하지만 누가 뭐래도 히긴스는 마흔다섯의 길지 않은 세월을 불꽃같이 치열하게 살다 갔다. 그녀처럼 정열적인 사랑을 하고, 일하면서, 후세에 교훈이 되는 알찬 기록을 남겨 놓은 인물은 흔치 않다. 특히 한국전쟁에서 그녀의 활약상은 타의 추종을 불허하며, 그 결과 히긴스는 1951년 여성 최초로 퓰리처상을 수상하는 영예를 얻었다.

히긴스의 아버지는 아일랜드계 미국인이었으며, 제1차 세계대전 중 프랑스군에 자원입대한 강인한 남성이었다. 어머니는 프랑스 여인으로 파리에서 은행원으로 일했고 예술적인 재능이 풍부한 여성이었다. 둘은 전쟁 중에 만나 결혼했다. 1918년 아버지는 버클리대학 법학도의 꿈을 포기하고, 선박회사 매니저의 자리를 얻어 부인과 함께 홍콩으로 갔다.

히긴스는 1920년 9월 3일 홍콩에서 태어났다. 1920년대 중반 히긴스 가족은 다시 미국 캘리포니아주 오클랜드로 이사했다. 히긴스 어머니는 딸을 스타 발레리나, 일류 바이올리니스트, 저명한 학자, 최고의 언론인으로 키운다는 꿈을 가졌고, 프랑스어 강사로 일하며 딸을 뒷받침해줬다.

히긴스가 미국 서부의 안나 헤드 스쿨(Anna Head School)이라는 명문 사립 여자고등학교와 버클리대학을 졸업한 건 결코 우연이 아니었다. 버클리대학 시절 그녀는 뉴욕 헤럴드 트리뷴의 캠퍼스 특파원으로 활약하며 진로를 기자로 결정했으며 1941년 가을 뉴욕의 컬럼비아 언론대학원을 졸업하고, 1942년 6월 뉴욕 헤럴드 트리뷴의 정식 기자로 채용된다.

히긴스는 1942년 하버드대학 철학 교수이던 스탠리 무어(Stanley Moore, 1914-1997)와 결혼했으나 곧 이혼했다. 무어는 마르크스주의 신봉자였고, 공산당원이었다는 이유로 하버드에서 제명됐으며, 캘리포니아대학 샌디에이고 캠퍼스에서 교수로 활동했던 인물이다.

1944년 뉴욕 헤럴드 트리뷴의 런던 특파원으로 발령받은 히긴스는 같은 해 미군이 독일의 부헨발트(Buchenwald)를 점령할 때 종군기자로 처음 취재했다. 그녀의 용기와 재능이 인정받기 시작한 것은 제2차 세계대전 종전 직후 독일 다하우(Dachau)의 나치 강제수용소를 취재했을 때였다.

히긴스는 1947년부터 3년간 독일 베를린 지국장으로 근무하면서 냉전 하의 동서독 문제에 관심을 가졌다. 베를린 지국장 시절, 그녀는 매혹적인 여성으로서의 자태, 뛰어난 춤 솜씨, 바이올린 연주로 미군 장성들을 비롯한 저명인사들과 친분을 쌓아 중요한 정보를 입수함으로써, 언론계 동료들의 부러움 혹은 질투의 대상이 되었다.

히긴스는 베를린에서 두 번째 남편이 될 13년 연상의 윌리엄 홀 (William E. Hall, 1907-1984) 장군을 만났다. 그는 베를린 주둔 미 공군 정보국장이었으며 유부남이었다. 13살의 나이 차이에도 불구하고 둘은 1952년 미국에서 결혼했으며, 남편 홀은 1961년 공군 중장으로 예편했다. 1966년 히긴스가 사망했을 때 아들은 7살, 딸은 6살이었다.

히긴스는 한국전쟁 바로 직전인 1950년 5월 말 뉴욕 헤럴드 트리뷴의 극동지국장으로 발령받고 일본 도쿄에 부임했다. 뉴욕 헤럴드 트리뷴은 극동에 관한 기사를 거의 싣지 않았기 때문에 인사상 불이익이었으나, 행운의 신은 히긴스 편이었다. 1950년 6월 25일 새벽, 공산군의 남침으로 히긴스는 언론인으로서 최고의 영예를 누리게 되었다.

히긴스는 전쟁 발발 이틀만인 6월 27일 김포에 도착했다. 이후 6개월간 여성으로서 견디기 힘든 여건 아래에서 미군과 함께 죽음을 무릅쓰고 전장을 누볐다. 그녀는 여성으로서의 매력을 잃지 않았고, 여자로서 약한 모습을 보이지 않았으며, 남자들과 동등한 대접을 받고 싶어 했다.

그 때문에 그녀는 미군 병사들의 사랑과 존경을 받는 유명인사가 됐으며, 동료 기자들에게도 인기를 얻었다. 그들의 표현대로 히긴스는 '겁이 없는 여자', '혈관 속에 얼음물이 흐르는 여자', '드레스보다 군복이 더 잘 어울리는 여자', '화장품 대신 진흙을 바른 여자', '혈육으로 삼고 싶은 유일한 여자'였다.

한편 히긴스는 한국전쟁 취재 중에 개인적으로 견디기 힘든 두 가지 역경과 싸워야 했다. 하나는 미군 당국이 여성에 대해 가지고 있던 편견이었다. 또 하나는 뉴욕 헤럴드 트리뷴이 그녀를 도쿄로 복귀시키기로 하고, '기자 중의 기자'라는 평판을 받고 있던 호머 비거트(Homer Bigart, 1907-1991)를 한국에 파견한 것이다.

히긴스는 두 가지 역경도 성공적으로 극복했다. 맥아더 장군의 특별 배려로 여성으로서의 부당한 대우를 받지 않게 됐으며, 한국을 떠나지 않고 비거트 기자와 경쟁적으로 취재활동을 벌일 수도 있었다. 뉴욕 헤럴드 트리뷴은 두 사람을 경쟁시킴으로써 독자들의 관심을 돋우는 데 큰 성과를 거뒀다.

1951년 초에 발간된 히긴스의 『War in Korea』는 베스트셀러가 되었고, 그녀에게는 상복이 터졌다. 언론인 최고의 영예인 퓰리처상을 비롯해서, AP통신의 '올해의 인물'에 선정됐다. 또한 해외기자클럽으로부터 조지 포크상(George Polk Award), 미 해병대 예비역장교상도 수상했다.

히긴스는 1953년부터 1954년까지 베트남전쟁에서 프랑스의 패배를 취재했다. 이곳에서 그녀는 세계적으로 유명한 사진작가 로버트 카파(Robert Capa, 1913-1954, 여배우 잉그리드 버그만의 청혼을 거절했던 인물)가 지뢰를 밟아 사망하는 광경을 바로 옆에서 목격하기도 했다. 그러나 그녀는 이런 끔찍한 사고를 경험하고도 종군기자의 직업을 포기하지 않았다.

1955년 히긴스는 뉴욕 헤럴드 트리뷴의 모스크바 지국장으로 소련 공산당 서기장 니키타 흐루쇼프(Nikita S. Khrushchev, 1894-1971)를 인터뷰했으며, 특별대우를 받으며 철의 장막 안을 20,000킬로 이상 여행했다. 이를 토대로 같은 해에『Red Plush and Black Bread』이란 책을 발간했고,『NEWS IS A SINGULAR THING』이란 책을 발간한 것도 같은 해였다.

히긴스는 1961년 콩고 내전을 취재하고, 1963년에는 다시 베트남을 여행했다. 1963년에는 뉴욕 헤럴드 트리뷴을 사직하고,『Newsday』라는 신문으로 이적하여, 'On the Spot'(현장에서)라는 주간 고정칼럼을 갖고 꾸준히 기사를 썼다.

1965년에는『Our Vietnamese Nightmare』라는 저서에서 미국이 베트남전쟁에 개입해서는 안 되는 이유를 언급했다. 1965년 베트남을 여행하던 중 히긴스는 풍토병인 리슈마니아(leishmania, 혈관에 기생하는 편모충인 리슈마니아에 의한 질환)에 감염됐으며, 미국 워싱턴DC의 미 육군병원으로 이송되어 치료받던 중 1966년 1월 3일 사망했다.

미국 정부는 히긴스의 종군기자로서의 탁월한 업적을 인정하여 그녀를 알링턴 국립묘지에 안장했다. 남편 윌리엄 홀 중장도 그녀가 사망한 지 18년 후인 1984년 그녀의 곁에 묻혔다.

## ::『War in Korea』는 어떤 책인가?

『War in Korea』는 조지 워싱턴의 전쟁관과 에이브러햄 링컨의 자유민주주의관에 투철한 히긴스의 한국전쟁에 관한 전장 르포다. 또한 남성이 아닌 매혹적인 여성이 사내들의 싸움터에서 미군과 생사고락을 함께하며 적은 6개월간의 비망록이다. 저자는 생동감 넘치는 보도와 이 책으로 여성 최초의 퓰리처상 수상이라는 영예를 얻었다.

한국전쟁 이후 오늘까지 국내외에서 한국전쟁을 다룬 수많은 책자가 발간됐다. 특히 지난 20여 년간 국내에서 눈에 띄게 많았다. 그런데 히긴스의 책은 다음과 같은 점에서 그 어느 기록보다도 소중하다.

첫째, 한국전쟁에 관한 저술 중 이렇게 빨리 나온 책은 없다는 점이다. 히긴스는 1951년 1월 1일 이 책의 서문을 썼다. 1950년 12월 중순까지 그녀가 전쟁터에 있었다는 사실을 고려하면 놀라운 일이다.

둘째, 전투하는 군인이 아니라 뉴스를 전하는 종군기자가 현장을 놀라울 만큼 객관적으로 기록했다는 점이다. 저자는 나름대로 공평한 잣대를 들이대고 한국전쟁을 보려고 시도했다.

셋째, 맥아더 장군을 비롯하여 이등병까지 미군을 폭넓게 인터뷰한 기록일뿐만 아니라, 이승만 대통령, 한국 언론인, 한국군, 심지어 북한군 및 중공군 장병과의 대화도 담고 있다는 점이다. 이는 한국전쟁터의 근처에 가보지도 않은 저자들이 기록한 수많은 저술과는 본질적으로 다르다.

넷째, 남성이 아니라 여성의 눈으로 본 기록이라는 점이다. 저자는 여성으로서 차별대우를 받으며 취재했음을 여러 곳에서 기록하고 있다. 그런데 묘하게도 이런 차별은 이 책이 갖는 매력의 하나가 되고 있다.

다섯째, 소설보다도 더 긴장감 넘치고, 흥미진진하며, 생생한 실화라는 점이다. 나아가 섬세하고 감수성 넘치는 문학작품이다. 발간과 동시에 미국에서 베스트셀러가 되고, 독일어·프랑스어·스페인어 등 여러 개 언어로 번역된 것은 이런 이유에 기인한다.

여섯째, 단순한 한국전쟁 르포를 넘어서 전쟁, 자유민주주의, 국가 존립의 이유, 국가 간의 동맹, 남녀차별의 사회적 문제, 인간적 유대감, 애국의 의미, 삶과 죽음에 관한 교과서 아닌 교과서라는 점이다.

## ::「자유를 위한 희생」

역자는 2008년 5월 초『War in Korea』의 번역에 착수했다. 독일어판, 영어판을 이미 읽었기 때문에 쉽게 끝낼 수 있다고 생각했는데 그렇지 않았다. 히긴스가 인터뷰한 수많은 사람의 발언을 옮기고, 그들의 이력은 물론 지명과 사건을 인터넷으로 검색하고, 관련 책들을 뒤지다 보니 시간이 적잖게 소요됐다. 이윽고 2009년 3월 1일『War in Korea』를『자유를 위한 희생』이라는 제목으로 발간했으나, 독자들의 관심이 크지 않았다.

그런데 7월 중순부터 판매량이 부쩍 늘어 의아하던 차에 9월 중순 낯선 분의 전화를 받았다. 그분은 강만수 장관님께서 사비로『자유를 위한 희생』을 구입해서 주변에 널리 권하신다며, 장관님 이메일 주소를 역자에게 알려줬다. 곧 이메일로 연락드리고 며칠 후 광화문 사무실에서 바쁘신 중에 5분 정도 인사를 드렸다.

그리고 1년 후인 2010년 9월 대한민국 정부가 히긴스 기자에게 수교훈장 홍인장을 추서하고 히긴스의 딸과 손자가 훈장을 받으러 한국에 왔을 때 장관님을 두 번째로 잠시 뵈었다.

## ::「한국에 가혹했던 전쟁과 휴전」

2023년 1월 21일, 햇수로 13년 만에 강만수 장관님께서 핸드폰으로 문자를 주셨다.『자유를 위한 희생』을 20부 정도 사려고 서점에 알아봤는데 품절이라며 여분이 있느냐는 문자였다. 바로 전화를 드렸더니, 올해가 한미동맹 70주년이므로『자유를 위한 희생』이 필요하시다며, 혹시 히긴스 기자가 휴전에 관해서 남긴 기록은 없냐고 물으셨다.

단편적이고 분량은 많지 않지만, 1955년 발간된 히긴스의 저서『NEWS IS A SINGULAR THING』에 휴전에 관한 내용이 포함돼 있다고 알려드리고, 몇 주 후에 그 내용을 '마거리트 히긴스의 못다 한 이야기'라는 제목을 달아서 이메일로 보내드렸다.

장관님은 히긴스의 글을 꼼꼼히 읽으시고, 한국전쟁과 휴전협상 과정에서 워싱턴 당국이 내린 아래와 같은 '한국에 가혹했던 결정들'에 대한 히긴스의 신랄한 비판에 특히 주목하셨다.

"1) 적을 완전하게 소탕하는 작전을 금지하고, 2) 압록강 너머 적의 중요한 기지들에 대한 타격을 허용하지 않았으며, 3) 적을 핵무기 공격으로부터 안전하게 해줬음을 물론, 4) 적이 강요받지 않고 휴전 협상을 할 수 있도록 해주고, 5) 적이 휴전에 서명한 후 몇 시간 내에 휴전 조항을 조롱하듯 무시해도 눈감아 주었다."

동시에 장관님은 한국에 가혹했던 결정들에 대한 히긴스의 워싱턴 당국 비판은 어제만이 아니라, 오늘을 사는 우리에게도 '외교사적으로 매우 중요한 의미'가 있다며 다음과 같은 조언을 해 주셨다.

"올해가 한국전쟁 휴전과 한미상호방위조약 체결(조인) 70주년이 되므로 마거리트 히긴스의 『한국에 가혹했던 전쟁과 휴전』이라는 제목의 단행본을 만들었으면 좋겠네요. 제1부는 『자유를 위한 희생』, 제2부는 '마거리트 히긴스의 못다 한 이야기'에 역주(譯註)를 달아서 『한국에 가혹했던 휴전』이라는 소제목을 각각 붙여서요."

이번에 발간하는 『한국에 가혹했던 전쟁과 휴전』은 사실상 『한국에 가혹했던 휴전』이 본책(本冊)이고, 『자유를 위한 희생』은 부록(附錄)으로 어우러진 신간이다. 그리고 책의 제목과 주요 내용의 주석에 대한 조언을 주시며 추천까지 해 주신 분은 강만수 장관님이고, 주석·번역자는 은혜를 까마득히 잊고 사는 '놈'이다. 장관님, '사람의 도리'와 '나라 사랑'의 참뜻을 깨닫게 해 주셔서 감사합니다!

| 한국전쟁 휴전·한미동맹 70주년 기념 |

## 한국에 가혹했던 전쟁과 휴전

초판 1쇄   2023년 4월 10일
초판 2쇄   2023년 6월 12일

지은이   Marguerite Higgins
옮긴이   이현표
펴낸이   박수희
펴낸곳   KORUS(코러스)
디자인   박효은
마케팅   이연실

발행처   KORUS(코러스)
등록번호  제 321-2008-00149호
주소    경기도 고양시 일산동구 하늘마을로 65 중흥 S-클래스 704동 105호
전화    070-8100-9843
팩스    031-975-9843
홈페이지  www.korusmedia.net
이메일   korusbooks@hanmail.net

가격    18,000원
ISBN   978-89-962128-8-1  03810

Korean Translation Copyright © 2009 by KORUS Publishing Company
The Korean edition of War in Korea' is published by an arrangement with the surviving family members of Marguerite Higgins.
이 책은 지은이 유족의 동의와 협조로 발간되는 것이며, 한글판 저작권은 KORUS(코러스) 출판사에 있습니다. 저작권법에 의해 한국 내에서 보호를 받는 저작물이므로 무단전재와 복제를 금합니다.

※ 잘못 만들어진 책은 구입하신 서점에서 친절하게 바꿔드립니다.